以简制胜
股票裸K操盘法

张 凡◎著

中国铁道出版社有限公司
CHINA RAILWAY PUBLISHING HOUSE CO., LTD.

图书在版编目（CIP）数据

以简制胜 ：股票裸 K 操盘法 / 张凡著. -- 北京 ：中国铁道出版社有限公司, 2025. 8. -- ISBN 978-7-113-31957-1

I. F830.91

中国国家版本馆 CIP 数据核字第 2025H1H962 号

书　　名：以简制胜——股票裸 K 操盘法
　　　　　YIJIAN ZHISHENG: GUPIAO LUO K CAOPAN FA

作　　者：张　凡

责任编辑：张亚慧　　编辑部电话：（010）51873035　　电子邮箱：lampard@vip.163.com
封面设计：宿　萌
责任校对：刘　畅
责任印制：赵星辰

出版发行：中国铁道出版社有限公司（100054，北京市西城区右安门西街 8 号）
网　　址：https://www.tdpress.com
印　　刷：河北燕山印务有限公司
版　　次：2025 年 8 月第 1 版　2025 年 8 月第 1 次印刷
开　　本：710 mm×1 000 mm　1/16　印张：15.5　字数：262 千
书　　号：ISBN 978-7-113-31957-1
定　　价：79.00 元

版权所有　侵权必究

凡购买铁道版图书，如有印制质量问题，请与本社读者服务部联系调换。电话：（010）51873174
打击盗版举报电话：（010）63549461

前　言

不同于很多的股票投资者，我的投资生涯开始于期货，做过一段时间期货交易，后来才开始接触股票。刚接触股票市场时，以为股票和期货不会差得很远，直到走了很多弯路，才发现股票和期货完全是两个不同的世界，虽然盘面上看起来都是相似的K线，但它们背后的交易机制、基本面逻辑、博弈模式乃至一些盘面指标都是完全不一样的，我要花费更多的时间去上手股票，因为需要扭转很多原有的交易习惯和交易思路。

但有一点特别好的是，因为是做期货出身，我非常重视交易系统，因为它在期货交易中必不可少。所以，从进入股票市场的第一天我就在学习并摸索，准备为自己量身打造一套交易系统。后面也和很多股票投资者进行交流，但我惊讶地发现他们中的很多人并没有自己的交易系统，有的甚至都没有交易系统的概念。但我很清楚，没有交易系统的投资者，像没有导航设备的船，随波逐流，今天往这里漂，明天往那里漂，随时会翻船，几乎不可能达到自己想要达到的目的地。

于是我更多地开始摸索开发自己的交易系统，其间学习了很多不同的流派，读过《巴菲特致股东的信》《聪明的投资者》《巴菲特的护城河》《时间的玫瑰》《价值》《投资者中最简单的事》等国内外价值投资的经典书籍，去学习价值投资的要领。读过知名游资炒股养家的《养家心法》，学习游资对题材、龙头、市场情绪周期的理解。去找一些公募和私募的基金经理朋友聊，听听他们对市场的观点，也会找一些短线做得好的朋友，观摩他们短线实盘中是怎样具体操作的。甚至还学习了一点缠论，尝试从另外一个完全不同的角度看A股市场。学习的同时也在用真金白银在股票市场中摸爬滚打，学费自然也没少交。开始的几年里，随着我学习的流派越多，接触到的股票投资者同行越多，反而越迷茫。究竟是要做像巴菲特一样、坚定的价值投资者，还是像公募和私募一样去做一些板块轮动，还是像那些做短线的朋友一样用情绪周期去做龙头股、做题材股（是一个根本的问题）。一时间，我想不清这个问题，加上最开始的两年我在尝试用各种不同流派的交易方法去交易股票，交易自然也是杂乱无章，东一榔头西一棒槌，账户几乎每个月都在缩水，更是对投资信心的一种打击。

交易之路上没有谁是容易的，谁都会遇到困难，谁都会遇到挫败，关键还是在于如何找到正确的方向。我停止了一段时间的交易，放下了各种交易理论和交易方法，开始思考交易系统的本质到底是什么。个人认为本质一定还是胜率和盈亏比！这不仅是股票交易系统的核心，甚至是一切交易的核心，而用什么流派、用什么交易方法最终只是手段。不管是基本面分析、技术面分析、资金面分析、情绪周期分析还是其他分析方法，只要能提高胜率和盈亏比的方法就是好方法。

有了这两个重要抓手，我的交易系统开发思路显得异常清晰。经过一段时间的实验，最终找到了提升胜率和盈亏比的方法。在提高胜率方面，通过对行业的选择——跟随机构选股——对资金流向判断——对财务指标分析，建立具有基本面和资金面优势、胜率更高的备选股票池。在备选股票池中通过对成交量、筹码分布和资金流向的分析，找出符合底部反转形态和回调上车形态两种高胜率位置形态的个股。

标的有了，在什么位置入场决定了潜在盈亏比。在提高盈亏比方面，我采用的是裸K操盘法来定位入场时机和位置，摒弃了各种纷繁复杂的技术指标。将焦点全部集中在支撑阻力位和"信号旗"K线上，一旦出现"信号旗"K线或者"信号旗"K线的变形体，同时又符合入场三要素，就是入场的位置和时机。入场后，按照既定的止损止盈位进行止损止盈，从而获得既稳定又高效的交易盈亏比，为交易系统的稳定盈利打好基础。

在仓位管理方面，配合一些量化管理手段，在行情好的时候尽可能多赚，在行情不好的时候尽可能少亏，最终构成一个稳定的交易系统，如下图所示。

前　言

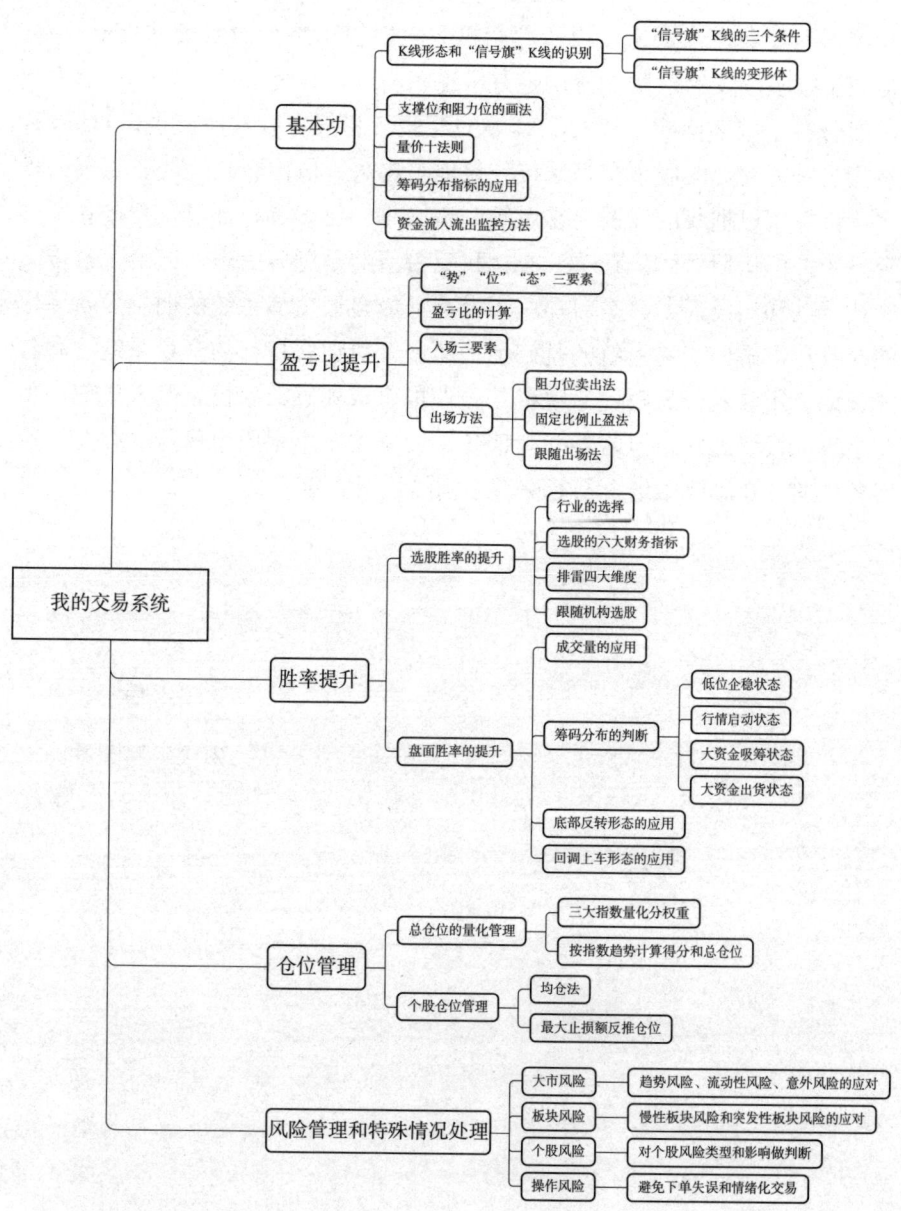

事实证明，这样的交易系统有效，获得了不错的收益。虽然称不上暴利，但是有相对稳健的盈利。投资本身是一场长跑比赛，比的是谁能最后稳健地冲过终点。

这两年我在知乎号"投研老司机"上回答了不少股票类的投资问题，得到了很多朋友的点赞支持，也有了很多粉丝，算是小有人气。在知乎上虽然解答了很多问题，传授了很多的经验，和很多粉丝朋友也做过交流，但我没有把自己的股票交易系统完整地写出来。值出版社邀约我写书的机会，正好可以把我的股票交易系统分享给每一位读者。你可以直接套用这套系统，但运用之妙，存乎一心。我更希望的是抛砖引玉，能给大家带来一些帮助和启发，尤其是对那些还没有形成自己交易系统的朋友，如果你能在我所讲解的交易系统的基础上构建一套更适合自己的交易系统，并且能长期获得收益，那对我来说就是一件很有成就感的事情。赠人玫瑰，手有余香，投资之路，风险伴随。请各位投资朋友牢记股市风险的存在，希望各位朋友在股票市场上都能取得不错的投资收益。

张　凡

2025 年 5 月

目　录

第一章　理　念 / 1

第一节　为什么大多数人在市场中总是亏钱 / 2
一、大部分人的认知不够 / 2
二、很多人努力的方向错了 / 3
三、很多人的交易心态存在问题 / 5

第二节　股票交易稳定盈利的秘密在哪里 / 6

第三节　胜率和盈亏比分别要如何提升 / 8
一、胜　率 / 8
二、盈亏比 / 9

第四节　为什么裸K也可以很实用 / 11

第二章　裸K操盘法——盈亏比的提升 / 13

第一节　裸K操盘法 / 14
一、什么是裸K操盘法 / 14
二、裸K操盘中的"势""位""态"三要素 / 18
三、拐点和支撑阻力线在裸K操盘法中的作用 / 19

第二节　带你重新认识K线 / 22
一、K线的常见形态 / 22
二、K线的构成四要素 / 23
三、K线的具体使用 / 24
四、最重要的K线形态——"信号旗"K线 / 41

五、"信号旗"K线的几种变形 / 45

　第三节　如何进场 / 48

　　　一、进场位置决定盈亏比 / 49

　　　二、定义和判断趋势 / 50

　　　三、支撑和阻力——卡位的关键点 / 52

　　　四、入场三要素 / 55

　　　五、入场案例讲解 / 56

　第四节　如何出场 / 59

　　　一、阻力位卖出法 / 59

　　　二、固定比例止盈法 / 60

　　　三、跟随出场法 / 62

　　　四、一次性止盈卖出和分批止盈卖出的比较 / 63

第三章　基本面选股——胜率的提升 / 65

　第一节　胜率背后的秘密 / 66

　　　一、胜率和盈亏比的冲突 / 66

　　　二、长期的高胜率是否存在 / 67

　第二节　基本面选股提升胜率 / 68

　　　一、建立一个高胜率的股票池 / 68

　　　二、挑选好的行业 / 69

　　　三、选股的六大财务指标 / 86

　　　四、排雷的四大维度 / 95

　　　五、评估股票的估值 / 101

　　　六、跟随机构选股的技巧 / 111

　　　七、社保资金 / 111

　　　八、产业基金 / 113

　　　　　九、公募基金 / 116
　　　　　十、私募基金 / 120
　　　　　十一、券　　商 / 121
　　　　　十二、北向资金 / 124
　　　　　十三、游　　资 / 128

第四章　资金面助力——盘面胜率的提升 / 131
　　第一节　成交量的应用 / 132
　　　　　一、成交量为什么重要 / 132
　　　　　二、量价十法则 / 133
　　第二节　筹码分布的应用 / 147
　　　　　一、低位企稳的筹码状态 / 151
　　　　　二、行情启动的筹码状态 / 155
　　　　　三、大机构吸筹的筹码状态 / 158
　　　　　四、大机构出货的筹码状态 / 164
　　第三节　资金流入流出监控 / 167
　　　　　一、全市场资金的流入流出 / 167
　　　　　二、北向资金的流入流出 / 170
　　　　　三、板块资金的流入流出 / 178
　　　　　四、个股资金的流入流出 / 180
　　第四节　典型的底部反转形态应用 / 183
　　第五节　典型的回调上车形态应用 / 189

第五章　交易系统 / 195
　　第一节　交易系统的核心逻辑 / 196
　　第二节　个股标的的选择 / 197

第三节　进出场的规则 / 199

第四节　仓位的控制 / 201

　　一、总仓位 / 202

　　二、个股仓位 / 206

　　三、加仓和减仓 / 207

第五节　风险管理和特殊情况处理 / 208

　　一、应对大市风险 / 208

　　二、板块风险 / 211

　　三、个股风险 / 213

　　四、应对操作风险 / 215

第六章　经典案例 / 217

第一节　华海药业（600521）/ 218

第二节　厦门钨业（600549）/ 226

第三节　士兰微（600460）/ 233

第一章

理　念

投资是一场不确定的游戏，而我们要找的却是结果的确定性。

第一节　为什么大多数人在市场中总是亏钱

股市"七亏二平一赚"的说法，相信很多股民都听过。股市中永远是少部分人赚大部分人的钱。从长远来看，虽然股票市场是一个正和博弈市场，上市公司的整体盈利在增长，企业的价值在增加，这些最终会体现为上市公司的市值和股价上涨。但放在中、短期来看，股票市场确实是一个零和博弈市场，短期内公司价值并没有增长，你从股价上涨中赚到的钱实际上是掏的别人口袋里的钱。有人赚就有人亏。对于大多数股民来说，他们是不可能满足于公司每年净利润增长带来的那点儿市值的增长。更多的人进入股市是为了追求大幅获利，追求神话，追求奇迹。

理想总是好的，然而最后的结局却是服从"七亏二平一赚"，大部分人最后都是亏着钱出场的，然后他们怨天尤人。可是，他们并没有认识到：A股市场是个"一将功成万骨枯"的市场，全国有大约1.46亿的股民，却只有个别人做到盈利。

更多的时候我们应该思考：为什么他们能成为赚钱的那个"一"，而自己属于亏钱的那个"七"。

为什么七成的人亏钱，我认为有以下几个原因：

一、大部分人的认知不够

正如巴菲特所说，"你所赚的每一分钱，都是你对这个世界认知的变现"。A股市场的博弈同样如此。

股票投资其实是一门非常复杂的学科，要做好股票投资，你需要先对宏观经济机制有所了解，然后才能看懂当下的宏观形势和宏观政策。同时，你需要对财务会计有所了解，才能看懂上市公司的财报；你需要对技术面有所了解才能看懂盘面当前的走势。

另外，如果你要投资某一个行业，还应对产业链和产品构成有所了解。比如，投资新能源汽车板块，你需知道三元锂电池和磷酸铁锂电池的不同。需知道锂电池的四大组成材料（正极材料、负极材料、隔膜、电解液）。又如，投资光伏板块，你需知道光伏产业链的六大环节（硅料、硅片、电池片、组件、逆变器、电站运营）。你需知道几个主流电池（PERC电池、HJT电池、TOPCon电池）的优劣。你需知道做光伏电池的设备有哪些。我不是让大家去做行业的研究员，但是如果这些你不弄明白，你在买新能源汽车、买光伏板块的股票的时候，你就会不知所措，你甚至不知道你买的公司是做什么的，在行业中有什么地位、有什么作用。所以，做好投资并不是件容易的事儿，是需要你投入大量的时间和精力去学习和研究的。

股票投资是一件很严肃的事情，需要认真对待，你需要对你的投资决策负责，需要对你的账户和你口袋里的钱负责。但很多散户投资者对待炒股却如对待游戏一般，对他们而言，股票投资像是一款输入6位数代码就可以参与涨跌的刺激游戏，搞一搞碰碰运气就能赚钱，根本没有认真严肃地对待投资这件事。更没有花时间、花精力去学习宏观经济、产业知识、财务知识等。虽然他们可能凭运气赚到一些钱，但只要还在股票市场中"待着"，凭运气赚来的钱，最终会凭实力给亏回去。想在股票市场长久地赚钱，努力学习和提升自己的认知是必不可少的。

二、很多人努力的方向错了

我在跟很多散户朋友交流的时候发现，他们中的很多人并不是炒股不努力，他们会去看很多的投资名著，学很多的战法、基本面知识、行业知识、财务知识，但是他们努力的方向错了——他们想在行情中寻求绝对确定性的机会。

很多投资者都在追求确定的行情：什么样的K线组合下股价一定会涨，什么样的形态下一定会突破，什么样业绩的公司股价一定会涨，什么样的题材资金一定会炒，大盘一定能涨到什么样的点位等。

事实上，这些都是死胡同，不管你研究多少年都走不出来，因为股票市场并没有完全确定性的东西可言。你站在当前看过去，过去所发生的似乎是一种"必然"，很多似乎是确定的。比如，很多价值投资者对贵州茅台津津乐道，他们会很坚定地认为贵州茅台从2017年初的300多元涨到2021年初2 627元是必然的、确定性的事件，认为这是公司价值的体现。因为贵州茅台是大多数价值投资者眼中"近乎完美的好公司"。于是他们挖地三尺地去找下一个像贵州茅台一样"必然会涨"的公司。确实，贵州茅台无论是行业、市场、品牌，还是盈利能力、财务状况都无懈可击。

贵州茅台一定是一家好公司，但是短短4年涨了7倍多却是一种偶然。因为这里面除了贵州茅台公司本身的基本面情况外，国家整体经济和市场环境好、流动性充足、机构对白马股的偏爱、A股纳入MSCI后外资对白酒的偏爱、对贵州茅台的大量买入等，这些要素其实缺一不可。而并不是贵州茅台公司基本面好就必然会涨这么多。贵州茅台基本面好只是它能涨这么多的必要条件，而不是充分条件。如果有一种时空倒回的能力，把A股从2017年到现在的行情重新再演绎一遍，贵州茅台的行情不一定还会有4年7倍多的行情。

在投资市场，只有过去的历史是确定的，未来都是不确定的。而买股票不管你是做长线、中线还是短线，你都是在买它的未来，只是这个未来有长有短。而一旦涉及未来，就一定会有很大的不确定性。长线投资者可能面临经济周期波动、行业环境变化、公司业绩波动、公司经营状况变化、公司产品和技术变化、公司管理层变化等一系列的不确定性因素的影响。短线投资者会面临大资金进出的影响、公司和题材突发新闻的影响、短线市场情绪波动的影响，甚至还有监管层的突然监管措施的影响等，这些都具有非常大的不确定性。股票市场唯一确定的东西就是它的不确定性。

没有哪一种形态下市场的资金必然会去买某一只股票，自然也就没有必涨的K线技术形态。

你研究再透、再有把握的公司也可能出现你意想不到的"幺蛾子"。比如，财务造假、公司和高管违法、公司负面新闻，这些都是你难以事先预知的。即使公司本身不出"幺蛾子"，行业爆雷、宏观经济下滑，甚至疫情、战争、政策调整等都会对股价造成很大的影响。这里面最典型的莫过于教培行业监管政策的颁布，让新东方、好未来等公司的股价"一夜腰斩"，如图1-1所示。这些都是你事先很难去预知的。

第一章 理　念

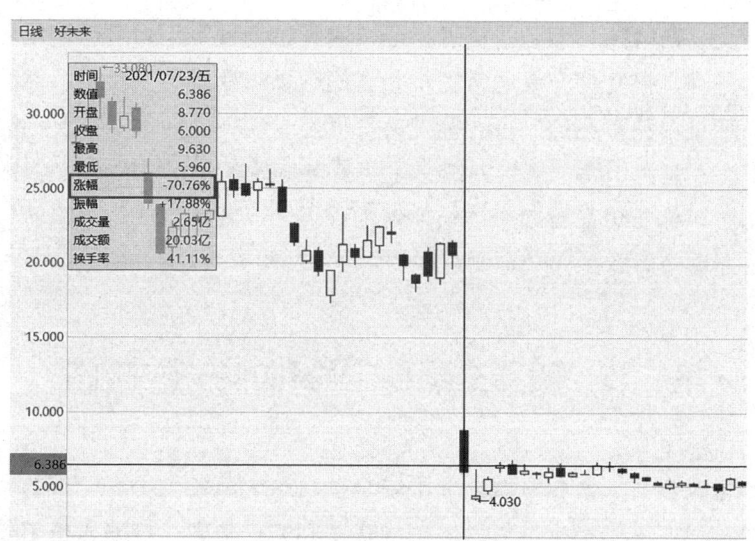

图 1-1　好未来公司股价一夜暴跌 70%

认识到并且承认股票市场永远是充满不确定性的，是一个投资者成熟的标志。

三、很多人的交易心态存在问题

这一点在很多不成熟的投资者身上非常常见。买的股票有盈利了，惴惴不安，赚钱比亏钱还紧张，生怕到嘴的肥肉没了。尤其是之前吃过得而复失亏的，生怕再次得而复失，于是匆匆落袋为安。买的股票亏钱了，反而心里很坦然，只要我不卖，就不是真的亏，我做长期投资，我放在那里，早晚会回来的，但割肉就是真的亏了。尤其是那些有割肉以后立马反弹回去的经历的人，会更加坚信这一点。结果一朝不慎，越套越深。这样的心态在交易上有一个很"致命"的问题，那就是你的交易盈亏比是非常差的。赚的时候都是小赚一点点就跑，亏的时候都是深套大亏，你每一笔亏损所造成的坑都需要很多笔盈利才能填上，如果真是这样，你如何才能赚到钱？

还有一些投资者喜欢情绪化交易，跟市场赌气。连续亏损了几把，一红眼，下一只股票全买进去，结果一次性暴亏。一割肉就反弹，一卖就卖飞，很生气，立马又追高杀了进去，结果又被套，反复被"打脸"。这种

5

报复性交易伤害的只能是投资者自己，因为市场根本不知道你是谁，也不会管你是谁，报复性交易通常都不会有好结果。在股票交易中，你的每一笔交易都是单独存在的，每一笔交易都像是一次下注，都要有自己的入场理由，而不是为了赌一把气，情绪化交易也是很多人亏钱的重要原因。

总之，你要想在股票市场长期地生存下去，就不要成为亏钱的那七成人，上面这些问题是你一定要避开的。

第二节　股票交易稳定盈利的秘密在哪里

尽管大多数人都在亏钱，但不要忘了，这个市场上仍有一成的人在赚钱，而且他们中的不少是可以做到稳定盈利的。那么，这些人稳定盈利的秘诀在哪里？

很多人会说是选股方法好、买卖方法好抑或是心态好。这些固然都非常重要，但我认为这些都不是核心，最核心的关键在于一致性。一致性是个非常重要的概念。绝大部分人炒股应该都会赚到钱，你买卖那么多只股票，总归有一些是赚钱的，可大家经常碰到的情况是这只股票赚到的钱还没在手上捂热，又被其他股票亏掉了。这背后有个很多人常犯的毛病，就是交易的随意性，今天看这只股票涨得好，买。明天有朋友说那只股票题材好，买。后天股吧里有人说这只股票逻辑硬，买。这样的交易风格一看就明白，就是完全没有一致性可言，在随性交易。

股票市场是具有非常多不确定性的，面对不确定性，我们不是束手无策、任凭摆布，需要一致性，才可能去对抗股票市场中的各种不确定性。而如果交易行为本身就具有很多不确定性，那在不确定的市场面前，你的交易会非常混乱，亏钱自然也在情理之中，想长期稳定盈利是根本不可能的。

很多人说A股市场像个赌场，那我们就拿赌场做个类比。在赌场里，每一次骰子摇出来的大小，桥牌开出的大小都是不确定的，每一局赌桌上的玩家会下注多少也是不确定的，赌场自己也不知道。既然这些全是不确定的，那为什么赌场每个月、每年都在稳稳地赚取暴利呢？因为玩家每次下注的行为都具有高度的一致性，学过中学数学的朋友应该都知道概率和期望值。

在赌场里你每次下注的期望值=（你买对的概率×赌场的赔率−你买错的概率）×你下注的金额。比如，你买100元小，你买对和买错的概率都是50%，赌场的赔付是1赔0.95。那么你这次下注的期望收益就是（50%×0.95-50%）×100元=-2.5元，是负值，你可以理解为，只要你下注了，在大小结果开出来之前，你就是亏损2.5元的。当然你可能因为运气好，这局买对了，赚了95元，但运气不可能永远站在你这边。因为你每次下注的期望值都是负的，就相当于你每次下注都是在慢性亏损，虽然表面上有些局你是在赚钱的，但只要你不停地玩下去，你就会发现你的钱越来越少，这就是久赌必输的原理。

赌场通过计算游戏项目的原始输赢概率，搭配上精心计算好的赔率。会保证让玩家每一次下注的期望值计算出来都是负值，这就是我们说的一致性，而玩家每次下注都具有一致性，期望值都为负值，就意味着跟玩家对赌的赌场每次的期望值为正值。有了这种一致性做保证，赌场根本不会去关心那些不确定性的因素，这局开出来的是小还是大？这局玩家下注多少？玩家打算赌多少局？这些赌场根本不会在意，只要你不离开赌场，全部钱财输给赌场只是时间早晚的问题。这就是赌场用一致性战胜了不确定性。

运用到股票市场中也是一样，你需要建立交易的一致性——建立一个每次交易的期望值为正的交易系统，然后严格地去执行。用期望的一致性和操作的确定性去对抗市场的各种不确定性。

类似于赌场下注的期望值计算，你的每一笔交易的期望值也是同样的算法。

单笔交易的期望值=（交易胜利的概率×潜在的盈亏比−交易失败的概率）×交易金额×止损幅度

假设你某次买入股票的交易金额是10万元，你交易胜利的概率是60%，失败的概率是40%，这次交易的止损幅度是10%，潜在盈亏比是2∶1。那么，你这次买入股票交易的期望值是（60%×2-40%）×10万元×10%=8 000元。

为了方便大家更好地理解，我用另一个角度来给大家解释，把它类比成赌场里的下注。你的这次交易相当于是一次下注，下注的金额是交易金额×止损幅度，即10万元×10%=1万元，你用这1万元的下注去博更大的盈利机会，而你这次下注的胜率是60%，赔率是3（含本金）。换言之，你有60%的概率会赚到2万元，40%的概率会亏掉这1万元，都不用仔细计算，我们一眼就可以看出这是一笔非常划算的买卖，大部分人都会愿意去做这个买卖。如果要算期望值的话，则是刚刚算出来的8 000元。

要想在股票市场稳定盈利，我们就要尽可能多地找到这些"划算的买卖"，尽管有时可能会亏损，但如果每笔交易都是正期望值的，每笔交易都是这种"划算的买卖"，日积月累，你的交易系统就是正盈利的，这就是稳定盈利的秘密所在。期望的一致性和操作的确定性可以很好地对抗每笔交易、每只股票所存在的不确定性。而如果没有一套具有高度一致性并且正期望值的交易系统，再多的盈利都可能只是纸上浮盈，最终又可能亏了，还给了市场，就像过山车一样，起起伏伏，最后又回到原地。

那我们要如何找到这些"划算的买卖"呢？答案是胜率和盈亏比。

第三节　胜率和盈亏比分别要如何提升

通过期望值的计算公式我们可以看到，里面最核心的要素有两个——胜率和盈亏比。

每次交易结果的期望值和胜率、盈亏比息息相关，胜率高、盈亏比高的股票就是"划算的买卖"，那么接下来就是如何提升胜率及盈亏比，以此来提升交易期望值。

一、胜　率

提升胜率的核心一定在于选股，选股对于胜率有决定性的影响。这里的选股，我们可以细分为两个维度：

一是选基本面胜率高的，即公司本身质量比较好的。

二是选位置形态胜率高的，即盘面上上涨概率更高的（这两个维度也可以比较好地结合起来）。

A股市场目前有5 000余只股票，不同股票胜率显然是不一样的，优质的公司胜率一定高于劣质公司，虽然有些劣质公司里也可能会因为资金的短期炒作而蹦出几只翻了数倍的妖股，但这只是少数。大部分劣质公司最后都是尘归尘，土归土。当你放大样本、放大时间来看，一定是优质的公司更容易上涨，而且上涨更持久。道理很简单，只有基本面足够好、有业绩支撑的股票，大资金才会持续地关注，才可能长期持续地流入，行情才能持续。而劣质股是不会有多少资金关注的，没有资金关注的股票自然很难有起色。即使少数劣质股被游资或者是大资金炒成了妖股，也很容易见光死，胜率也不见得高。所以，第一步我们要从A股5 000余只股票中筛选出这些基本面胜率更高的股票，建立备选股票池。具体的方法我会在第三章中讲到，这里不再赘述。

另外，即使是同一只股票，处于不同的走势位置时，胜率也是不一样的。同样一只股票，你在它处于上升趋势时进场的胜率一定是高于在下跌趋势时进场的胜率的。所以，我们需要在上面筛选出来的备选股票池里面挑选符合高胜率位置形态的，符合高胜率位置形态条件的，即所要买入的具体个股标的。虽然不指望它一定会涨，但要追求上涨的概率更大，具体的方法会在第四章中讲到，这里不再赘述。

这两步筛选可以帮助我们比较好地挑选出胜率相对更高一些的个股作为投资标的。

二、盈亏比

盈亏比要怎么提升呢？盈亏比中的这个"亏"指的是你的止损幅度，也就是你愿意用多少去下注。而"盈"指的是当前价位离你的预计止盈位的幅度，也就是你可能会赢多少。这样一分析，我们发现：盈亏比是跟你的入场位置息息相关的。

盈亏比的核心一定在于进场位置的选择，同样一段上涨行情中，如图1-2所示，虽然看起来每个位置进场你最后都是赚钱的，但不同位置进场，你的盈亏比是完全不同的。

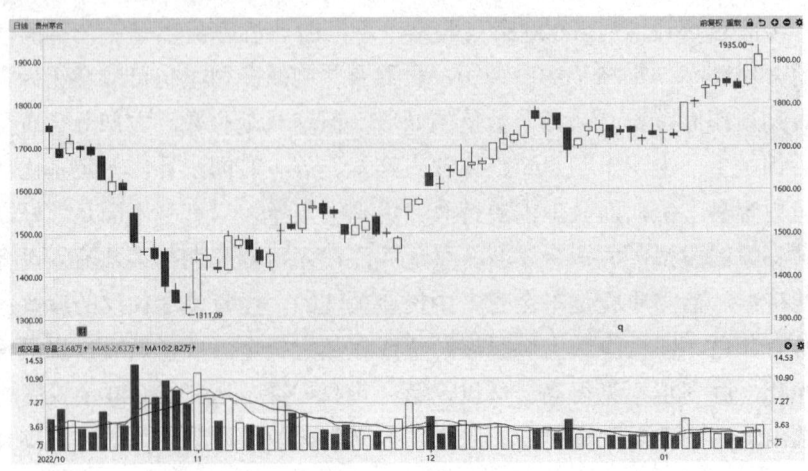

图 1-2　上涨行情

甚至有些位置的盈亏比是小于 1 的,虽然结果是赚钱的,但是在这种位置进场显然是很不明智的。我们要找的股票潜在盈亏比一定要在 1.5 以上,虽然理论上只要胜率有 50%,潜在盈亏比在 1∶1 以上都可能是盈利的,但因为胜率通常是有一定波动范围的,所以保证 1.5 以上的盈亏比,以保证有足够的缓冲空间去保证这笔交易最终的期望值是正的。当然,我们更希望这笔交易的盈亏比越高越好,毕竟盈亏比越高,期望值就有可能会更高。同时,通过裸 K 操盘法加重要的支撑位阻力位分析的方法来界定每个位置的交易盈亏比,从中挑选认为合适的盈亏比区域,同时等待"信号旗"K 线的出现,一旦"信号旗"K 线确认,进场位就是高盈亏比的入场位。这些具体的方法在第二章都会给大家讲到,这里不再赘述。

关于胜率和盈亏比,有两点要注意:

一是盈亏比相对比较好确定而胜率不好确定。盈亏比通过界定交易位置、止盈位、止损位就可以大致确定下来,而且在交易执行之前就可以确定下来。而胜率会有一个比较模糊的范围,而且交易之前是不能确定的(是事后的),事后通过很多次交易的结果数据总结得到胜率反馈,从而确定选股方法的大概胜率范围,再看看这个胜率是否合适。如果不合适,就需要进一步优化改进。

二是胜率和盈亏比有时候会有冲突,要求的盈亏比越高,胜率就会相应下降。要求 2∶1 的盈亏比时的胜率和要求 10∶1 的盈亏比时的胜率肯定是不一样的。就好像参加赌场 2 倍赔付的游戏和 10 倍赔付的游戏的中奖概率肯定是不一样的，要求的盈亏比越高，胜率就越低。所以，我们交易系统的目的是去取一个胜率和盈亏比之间的均衡值，只要最后期望值为正数就可以。不用去追求过高的胜率，也不用追求过高的盈亏比，两者的结合合适就可以。

第四节　为什么裸 K 也可以很实用

在提升盈亏比的方法中，我用的是裸 K 操盘法加重要支撑位阻力位分析的方法。K 线是最原始、最有效的市场信号，是市场最真实的语言，能深入看懂 K 线就能读懂市场的语言，回归本源就是最好的方法，甚至裸 K 还可以让你的看盘界面变得更简洁清晰，如图 1-3 所示。

图 1-3　裸 K 界面

这也是大道至简，有时候越简单的东西反而越好用。而且交易系统本身也和"金叉""死叉""穿越""超买""超卖"这些技术指标里的常用术语和信号毫无关联，我们看盘面一个重要目的是：在已经选好的个股标的上找到盈亏比比较合适的入场点，然后等待反转 K 线的出现，根本也用不上"金叉""死叉""穿越""超买""超卖"这些。

K 线图上最重要的是位置和距离，它们才是与盈亏比定位密切挂钩的，这些是各种技术指标所做不到的。而无论是判断趋势、找入场位置、看入场信号，我们都可以通过裸K来实现，也不需要依靠技术指标，所以，哪怕是均线这样的常规技术指标都用不上。

不过一些非技术指标的辅助指标，比如成交量指标、筹码分布指标却在交易系统中有非常重要的作用，对提升胜率会有一定的帮助，具体的用法我会在第四章中给大家讲到，这里不再赘述。

第二章

裸 K 操盘法——盈亏比的提升

完成每一笔交易都需要一笔买单和一笔卖单，每一笔交易实际上也是在做一笔"买卖"，什么样的买卖才是划算的？潜在回报相比于你的付出越多，你的买卖就越划算。提高盈亏比和潜在回报率可以让你的每一笔买卖都更加划算，从而让你在股票这门生意上长期盈利。

第一节　裸 K 操盘法

股票交易的方法五花八门、琳琅满目，不同的人也是八仙过海，各显神通。但无论是哪种交易方法，归根结底都要定趋势、定买点、定卖点，才能称得上是一套标准的交易手法。K 线是每个股民都认识的东西，但请千万不要小瞧了它，如果用得好，仅仅只用最简单的 K 线就可以形成一套交易手法，不需要再借助其他技术指标，而且对于提升盈亏比有着显著的作用。

一、什么是裸 K 操盘法

顾名思义，裸 K 操盘法是指不借助均线、MACD、KDJ 等技术指标，盘面上只是通过 K 线和支撑阻力线来找到进出场位置进行买卖，这个过程中也会用到成交量和筹码分布指标来进行辅助参考，如图 2-1 所示。

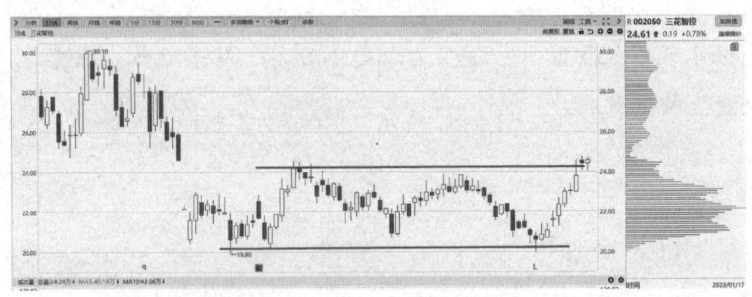

图 2-1　裸 K 操盘常用界面

裸 K 操盘法有着神奇的作用：在整个操作过程中，盘面简洁清晰，结合"信号旗"K 线的运用，进出场点位置清晰明确，是重要的提升盈亏比的方法。

为什么建议大家使用裸 K 操盘呢？原因如下：

一是 K 线是最原始、最有效的市场信号，也是市场最真实的语言，能深入看懂 K 线就能读懂市场的语言，回归本源就是最好的方法。简洁简单的盘面能让你更专注于K线本身,也能让你更好地感觉到趋势和市场的动向,如图2-2所示。

图2-2　K线

一些做股票交易的朋友看盘软件上堆满了各种乱七八糟的技术指标和信号,如图2-3所示。这样杂乱的指标和信号看似让你掌握了更多的信息,实际上,里面很多都是无效的信息、信号。反而遮蔽了市场原有的样子,时间一长,也会迷失在这些指标、图表和信号里。

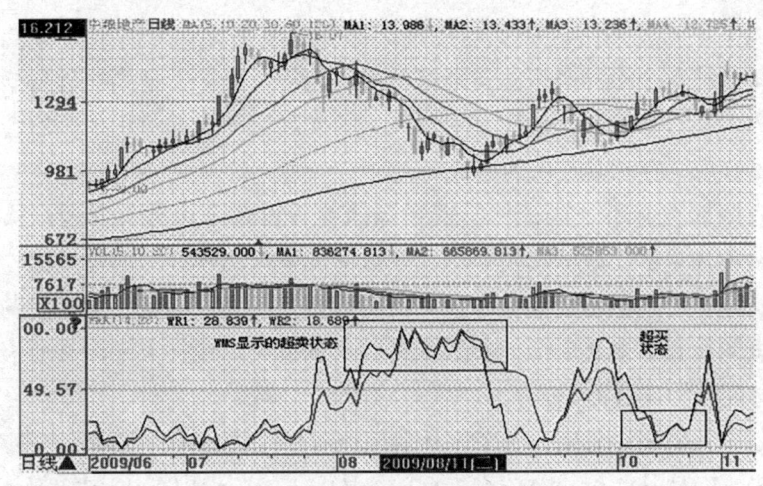

图2-3　技术指标杂乱的操盘界面

二是大家平常在看盘和交易的过程中经常会用到技术指标,也有很多人到处售卖各种五花八门的技术指标。看似高端先进,但实操时却发现根本不好用。看过去的行情好像挺准的,判断未来的行情怎么一点儿都不准了,这是怎么回事儿?

有一小部分原因是：有些技术指标里面含有未来函数，这也就意味着，站在未来看过去，它的每一次买点和卖点的提示都会精准无比，但是，一旦用它看未来，那就完全不准了。而即使这个技术指标没有未来函数，包括均线MA、布林带、多空线、MACD、KDJ、乖离率、DMI等常用的技术指标，大家在用的过程中也会发现有很多不好用的地方。比如，大多数人习惯用均线去判断趋势，但是，当均线黏合交错在一起的时候、短中长期均线相互矛盾的时候，或者均线"金叉""死叉"交替出现的时候，它们就会茫然不知所措，如果按照"金叉"信号买入，"死叉"信号卖出，可能反复被"打脸"。

又如，有的人喜欢用MACD来判断多空，零轴上方做多，零轴下方卖空，但当DIF、DEA线及量柱围绕零轴上下波动的时候，很多人也很犯迷糊，可能来回被"打脸"。

再如，有的人喜欢用KDJ、乖离率去判断有没有超买超卖。在超卖区买入，结果股价不断创新低，亏损不止；在超卖区卖出，结果一卖就飞，错失上涨行情。

似乎不管使用哪种类型的指标，都会出现指标信号时准时不准的情况。即使把几个不同类型的指标搭配在一起用，比如，把均线趋势指标和KDJ震荡指标搭配在一起用，看似有用，实际上在用的过程中仍然会出现有时候有用、有时候没用的情况。

有些朋友会不甘心，估摸着指标的参数设置是不是有问题，认为尝试修改各种参数应该能找到"绝大多数情况下都比较准"的技术指标或者技术指标组合。于是他们会拿很多历史数据来回测，调技术指标的各项参数。试图找到那个最完美的参数，可以百试百灵，包打天下，最后浪费了大量时间精力徒劳而返。

事实上他们没想明白一个本质的问题——均线MA、布林带、多空线、MACD、KDJ这些价格类技术指标的本质是K线。因为它们同样都是用开盘价、收盘价、最高价、最低价、中间价等原始价格数据加工后形成的，只是K线的变形，只不过用了另一种视觉形式呈现出来而已。如果在股票交易中用K线解决不了的问题，用其他的技术指标一样也解决不了。而用K线能解决的问题，不用任何技术指标也一样能解决。当比较熟练使用K线的时候，对趋势和市场的形态都能了如指掌，自己都可以画出各条均线的大致位置。对多空的判断、对买点卖点的判断，这些股票交易中的问题，只要练习足够，用裸K都可以解决。所以，越是复杂的技术指标反而越是把简单的问题复杂化。

三是很多人在用技术指标的时候用错了方向，把焦点全部放在了对未来行情的预测和找交易信号的提示上，"金叉""死叉""穿越""背离""超买信号""超卖信号"，希望通过这些信号找到预测股票涨跌的机密。事实上，任何技术指标都无法精准预测行情，因为所有的技术指标都是基于"过去"，即计算数据全部来源于过去已经发生的市场数据，而未来的数据都还没有出现。未来的股价涨跌是市场中千千万万的投资者用真金白银投票决定，而不是通过软件中一个技术指标决定的。用技术指标的信号去预测未来股价的涨跌肯定会有准的时候，也肯定会有很多不准的时候。从本质上来讲，它和你主观地去猜测明天股价的涨跌并没有多大区别。

四是技术分析的基本假设本身也是存在局限性的，比如"市场行为涵盖一切信息"这一假设，过去的市场价格确实是涵盖了过去的一切信息和市场行为，但过去的市场价格和行为并不能决定未来的价格走向，你不知道下一个交易日，哪些大资金会买进，哪些大资金会卖出，你甚至不知道今晚会出现怎样的利好消息或者利空消息。所以拿"过去"去预判"未来"本身就是不可靠的。

又如"历史是会重演的"这一假设，经济确实是有周期，股市也会有牛熊周期，会有相似性。我们也可以找到两只不同的股票走出极其相似的K线图，看起来它们的走势完全一样，但它们背后的公司大不相同，它们当时所处的大盘环境、宏观环境、货币环境、市场的情绪、资金的动向等都是完全不一样的。在股票市场上，你也不可能找到两段完全一样的K线走势，从静态来看，它们可能形态看起来很像，但背后却是完全不一样的，市场的价格是动态的，不是静止的。所以，如果你想用过去某一段K线的走势去推测跟它很像的另外一段K线的走势，本质上只是一种形而上学式的推测，结果自然不会理想。

所以，技术指标的作用根本不在于预测，过去永远无法准确预测未来，用技术指标信号预测未来涨跌进行买卖只会有时有效、有时无效。

那么，技术指标真正的作用在哪里？技术指标真正的作用是作为观察市场的辅助工具，比如，均线和布林带可以帮助你观察最近的趋势方向，辨别趋势是在进行中还是回调整理中。MACD 和 KDJ 可以帮助你观察最近是多方占优势还是空方占优势，以及优势有多大。而你的买入卖出决策和买入卖出点的选择则要依靠其他的方法。

二、裸 K 操盘中的"势""位""态"三要素

在股票交易的裸 K 操盘中，"势""位""态"是交易盘面的三大要素。

"势"即趋势，你需要确保自己准备参与的股票正处于上涨趋势，而不是下跌趋势。在上涨趋势中你赚钱的概率更大，单笔盈利的期望值也更高，更容易"吃"到主升浪行情；而在下跌趋势中，你不仅亏钱的概率更大，单笔盈利的期望值更小，在下跌趋势中通常只有抓反弹才能盈利，而这个反弹能走到哪里、能弹多高往往都不确定，有时甚至只是一日游，你刚进场就被套。所以，跟对"势"是进场的第一核心要素。

"位"即位置，在股票的上涨趋势中，你在大部分位置买进都是可以赚钱的，但并不意味着每个位置买入都是划算的，因为并不是每个进场位置的盈亏比都是好的。正如我们在第一章中讲到盈亏比是非常重要的一环，同样是在上涨趋势中，有些位置交易你的盈亏比可能达到 3∶1 甚至 5∶1 以上，而有些位置交易你的盈亏比却只有 1∶0.8，甚至 1∶0.5。如果长期在这样差的盈亏比的位置进场，想在股票市场长期稳定地赚钱几乎没有可能。所以，找好"位"是进场的第二核心要素。

"态"即入场形态，也可以理解为一种具体的 K 线信号。当股价运行到了好的进场位置，但并没有出现准确的入场信号，这时你贸然进场往往容易碰一鼻子灰，甚至可能进场"接刀子"。只有出现了合适的 K 线信号形态，才是比较安全的入场机会。所以，辨好"态"是进场的第三核心要素。

很多朋友都会有这样的苦恼，看中了一只股票，但是不知道该在什么时候买入。实际上，同时具备好的"势"、好的"位"、好的"态"，就是很好的买入位置，而"势""位""态"的分析并不复杂，通过在盘面添加支撑线和阻力线，配合裸 K 线就可以很好地帮你辨别"势"，找到"位"，确定"态"，找到好的买入位置。不仅如此，还可以衡量当前交易位置的潜在盈亏比是多少，是否满足交易系统的要求。这些方法将在本章的第三节入场方法中详细讲解，只要认真学习，多加练习，这对大多数交易者来说都不难。

三、拐点和支撑阻力线在裸K操盘法中的作用

除了"势""位""态"三要素之外,"拐点"在裸K操盘法中也有着非常重要的作用。首先看一张K线图,如图2-4所示。在这段宽幅走势中,看到了很多阶段性的拐点(图中圆圈标注的位置),有些是阶段性高点,有些是阶段性低点。这里大家来思考一个问题:这些行情拐点是散户造成的,还是机构造成的?

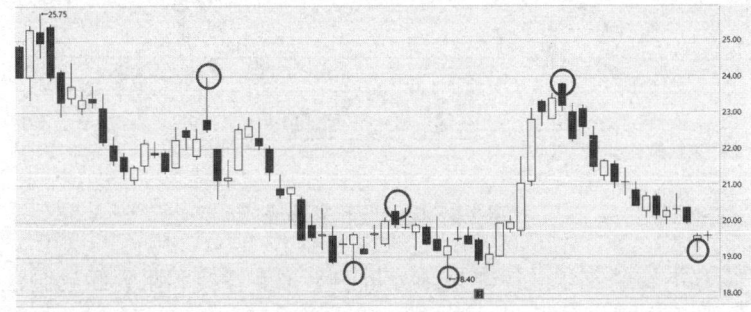

图2-4　行情中的各个拐点

很显然,这些拐点都是机构买卖行为造成的,一个散户可能会碰巧买卖在高点、低点,但是散户的一张买单或者卖单不可能改变整个股价的走向,不能让股价开始拐头。能让股价在K线图上发生转向的一定是机构,虽然不知道这些机构是谁(它们可能是公募基金、私募基金、券商、外资),也不知道每次出力的机构是否为同一家机构,但有一点可以确信的是:一定是机构所为。

所以,当股价下跌接近或是临近阶段性低点时,推测机构可能还会在这个位置再次买入,因为机构上次在这个价位时买入意愿比较强。当然,买入并不一定还会再次发生,也可能股价直接跌破了,但是认为这个低点位置是机构资金潜在的一个可能买入的位置,所以,把它定义为一个潜在的买点。当股价上涨接近或是临近阶段性高点时,推测机构可能还会在这个位置卖出,因为它们上次在这个价位卖出意愿比较强。当然,这也不是一定会发生,也有可能机构非常看好,不卖,直接上涨突破前面的高点了,但认为这个高点位置是机构资金潜在的一个可能卖出的位置,所以,把它定义为一个潜在的卖点。

经过这些潜在买点和潜在卖点作水平线，就形成了支撑线和阻力线，如图2-5中所示的1号、2号、3号线。1号线和2号线在当前股价上方，目前来说，是潜在的阻力位置，就是阻力线。3号线在当前股价下方，是潜在的支撑位置，就是支撑线。

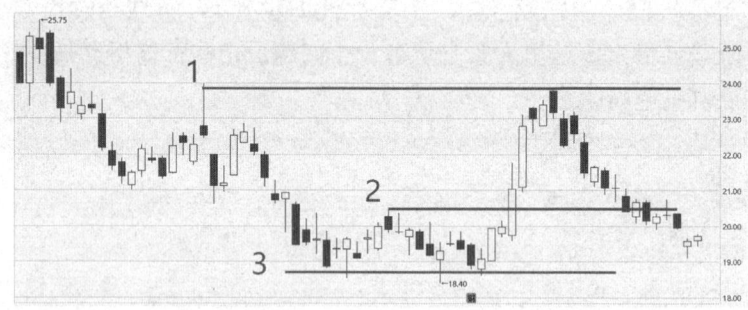

图2-5　阻力线和支撑线

可能有不少朋友学过经典技术分析中水平支撑线和阻力线的画法，这里的画法与之类似，但又有所不同。经典技术分析理论中强调的支撑线和阻力线是沿股价波段的最低点和最高点画水平线，要求是非常精确的一条线。而这里画的支撑线和阻力线不一定要求经过最高价和最低价，而是要求一条线经过尽可能多的拐点。所以，经常会出现支撑线、阻力线穿过K线的上影线和下影线的情况，甚至可能穿过一些K线的实体。在我们的投资系统中，潜在买点和卖点都不是一个精确的点，而是一个小的区域范围，毕竟市场本来就不是特别精确，而是模糊的，因此，在画线时也不必追求精确，也是追求一个模糊的区域，比如图中的3号支撑线并没有经过几根K线的最低点，而是穿过它们的下影线，但因为它同时穿过了三个拐点，三个潜在买点区域都处在这条线上，对于交易来说，它就是一条很好的支撑线。同理，阻力线不求精确，只求有效。

同时，对于支撑线和阻力线的有效性，我们还可以做更细的划分：那些只经过一个拐点的线，支撑和阻力效果还有待考察，可以定义为一般支撑线和一般阻力线。那些经过两个或两个以上拐点的线，支撑和阻力效果已经得到比较好的验证了，可以将其定义为有效支撑线和有效阻力线。比如图中3号支撑线，经过了三个低点拐点，就是非常有效的一条支撑线。1号和2号阻力线相比，2号线只是经过了两个小波段的高点拐点，而1号线经过了两个大波段的高点拐点，1号线的阻力作用是要大于2号线的。

如果大家学过经典技术分析理论，都知道支撑线附近是比较好的买点，阻力线是比较好的卖点。不仅如此，还可以用支撑线和阻力线来衡量当前价位的潜在盈亏比。因为支撑线会起到支撑股价的作用，一旦支撑线位置被跌破，股价很可能会继续大跌，所以，一般把下方最近的支撑线作为比较有效的止损位，当前价位到止损位的距离是我们的止损幅度，也就是可能的"潜在亏损"。而阻力线对股价会起到阻挡作用，股价碰到阻力线有可能会引起拐头反转，所以，可以把最近的阻力线作为止盈位，到阻力线的这个区间就是止盈幅度，也就是可能的"潜在盈利"。关于止盈线的选择，还有个小技巧，就是如果最近的一根止盈线是只经过一个拐点的一般止盈线，不一定会比较有效，也可以考虑用最近的一根有效阻力线作为止盈位。有了"潜在盈利"和"潜在亏损"，当前股价位置的潜在盈亏比就可以算出来了。

如图2-6所示，当前价位在19.74元，最近支撑位（3号线）在18.62元附近，最近阻力位（2号线）在20.45元附近。潜在盈利0.71元（20.45元-19.74元），潜在亏损1.12元（19.74元-18.62元），潜在盈亏比0.63（0.71÷1.12），连1:1的最基本盈亏比都没有达到，这样的位置显然不是好盈亏比的交易位，不值得我们去介入。这就是对交易潜在盈亏比的最基本判断方法，熟练以后，都不用精确计算，通过肉眼目测也能大概看出这个位置的盈亏比有没有1或者更高。

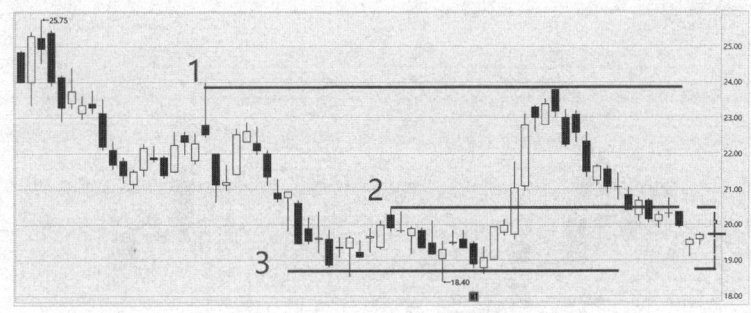

图2-6　从当前价位评估潜在盈亏

一旦我们找到了有好盈亏比的价位，甚至有3:1以上盈亏比的价位时，是不是马上就可以买入呢？并不是，支撑线和阻力线上的位置是机构潜在的买入点和卖出点，但并不意味着他们一定会在这里买入或卖出，还要从具体的K线形态上观察机构资金是否正在买入进场，只有"信号旗"K线出现的时候，才说明这个位置是合适的进场位。

"信号旗"K线又是什么？我们从K线的形态开始来具体讲解。

第二节　带你重新认识K线

K线是市场价格最原始信息的反映，但原始并不代表着无效。相反，它在反映市场的趋势、多空强弱方面反而比均线、MACD、KDJ这些指标更加敏感，K线是读懂市场的语言，因此，学好K线是我们必备的基本功。

一、K线的常见形态

在股票交易中，K线是一切的基础，是各种交易方法的"万物之源"。K线虽然很基础，但如果不好好掌握K线，整个"裸K操盘法"无从谈起。

这一节将对K线、K线形态、K线组合进行讲解，是给初学者入门所用，也给有一定经验的交易者温习回顾所用。

K线因为形状很像一根一根的蜡烛，因此，又叫作蜡烛线，如图2-7所示。不同于西方国家经常使用的柱状图，K线蜡烛图因为有涨有跌，有阴有阳，非常符合东方人的文化习惯和思维习惯，所以，在东方的交易市场里，通常看到的都是K线蜡烛图。

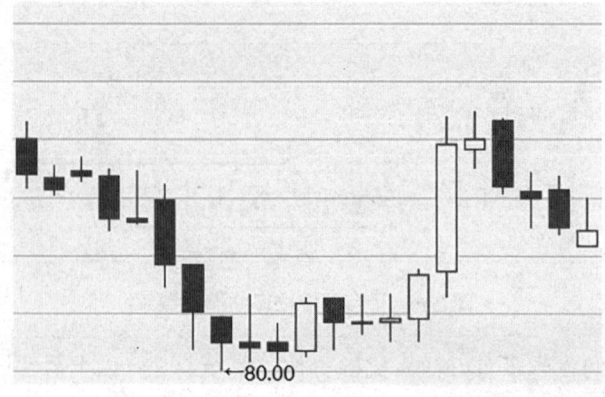

图2-7　阴线、阳线组成的K线蜡烛图

和盘面冷冰冰的报价数字不同，K线更像是一门语言艺术，因为它能够直观地反映出市场的变化，如图2-8所示，这是日线级别的K线走势。

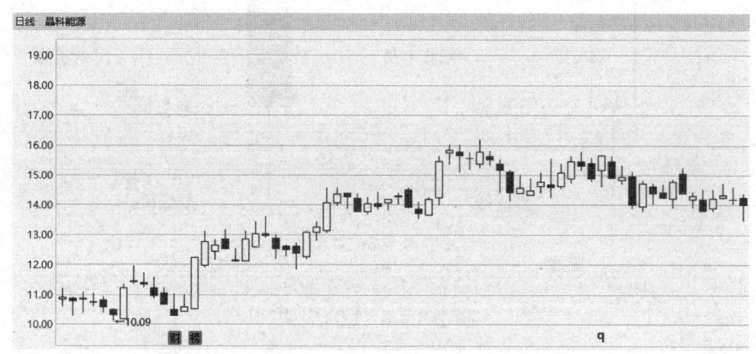

图2-8　日线级别的K线走势

有经验的投资者都知道，股票市场并不是一个循规蹈矩、一板一眼的机械体，而是一个千变万化、不断进化的有机体，如果你想跟股票市场打交道，想从股市里赚到钱，那你必须能读懂市场。就好像你要想跟家人、跟朋友、跟同事搞好关系，就必须能读懂他们的情绪一样，而K线实际上就是市场情绪的体现。

二、K线的构成四要素

K线是以一定周期（每周、每日、每小时、每15分钟、每5分钟等）的行情中的开盘价、收盘价、最高价、最低价这四个价位为依据绘制而成的技术图表。K线主要由影线和实体两个部分构成。K线的实体由这个周期的开盘价和收盘价的位置所决定。如果收盘价高于开盘价，这根K线的实体就是阳线，表明这段时间内股价是上涨的，一般标为红色。如果收盘价低于开盘价，这根K线的实体就是阴线，表明这段时间内股价是下跌的，一般标为绿色。

K线的最顶端和最底端分别是这个周期内价格所达到的最高价和最低价。影线分为上影线和下影线，实体顶端与最高价之间的部分叫上影线，实体底端与最低价之间的部分叫下影线，如图2-9所示。

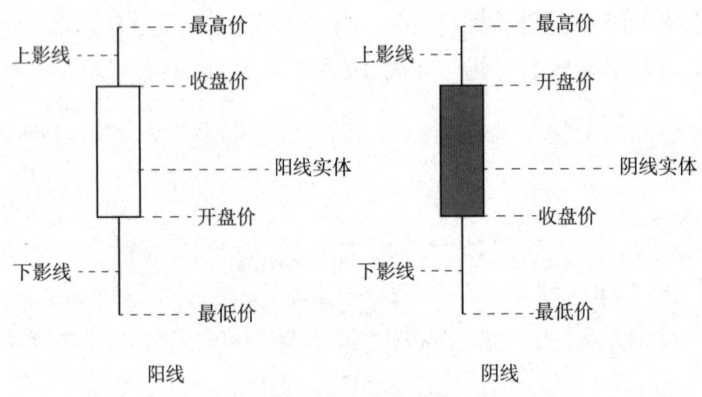

图 2-9 K 线的构成

只要一定周期内的开盘价、收盘价、最高价、最低价确定了，这段时期内的 K 线的实体和上下影线就确定了，这根 K 线也就确定了。

三、K 线的具体使用

可以把 K 线分为单根 K 线、双根 K 线、三根或多根 K 线组合三大类别。

- 单根 K 线：形态主要包括大阳（阴）线、中阳（阴）线、小阳（阴）线、流星线、锤子线、T 字线、倒 T 字线、十字星等。
- 双根 K 线：形态主要包括吞没（阳包阴及阴包阳）、刺穿线和乌云盖顶、孕线等。
- 三根或多根 K 线组合：形态主要包括黄昏星、启明星、红三兵与黑三兵等。

可以看出，K 线的名称和形态其实很多，有很多投资者朋友，尤其是初学者，很喜欢像上学时考试背书一样，一板一眼地背诵每一种形态的名称、特点。然后在看盘软件上生搬硬套，照葫芦画瓢式地标注各种形态，以为会很管用，结果却适得其反。这其实是对 K 线理解和运用的僵化，并没有弄清楚 K 线的本质。

实际上，K 线的本质是股市中的多方（持有资金待买方）和空方（持有股票待卖方及少部分融券卖空投资者）在盘中进行博弈后，在盘面留下的痕迹，每一根 K 线都记录了这一段时间双方博弈的过程，这次博弈是通过双方真金白银买入、卖出进行的。从更深的角度讲，你在盘面上看到的每一根K线，实际上都是钱所画出来的。

带着这样的理解，我们再看看每一种常见的K线形态和组合，相信你会有更多的理解。

1. 单根K线

（1）大阳线和大阴线

大阳线是指实体长度很长，而影线部分很短的K线，如图2-10所示。

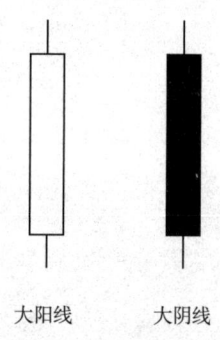

图2-10 大阳线和大阴线

大阳线的意味很明显，在这段时间内，股价在强势上扬，多方资金表现非常强势，牢牢地把握住了市场的主动权，后市继续走强的可能性较大。而且大阳线的上影线越短，说明多方资金越强势。所以，如果日线上出现大阳线，是非常好的信号，这时你不用着急卖出，持仓到第二天继续观察，观察是否具有继续上涨的惯性或溢价。

大阴线则刚好相反，在这段时间内，股价在弱势大跌，卖出的资金非常强势，市场恐慌程度非常高，很多散户甚至机构资金在不顾一切地砸盘，不计成本地卖出。当出现大阴线的时候大家一定要万分小心，需要警惕。

在股市中，大阴线通常在以下三种情况下比较容易出现。

一是市场出现了系统性风险，整个市场都在大幅下跌，比如2022年4月25日出现的股市大幅下跌现象，A股700多只股票跌停，绝大部分股票当天都拉出了大阴线，如图2-11所示。

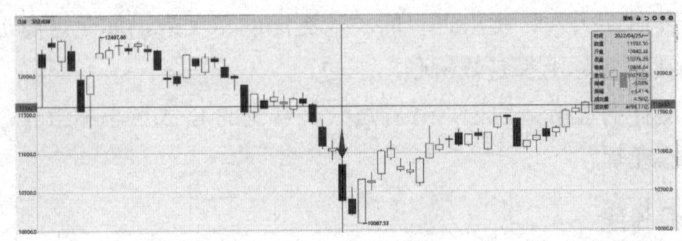

图 2-11　股市大跌产生的大阴线

二是整个板块前期涨幅太多，资金大规模兑现利润出逃。比如，汽车整车板块在 2022 年 6 月 29 日时，因为前期涨幅过高，出现了大量的资金兑现出逃，整个板块拉出了一根非常大的阴线，板块内很多只股票跌停，如图 2-12 所示。

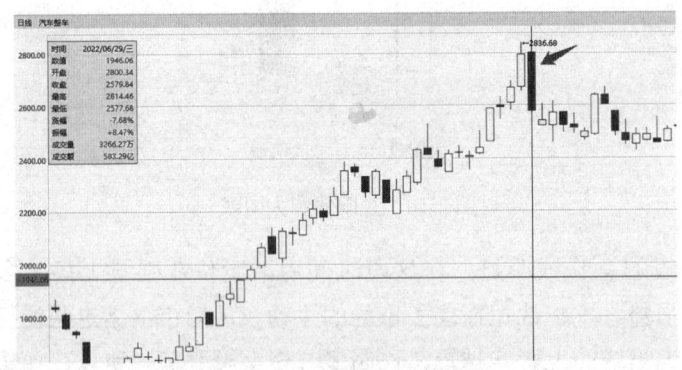

图 2-12　行情顶部的大阴线

三是个股碰到了重大消息面的利空，股价大跌，出现大阴线。比如，长春高新（000661）在 2022 年 8 月 18 日受集采消息影响，出现了跌停的大阴线，如图 2-13 所示。

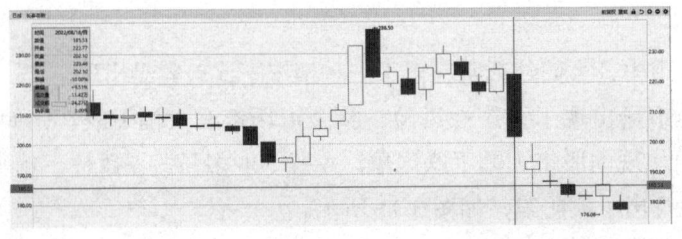

图 2-13　利空消息产生的大阴线

一般而言，大阴线出现的当天迅速止跌是较小概率事件，因为大阴线往往伴随着恐慌情绪，而恐慌情绪往往不是一时半会所能消除的，后续往往还会有惯性。至于跌到哪里会止跌，就要看当天尾盘的收盘情况及第二天的开盘情况。遇到大阴线一定不要急着抄底，有很多新手看大阴线回调了，回调幅度不小，往往会觉得是捡便宜的大好机会，结果往往是一进场就继续被砸、被套，非常被动。

（2）中阳线和中阴线

如图 2-14 所示，中阳线包含一定程度的实体及上下影线。中阳线与大阳线相比，多方的力度就没有那么强了。在中阳线形成的过程中，多方和空方一直在争夺"领土"，仿佛拔河比赛一样的拉锯战，这个拉锯战的过程我们通过上下影线就可以看出来，而逐渐多方占据了较为明显的优势，从而收出一根阳线。中阳线的多方力度虽然不如大阳线，但仍是比较好的局部看涨信号，因为多方在拉锯中形成了局部优势。中阳线在震荡上升的行情中会比较常见。

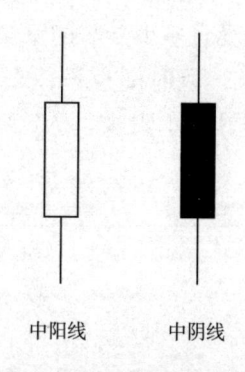

图 2-14 中阳线和中阴线

中阴线则恰好相反，表明在这个局部拉锯过程中，空方取得了局部的优势。虽然由空方形成了主导，但中阴线比大阴线好的地方在于，拉锯的过程中多方一直有资金在拉涨或承接，而不是像大阴线那样多方资金一直在场外观望。所以，在一些震荡上升的行情或者通道上涨的行情中，当中阴线出现在一些比较关键的位置时，有时会出现一些比较好的回踩进场的机会。

（3）小阳线和小阴线

如图 2-15 所示，小阳线是指实体比较短的阳线，通常上下影线也比较短。表明在这个时间段内价格一直在很小的幅度内波动。这种K线反映出市场交易者的观望情绪非常强烈，多方没有买入股票的意愿，空方也没有卖出股票的意愿。

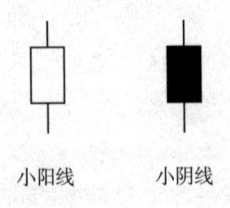

图 2-15 小阳线和小阴线

小阴线和小阳线基本相同，当K线出现这种实体和上下影线都很小的情况时，是阳线还是阴线都不那么重要了，小阳线小阴线基本等同。

小阳线和小阴线通常在这几种情况下比较常见：

一是在无序的横盘震荡区间，在这种小区间内，股票涨跌缺乏方向感，资金也没什么买卖意愿。成交量、换手率都比较萎靡，股价处于一潭死水的状态。这种情况下，没有多少参与的意义，即使参与了，行情通常也会比较磨人，可能拿很长一段时间也没什么涨跌，持仓体验很差。如图 2-16 所示，这是长时间连续的小阴线和小阳线，市场完全没有方向。

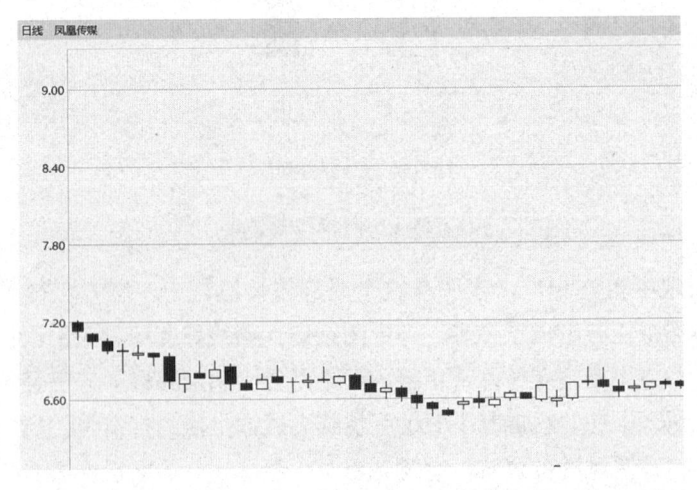

图 2-16 没有方向、随机运动的小阳线和小阴线

二是出现在上涨或者下跌中继的过程中，通常在股价拉出一根或几根

连续的大阳线或者大阴线之后，股价需要"喘口气"，为下一次的上涨和下跌蓄力。这时，在日线级别的 K 线上，经常会见到在大阳线或者大阴线后面跟着几根很小的小阴线或者小阳线。此时的小阳线和小阴线就不是市场在犹豫了，而是一种上涨下跌的中继和蓄力。如图 2-17 所示，这是典型的上涨中继的小阳线和小阴线。

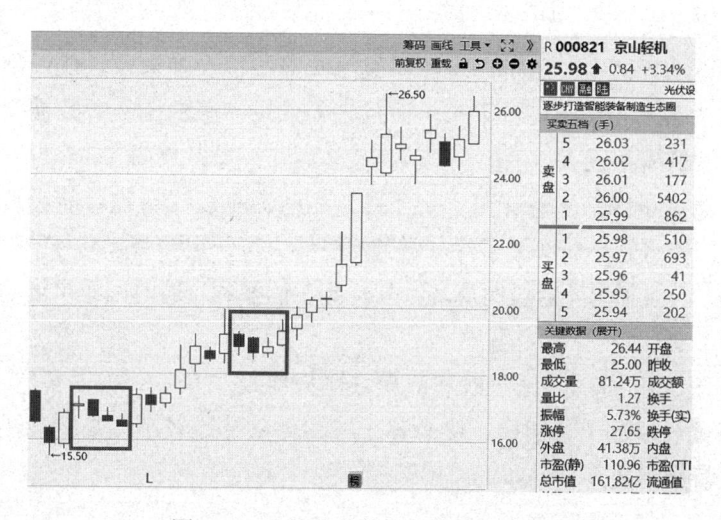

图 2-17　上涨中继的小阳线和小阴线

三是市场指数出现连续且缩量的小阴、小阳震荡，整个股市交投清淡，通常出现在一些重要会议前，资金都在观望，等重要政策的下一步指引，等下一步的市场方向。这种情况下，除非你有特别看好的方向进行提前埋伏，否则参与的意义也不是特别大。

（4）流星线

如图 2-18 所示，这种带有很长上影线的 K 线，称为流星线，它的实体部分因为比较小，所以，它是阳线还是阴线并不是特别重要。

图 2-18　流星线

从形成轨迹我们可以看出，在形成过程中，多方做了很大的努力，试图拉升股价，盘中也一度拉涨。但同时上方卖压很大，空方在很短时间内将股价打压了下来，甚至打压回了起点，说明当前价位空方卖出的意愿是非常强的。大部分情况下，流星线都不是一个好的信号。

在上涨行情中，股价出现流星线往往意味着股价短期见顶，短期有回调需求。

在震荡行情中，出现流星线，意味着股价到了区间的顶部，可能会重新下跌回区间。

在下跌行情中，股价出现流星线意味着股价反弹失败，仅仅反弹了一小段就被强大的卖压打了下来，而且当天入场抄底的资金悉数被套，后续继续下跌的概率很大。

虽然流星线并不意味着一定下跌，有时流星线次日也可能会被反包创出新高，但这是小概率的事件。碰到流星线大家一定要引起充分的警觉，密切观察，一旦形势不对及时离场，保住到手的盈利，暂时回避市场的风险。

（5）锤子线

如图 2-19 所示，锤子线和流星线刚好相反，有着一根很长的下影线，形状很像一根锤子。同样，由于锤子线实体部分比较小，是阳线还是阴线也不是特别重要。

图 2-19　锤子线

从锤子线的形成轨迹我们可以看到，盘中一度出现了比较大幅的杀跌行为，但同时也出现了大量资金抄底买入，而且买方力量比较强，快速地将股价拉回了接近起点的位置。

锤子线通常都是一个比较好的积极信号。

下跌行情中，锤子线的出现通常都是股价短期企稳的标志，短线可能存在反弹的机会。

在震荡行情中，出现锤子线，意味着股价到了区间比较底部的位置，后续可能会重新上涨。

上涨行情中，锤子线的出现，意味着股价经过短暂回调后短期回踩结束，股价有可能重新开启一波上涨趋势。当然也会有例外，有时当股价上涨到一个高位或者某个关键位置时出现了一根锤子线，但这根锤子线第二天就被快速跌破，继而出现行情转势，这种情况下的锤子线也被称作吊颈线。

锤子线通常是比较好的机会提示，但不能生搬硬套地机械运用，也需要结合具体的走势、形态和位置来进行综合分析。我们后面要讲的"信号旗"K线就是以锤子线作为重要基础。具体的分析方法及在交易系统中要如何使用，将在后面的章节中做具体讲解，这里不再赘述。

（6）T字线和倒T字线

如图2-20所示，T字线和倒T字线，大家可以把它理解成是锤子线和流星线的一种特殊的形式——K线的实体部分极小，开盘价和收盘价几乎一样。

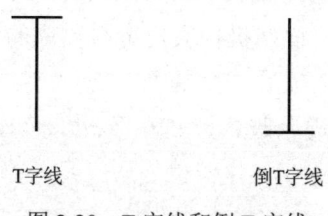

图2-20 T字线和倒T字线

T字线和锤子线比较类似，都是比较好的底部反转信号；倒T字线和流星线比较类似，都是比较危险的顶部反转信号。不过，T字线和倒T字线并不常见，因为它们是比较特殊的形态，只有在少数情况下才会见到。最常见的地方在涨停板和跌停板，即T字涨停板和倒T字跌停板（非常有参考意义，里面的门道也很多）。

T字涨停板表明这只股票开盘涨停，但盘中资金有所松动，一部分资金兑现出逃，但很快又有资金回封，把股价又顶回了涨停板。当然，T字涨停板要具体情况具体分析。

如果T字下面的竖线比较短，即整个T字比较短，而且回封涨停板速度比较快，甚至是秒回封，就说明动摇的只是小部分资金，大部分机构资金还是继续坚定看涨。尤其在出现连续的一字涨停板之后，出现这样的T字涨停板，通常是好事，说明在换手买入卖出的情况下资金仍然没有大规模出逃，而是继续保持强势，证明资金继续看涨的意愿很强，后市可能会进一步强势。如图2-21所示，2022年5月中通客车在连续的一字涨停板之后出现了两个很小幅度的T字涨停板，说明机构资金接力的意愿很强，后市也出现了一波势不可当的大涨。

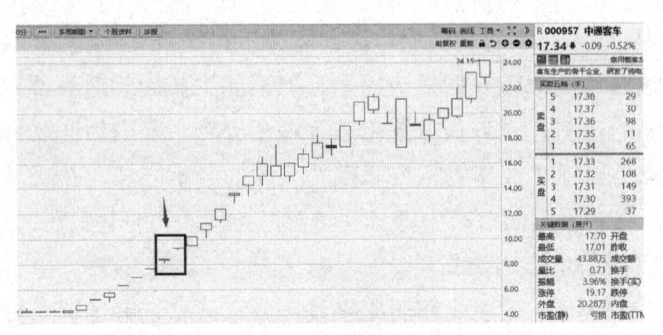

图 2-21　中通客车上涨途中的 T 字涨停板

如果 T 字下面的一竖比较长，同时，回封涨停板犹犹豫豫、磨叽了很长时间才重新回到板上，说明机构大资金有出逃的可能，重新买回涨停板的可能是散户，尤其当封板后成交量仍然还在持续放很大量的时候，就要特别小心了，这是机构资金假意拉回涨停板，借着涨停板出货给散户了。如图 2-22 所示，西部创业在 T 字涨停板后直奔跌停。

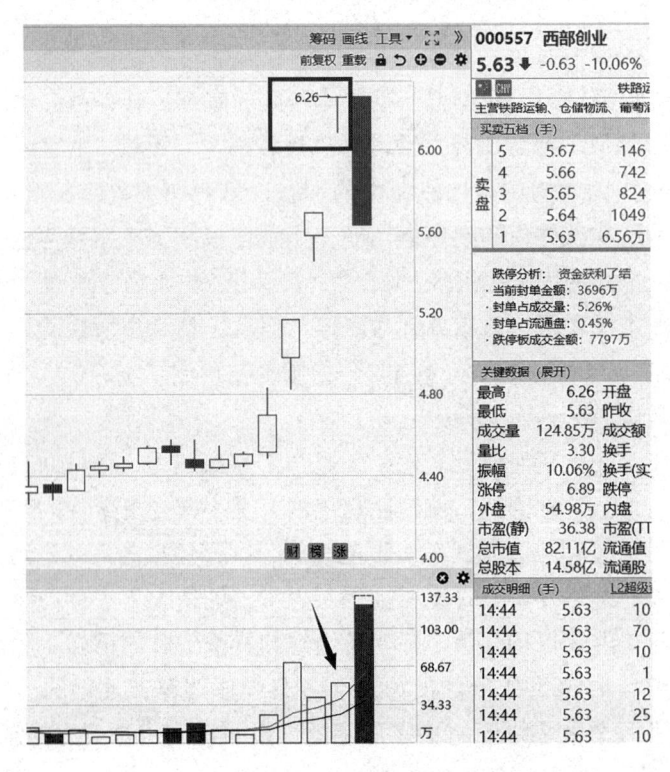

图 2-22　西部创业 T 字涨停板后直奔跌停

如图 2-23 所示，精华制药在出现巨量的 T 字涨停板后第二天出现了大幅回调。

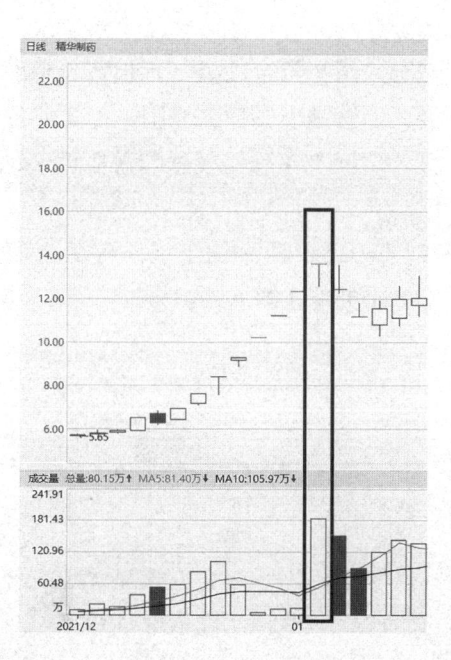

图 2-23　精华制药巨量 T 字涨停板后大幅回调

如图 2-24 所示，从 T 字板当天的分时走势也能看出，早盘在巨量卖单砸盘炸板之后，股价费了九牛二虎之力才在下午重新封回了涨停板，这是典型的机构抛盘散户接盘。

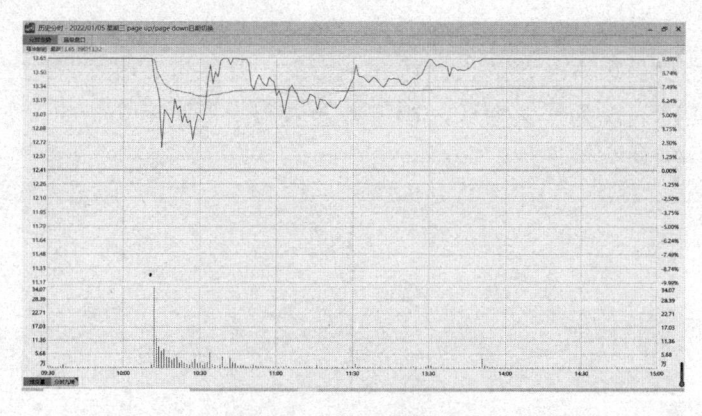

图 2-24　巨量卖单炸板后很吃力地回到了涨停板

倒 T 字跌停板有时也会见到，它表明这段时间内资金试图去撬板，但最终未能如愿，巨大的抛压和卖单又把股价砸到了跌停板上。至于撬板的原因，有可能是机构资金看到行情或者情绪有所转暖，尝试去抄底。也有可能是机构大资金被套，用小资金去撬一下板，希望有资金跟风，以救出被困在里面的大资金。不管是出于什么原因，倒 T 字跌停板的出现通常都不是什么好事。简言之，倒 T 字跌停板意味着撬板未遂，后市走势通常较为堪忧。

图 2-25 是精华制药出现了两个倒 T 字跌停板，随后两天，股价最终被按在了跌停板上，后续更是连续下跌。

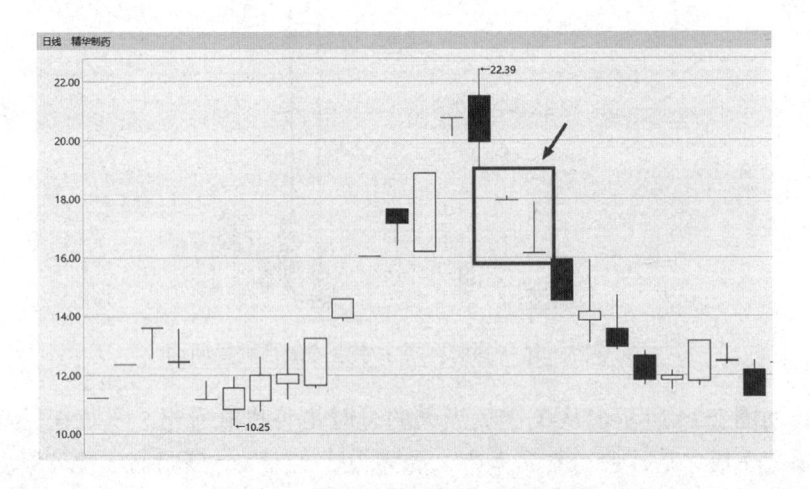

图 2-25　精华制药两个倒 T 字跌停板

（7）十字星

十字星是指有一定的上影线和下影线，开盘价和收盘价近乎重合的 K 线，实体表现为一条横线，在形态上看起来像是一个十字，如图 2-26 所示。

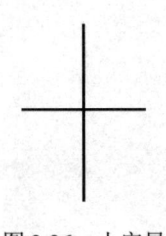

图 2-26　十字星

十字星在K线形态上具有比较重要的意义，是多空双方博弈、势均力敌的表现。如果十字星K线形态出现在阶段性的顶部或者底部，往往意味着局势可能发生转变，必须要引起足够的重视。有时，十字星（尤其是比较小的十字星）会出现在行情的中继过程，不是局部的最高点或者最低点，相对来说参考意义不大。

另外，在看十字星时，你还要注意上下影线的比较，如果上影线比较长而下影线比较短，而且正好又处在压力位置，那么，后续市场走势偏空；如果下影线较长而上影线较短，且正好又处在支撑位置，则后续市场走势偏多。

2. 双根K线组合

（1）吞没形态

如图2-27所示，吞没形态是由一根阳线和一根阴线组合而成，其中，后一根K线的实体部分要包裹住前一根K线的实体部分。第二根是阳线，包裹住前面一根阴线的是"看涨吞没"，也可以叫作"阳包阴"或者"反包阳线"；第二根是阴线，包裹住了前一根阳线的是"看跌吞没"，也可以叫作"阴包阳"或者"反包阴线"。

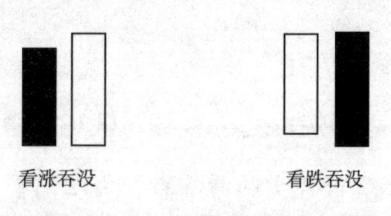

看涨吞没　　　　看跌吞没

图2-27　看涨吞没和看跌吞没

名称并不是最重要的，重要的是这两种K线形态所展现出来的意义。"看涨吞没"表明多头很强势，可以快速收复"失地"，尤其当左边的阴线越长时，右边的反包阳线越有力量，能够体现出多头坚定的买入态度，后市自然有望延续上涨。"看跌吞没"表明空头很强势，能够将前一根阳线的上涨砸回去，尤其当左边的阳线越长时，右边的反包阴线越有力量，体现出空头坚定的砸盘态度，后续大概率会进一步下跌。

吞没形态的两根K线需要重点关注的是实体的吞没，不用注重上下影线，阴线和阳线都可能会存在上下影线，只要上下影线不是很长，相比于K线的实体较短，基本上可以忽略不计。为什么我们重点关注的是实体？

因为上下影线只是股价"曾经到达"的位置，但是股价在那个位置并没有站住，只有实体部分才是股价真正"站住了"的部分。

（2）刺穿线和乌云盖顶

如图 2-28 所示，刺穿线外形与看涨吞没比较相似，不同的是，刺穿线的第二根阳线只是越过了前一根阴线一半的位置，并没有把前一根阴线完全吞没。很显然，在这样的形态下，多方的反包力度肯定比不上看涨吞没，后市的看涨力度自然也比不上看涨吞没形态。

如图 2-29 所示，乌云盖顶外形与看跌吞没比较相似，不同的是，乌云盖顶的第二根阴线只是跌过了前一根阳线一半的位置，并没有把前一根阳线完全吞没。同样的道理，乌云盖顶形态下，空方的卖出砸盘力度肯定比不上看跌吞没形态，后市的看跌程度也比看跌吞没要弱一些。

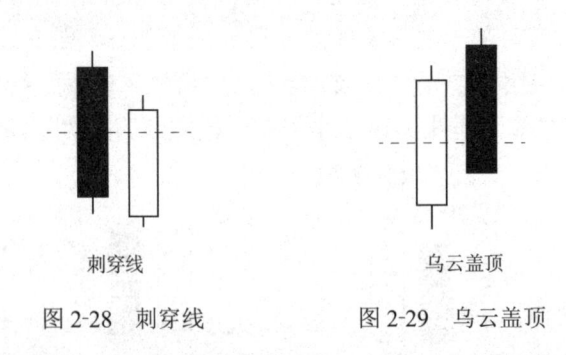

图 2-28　刺穿线　　　图 2-29　乌云盖顶

虽然说刺穿线和乌云盖顶的看涨看跌力度比不上看涨吞没和看跌吞没，但是仍然存在着比较大的行情转向和变盘可能，值得大家重点关注。

（3）孕线

如图 2-30 所示，同样是一阴一阳的 K 线组合，从图形上可以看出，孕线的第二根 K 线不到前一根 K 线一半的位置，完全被包含在前一根 K 线中，仿佛被孕育其中，这也是孕线名称的由来。它分为：看涨孕线和看空孕线。

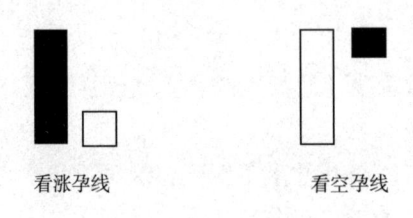

图 2-30　看涨孕线和看空孕线

看涨孕线虽然预示后面有上涨的可能，但是很明显该信号很弱，如果看涨孕线形态出现后，接下来的两三根 K 线突破了第一根大阴线的顶部，基本上可以确认底部已经形成。如果接下来的两三根 K 线无法突破第一根大阴线的最高点，股价可能进一步转弱。

看空孕线虽然预示后面有进一步下跌的可能，但同样这个信号也是很弱的，如果看空孕线形态出现后，接下来的两三根 K 线跌破了第一根大阳线的底部，则基本上确定行情有转势。如果接下来的两三根 K 线没有跌破第一根大阳线的底部，反而容易拉出一波上涨行情。

3. 三根 K 线组合

（1）黄昏之星

如图 2-31 所示，黄昏之星由三根 K 线组合而成，第一根是阳线，要求有一定的实体，第二根为十字星，第三根是阴线，并且一般要求阴线的实体长度超过第一根阳线的二分之一。这种形态是很强的看空信号，意味着行情很可能就此展开反转。黄昏之星的组合在实际操作中也比较常见。

如图 2-32 所示，2022 年 8 月 22—24 日，国光电器在顶部位置出现了一个非常标准的黄昏之星反转形态，之后股价也相应开始走弱。当碰到黄昏之星的 K 线信号时，大家一定要高度警惕。

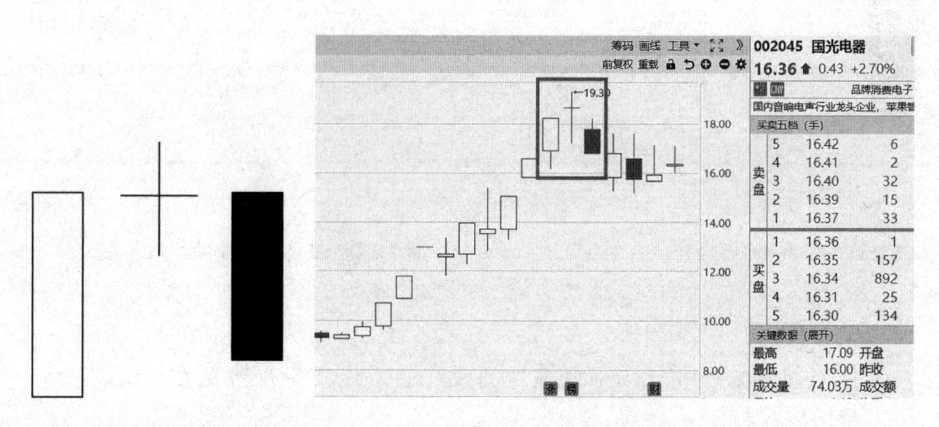

图 2-31　黄昏之星组合　　　　图 2-32　国光电器的黄昏之星反转

（2）启明星

如图 2-33 所示，启明星是由三根 K 线组成，与黄昏星正好相反，启明星的第一根 K 线是阴线，中间同样是一根十字星，十字星之后是一根阳线，阳线实体的长度需要超过第一根阴线二分之一的位置。

启明星的意义与黄昏之星刚好相反，其形态出现时，往往意味着股价已经局部见底，即将开启一波反转的行情。因此，启明星对于投资者有着非常重要的意义。

不过，实战中完全符合标准的启明星组合形态非常少见，更多见的是中间不是一个十字星 K 线，而是一根实体很小的小阳线、小阴线，或者是实体很短的锤子线、流星线。

如图 2-34 所示，鹏辉能源在 2022 年 8 月中旬出现一个启明星的 K 线形态，图中方框 2 处所示，是一个非常好的止跌看涨信号，后续几天行情也确实延续了上涨。作为对比，图中方框 1 处看起来也很像一个启明星的形态，实际上大家要注意：在方框 1 处右边的阳线实体很短，且没有超过第一根 K 线一半的位置，所以，在 K 线形态上，方框 1 处是不符合启明星形态标准的。这一点大家在辨别和使用时一定要注意。

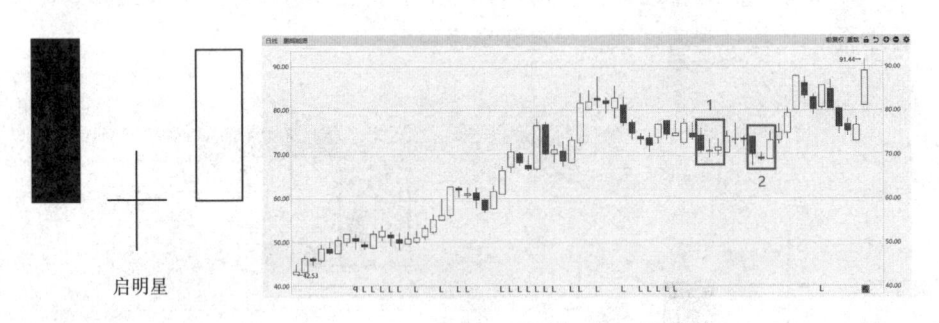

图 2-33　启明星组合

图 2-34　鹏辉能源的启明星反转

（3）红三兵与黑三兵

红三兵是由连续三根阳线组合而成，通常代表多方的强势和延续，分为三种情况，如图 2-35 所示。

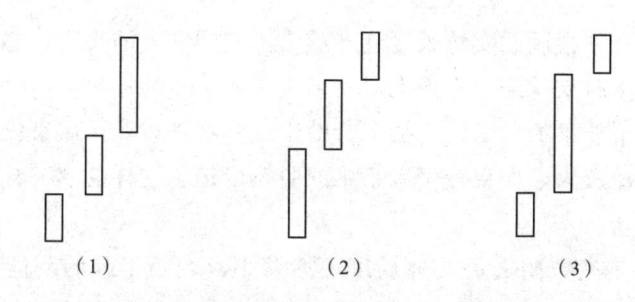

图 2-35 红三兵的三种形态

第一种是三根阳线实体长度逐渐放大，表明多方在不断积蓄动能，力量越来越强，后市价格继续上涨的概率自然也大。如果你手中的股票走出了这样的红三兵，则可以继续持股等待，直到见顶的形态出现再卖出。

第二种和第一种恰好相反，三根阳线的实体长度逐渐缩小，表明上涨动能在逐渐减弱，多方势力在减弱，市场到当前位置已经开始产生了犹豫，这时投资者要注意控制手中的仓位，一旦出现行情转势的 K 线信号，一定要及时减仓或离场。

第三种是"两小夹一大"，两头的阳线实体比较小，中间的阳线实体比较大，说明市场出现了一定的滞涨现象，经过一小段拉升之后股价出现了一定的平衡，多方的上涨在此处得到短暂的休整。后市既存在进一步上涨的可能，也存在短期回调的可能，需要根据具体情况具体分析。

黑三兵与红三兵恰好相反，黑三兵是由三根连续的阴线组成，同样可分成三种情况，如图 2-36 所示。

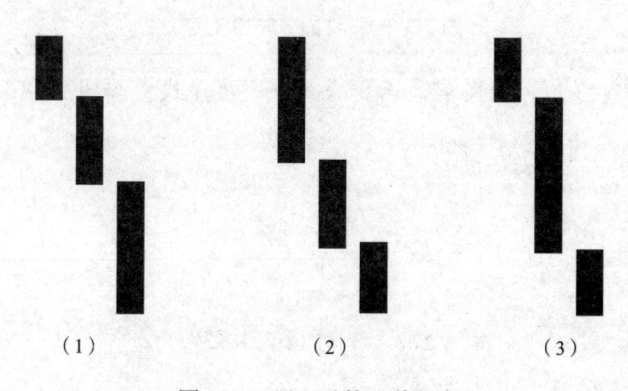

图 2-36 黑三兵的三种形态

第一种是三根阴线实体长度逐渐放大，表明空方的卖出意愿强烈，多方的动能力量越来越弱，市场上没有多少买入承接的意愿。这时如果不能及时出现一根放量的大阳线提振多方的士气和买入意愿，后市价格继续下跌的概率就比较大。如果投资者手中的股票走出了这样的黑三兵，一定要注意及时减仓。

第二种是三根阴线的实体长度逐渐缩小，表明下跌的动能在逐渐减弱，空方势力在减弱，市场到当前位置已经开始产生了犹豫。此时，如果还配合着成交量的大幅缩减，说明市场上的卖出意愿已经很弱了，这时经常会发生变盘。一旦出现放量的阳线，就是短期进场的大好机会。

第三种是"两小夹一大"，两头的阴线实体比较小，中间的阴线实体比较大，表明市场出现了一定的止跌现象，一段大幅杀跌之后市场迎来了一个短暂的平衡。但后续市场如何走还要看下一步K线的指引。

> **提醒：** 上面我给大家讲了很多种K线的形态，这些K线形态的名称并不是最重要的，毕竟不同K线或者形态的涨跌也并不意味着后市一定会怎样，不存在所谓的"必涨"K线形态。股价的分时图走势如图2-37所示。

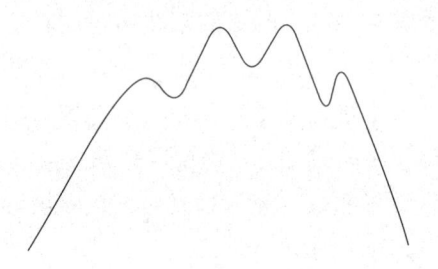

图2-37 股价的分时图走势

在小时线图上，用K线表示出来是一个流星线，如图2-38所示。

图2-38 股价的小时K线图

在30分钟线图上，用K线表示出来是一个乌云盖顶形态，如图2-39所示。

而到了15分钟线图上，它又变成了一个黄昏之星的形态，如图2-40所示。

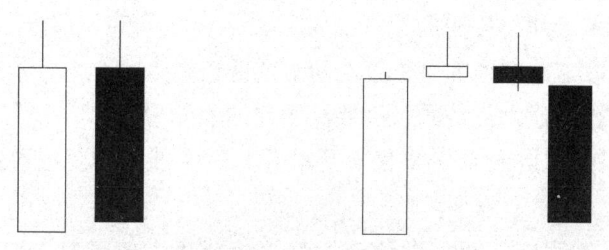

图2-39 股价的30分钟K线图　　图2-40 股价的15分钟K线图

在不同的时间周期下，投资者看到的是不同的K线形态和组合，如果生搬硬套地非要用某一种K线形态，就会显得非常呆板。运用之妙，存乎一心，在运用K线的时候，精髓并不在于它的形态和名称，而在于"神"。

K线的本质是多空双方的"搏斗"在盘面上留下的痕迹，理解和使用K线的精髓在于比较当前股价上多方和空方力量的强弱。在多方力量占据主导的时候积极买入进场，及时抓住上涨的行情。在空方力量占据主导的时候及时减仓或清仓，躲避可能到来的大跌，避免无谓的损失。而要想找到最好的进场节点，无疑是在盘面出现弱转强的时候进场是最好的，"信号旗"K线就是最重要的弱转强信号。

四、最重要的K线形态——"信号旗"K线

"信号旗"K线在外观上与锤子线几乎一样，因为"信号旗"K线是一些特殊情况下的锤子线K线，而且是需要满足一些条件的锤子线，如图2-41所示（"信号旗"K线和锤子线在外观上非常相似）。

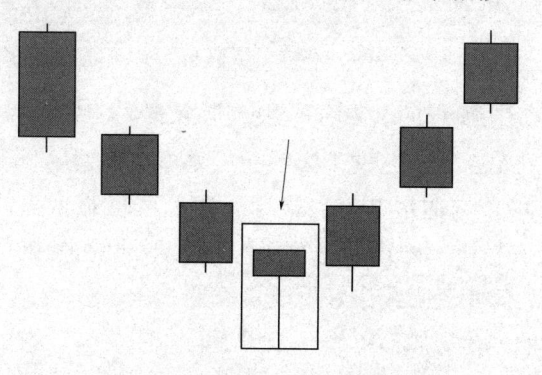

图2-41 典型的"信号旗"K线

"信号旗"K线需要满足的条件如下：

一是"信号旗"K线的下影线要远大于K线的实体部分，K线的下影线部分的长度需是实体部分长度的两倍或两倍以上。

二是"信号旗"K线的长度要长于它的前一根K线。

三是"信号旗"K线的最低价是最近五根K线（当前这根加之前四根）的最低价。

这三个条件是判断一根锤子线是否能成为"信号旗"K线的重要条件，希望大家可以牢牢记住这三条。"信号旗"K线具有非常重要的作用，是交易系统中提示进场买卖点的重要信号。识别"信号旗"K线也是裸K操盘法中非常重要的基本功，因此，一定要掌握得非常扎实。如果"信号旗"K线都无法明确识别出来，做好裸K交易自然也就无从谈起。

下面我通过正反两个例子，帮助大家理解和识别"信号旗"K线。

正例："信号旗"K线，如图2-42所示。

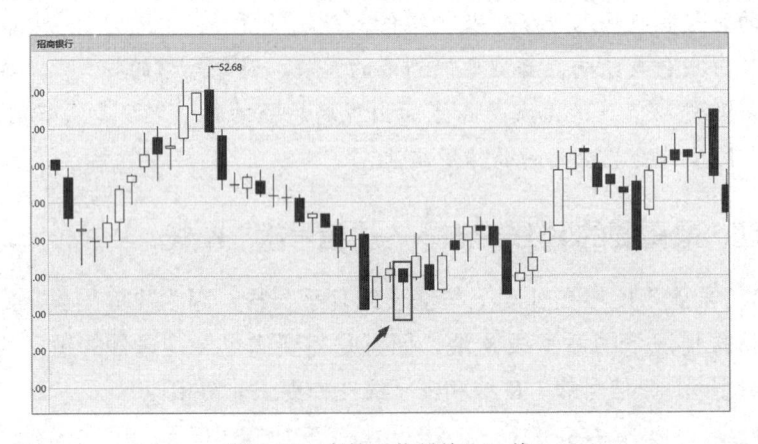

图2-42　真的"信号旗"K线

图2-42中箭头所指的K线是一根"信号旗"K线，它同时满足了"信号旗"K线的三个条件。它的下影线长度是实体的两倍以上，它的长度要长于前一根K线，它的最低点是最近五根K线的最低点，所以，它就是我们要找的"信号旗"K线。与锤子线略有不同的是，"信号旗"K线也可以有上影线，但是上影线最好不要太长。

反例：假的"信号旗"K线，如图2-43、图2-44、图2-45所示。

图2-43中箭头所指的K线，虽然长度长过前一根K线，最低价也是

近五根K线的最低价，满足第二、三个条件，但是下影线长度不够长，不到实体部分的两倍，不满足第一个条件，不属于"信号旗"K线。

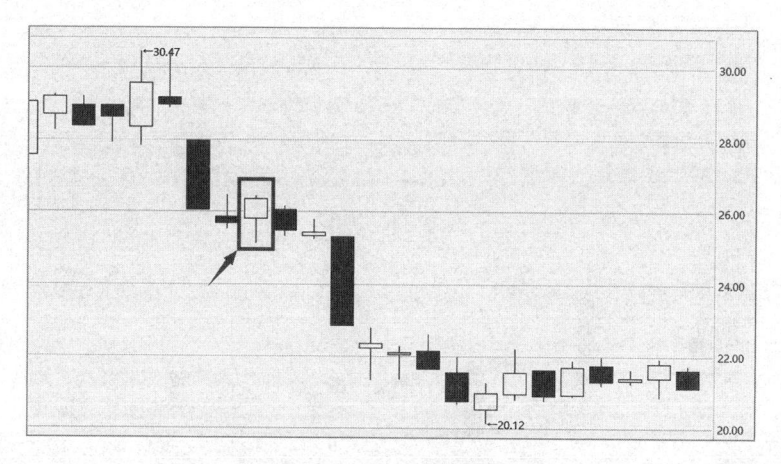

图2-43　假的"信号旗"K线

图2-44中箭头所指的这根K线，虽然下影线有实体的两倍长，最低点也是最近五根K线的最低点，满足了第一、三个条件，但很明显没有它的前一根K线长，不满足第二个条件，所以，它不是我们要找的"信号旗"K线。

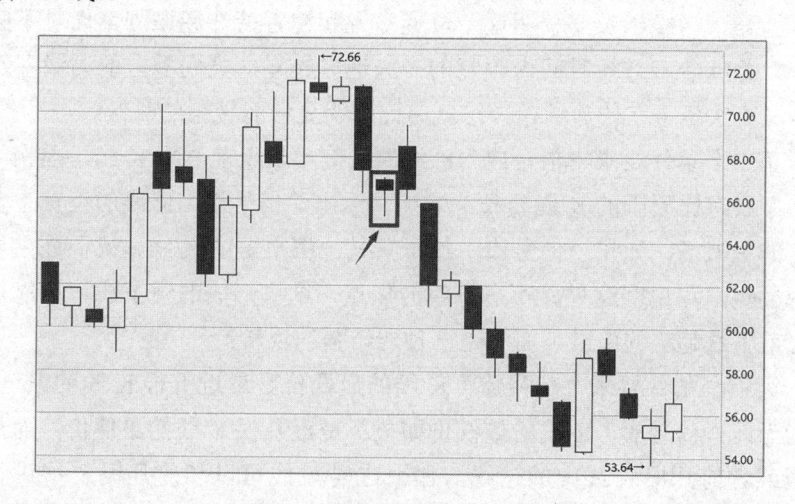

图2-44　假的"信号旗"K线

图2-45中箭头所指的这根K线虽然下影线有实体的两倍长，长度也

比上一根 K 线长，符合第一、二个条件，但它的最低点不是近五根 K 线的最低点，不符合第三个条件，因此，不是"信号旗"K 线。

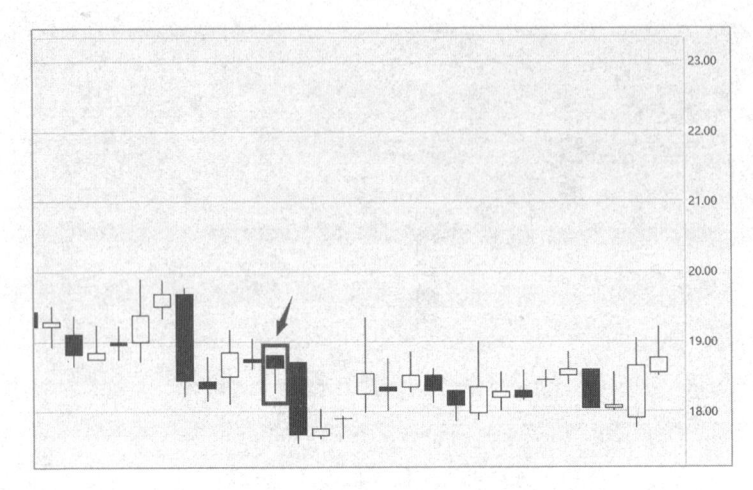

图 2-45　假的"信号旗"K 线

有朋友会问：为什么"信号旗"K 线要设置这些条件，而不是直接用锤子线？这背后是有原因的。下面我为大家具体分析这三个条件：

第一个条件要求下影线部分的长度需是实体部分长度的两倍或两倍以上，因为下影线越长，表明这个位置多方和空方搏斗越激烈，而且下影线越长，意味着多方短时间内收复的"失地"越多，表明多方的力量非常强劲，又有大资金在快速买入，这就是比较明显的弱转强的时候。

第二个条件要求"信号旗"K 线的长度要长于前一根 K 线，因为"信号旗"只有比周围的 K 线要长，才能显示出"信号旗"K 线的位置是多空争夺的主战场，如果"信号旗"这里只是一根很短的 K 线，比前面几根 K 线都要短，那说明这里并不是争夺的焦点，这里形成的锤子线很可能也只是之前下跌趋势的中继，而不是一种弱转强的反转。

第三个条件要求"信号旗"K 线的最低价是最近五根 K 线的最低价，因为当前"信号旗"K 线的最低价如果不是近几根 K 线的最低价，而是前一根或者前几根 K 线中的孕线，那么这根 K 线可以和前几根 K 线进行合并看待，自然不那么重要，根本不足以成为一个单独的"信号旗"K 线。而创出了近五根 K 线的最低价，说明当前卖方已经做了最大程度的打压，但是股价很快又被多方的资金拉起来了。说明此时多方无论是意愿还是实力都是比较强的，自然也就有了我们所期望的弱转强的基础。当前形成的 K 线才得以成为"信号旗"标志 K 线。

上面的这些特点是"信号旗"K 线不同于一般锤子线的地方，也是"信号旗"K 线之所以重要的原因。

五、"信号旗"K 线的几种变形

"信号旗"K 线最常见的形态是锤子线形态，但"信号旗"K 线并非只有锤子线形态。一些特殊的 K 线组合实际上也是"信号旗"K 线的变形，碰到这些形态，你需要第一时间识别出来，或者在心中把它们转化成一根锤子线形态的"信号旗"K 线。这将能更好地帮助你在纷繁复杂的 K 线走势图中更明确地识别和找到机会。

1."信号旗"K 线的变形一：刺穿线"信号旗"

如图 2-46 所示，两根 K 线组成的"刺穿线"组合，实际上可以合并成一根长下影线的锤子阴线。

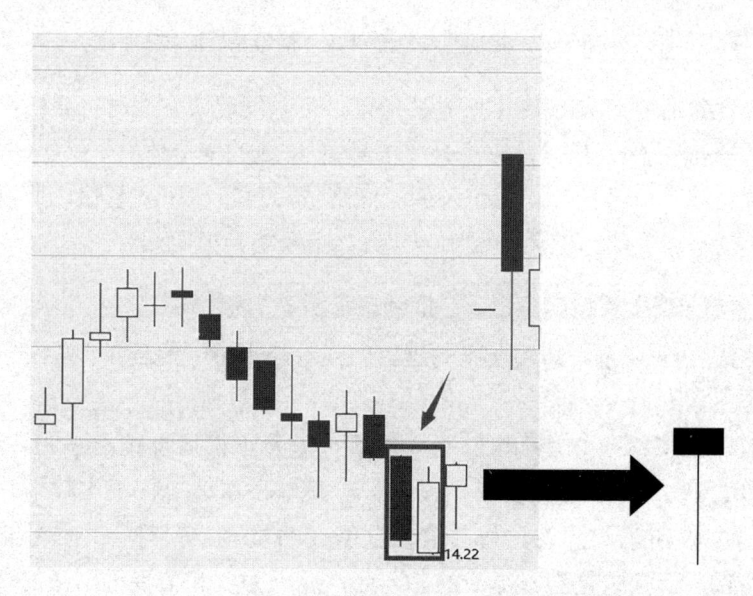

图 2-46　刺穿线组合合并成"信号旗"K 线

而这根锤子阴线符合"信号旗"K线的三个条件。所以，该K线组合也可以看成是一根"信号旗"K线，但因为它的形成周期比标准的"信号旗"K线要长（用了两个交易日），所以，相比标准的"信号旗"K线力度也要稍弱一些。

2."信号旗"K线的变形二：启明星"信号旗"

如图2-47所示，框中的三根K线是启明星K线组合，这三根K线实际上也可以合并成一个K线组合。

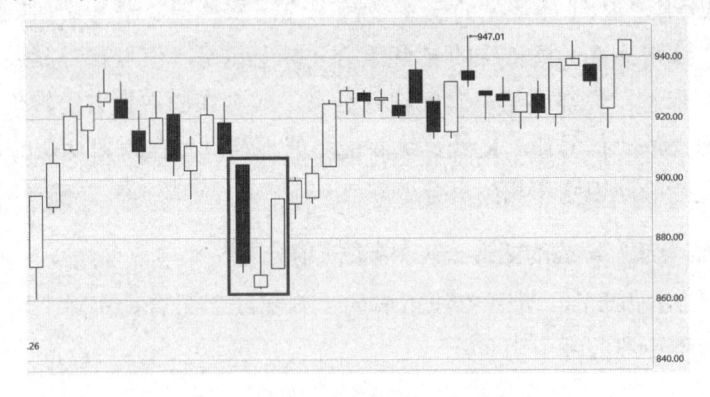

图2-47　启明星组合合并成"信号旗"K线

合并之后放入K线图中原先的位置，可以发现，它同时符合三个条件的"信号旗"K线，所以，它也是"信号旗"K线的变形体之一。不同的是，它比刺穿线"信号旗"花了更长的时间形成，用了三个交易日，所以，启明星"信号旗"的力度和节奏比刺穿线"信号旗"要更弱。

3."信号旗"K线的变形三：低开高走阳线"信号旗"

如图2-48所示，箭头所指的这根阳线看起来跟"信号旗"K线一点儿都不像。

但仔细观察就会发现，它是大幅跳空低开下探后反拉出来的大阳线，假设股票是24小时连续交易，没有开盘跳空，那么，这根实际形状应该是如图2-49所示的形态。将其放在它所在的位置，则符合"信号旗"的三个条件，而且它是当日形成的，因此，属于力度和节奏很不错的"信号旗"（低开高走阳线也是"信号旗"K线一种常见的变形，但形态特征并不明显，很容易被人忽略，大家要注意识别）。

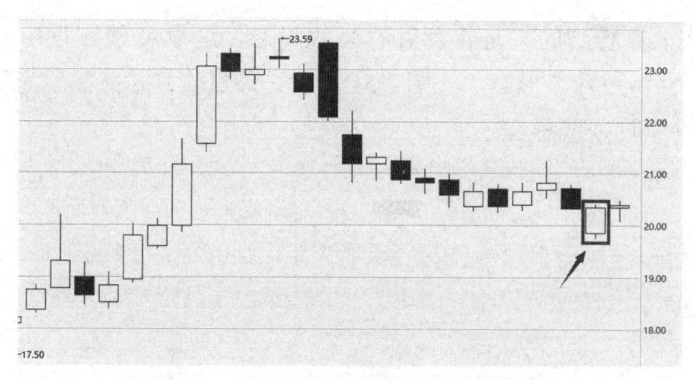

图 2-48 低开高走阳线形态的"信号旗"

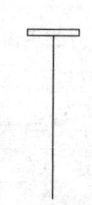

图 2-49 大阳线的 K 线形态

4."信号旗"K 线的变形四：盘中"信号旗"

如图 2-50 所示，有些朋友可能会觉得奇怪，这根 K 线虽然比上一根长，最低点也是最近五根 K 线的最低点，但它的下影线明明没有实体的两倍长，为什么也是"信号旗"K 线呢？

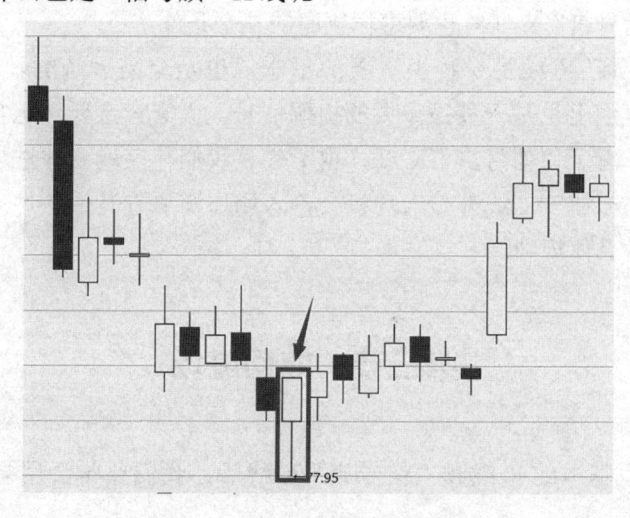

图 2-50 盘中出现的"信号旗"K 线

其实大家看到的只是收盘后的 K 线形态，这根 K 线在盘中的时候一定是先后经历过两个形态，如图 2-51 所示，最后收盘才能显示为我们看到图 2-50 所示的 K 线形态。

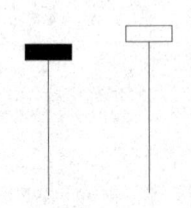

图 2-51　盘中经历的日 K 线形态

而这两个形态符合"信号旗" K 线的三个条件，所以，它在盘中是出现过"信号旗" K 线的，当盘中出现"信号旗"时，你可以考虑买入进场了，而不是等到收盘再看。如果股票当天探底回升势头很猛，等到收盘再确认进场就已经错失比较好的交易点位了。"信号旗" K 线不一定要等收盘看，盘中有时也会出现，这一点大家要多注意。

之所以"信号旗" K 线会有变形，是因为我们对 K 线的观察周期不同、切割周期不同，实际上，一些 K 线形态所表明的市场意义是比较相似的。正如锤子线的"信号旗" K 线和这几种变形体的"信号旗" K 线并没有特别大的差别，虽然在信号强弱上会略有不同，但它们所表明的意义并没有太大区别，都是一种市场弱转强的信号。当然，这些变形体在判断是否可以成为"信号旗" K 线时也要遵循判断的三个条件。

"信号旗" K 线是一种很重要的形态，也是交易系统的基本功之一。本身它在盘面上也是一种很重要的提醒信号，大家一定要熟练掌握。需要注意的是，有了"信号旗" K 线，也不代表我们马上就要冲进场，并不是所有的"信号旗" K 线都是入场机会，入场还需要看其他条件。接下来讲一下入场的具体规则。

第三节　如何进场

学习完基本的 K 线和"信号旗" K 线后，我们要学会用裸 K 分析来找具体的进场位置，进场位决定了每笔交易的盈亏比，它是交易效率至关重要的一环。

一、进场位置决定盈亏比

多年来，我跟很多机构朋友、散户朋友交流时，发现他们中的很多人都掉进了一个共同的误区——以为只要顺应了大的涨势，什么时候买入都是对的。即使买的位置不好被套了，后面都可以解套。

这个观点看起来很正确，实际上却误导了很多人。看对了趋势，跟对了趋势，也不代表你随时买入都是对的。

举一个例子，如果我们从事后的视角来看，海康威视（002415）的这段走势中，即使你买在了A、B位置（阶段性高点），只要你在亏损的时候不卖，后面不仅会解套，而且还能赚钱，如图2-52所示。看起来这没什么问题。但你仔细分析就会发现这里面其实有两个问题：

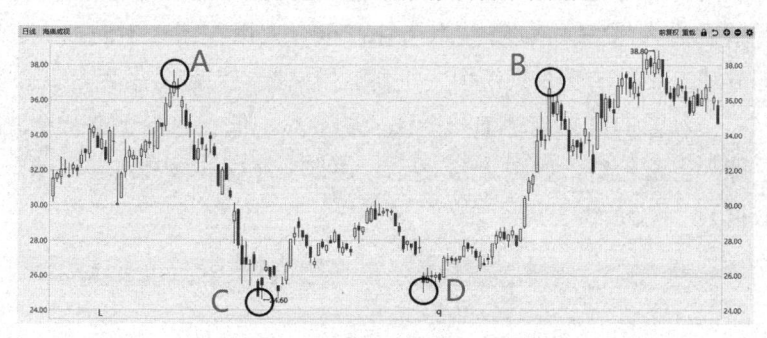

图2-52 海康威视的四个价位点

第一个问题：你买在了A点或者B点，后面行情如期上涨，但是你会发现你赚的钱比在C、D点买入的人赚的钱要少很多。少则几个百分点，多则可能少赚十几二十几个百分点。

第二个问题：你买在了A点或者B点，后面的走势并不如预期，涨势戛然而止了，行情开始大幅回落。这时，很多买入的人开始进入亏损状态，这时你会发现你比在C、D点买入的人亏损多很多。少则多亏几个百分点，多则可能多亏十几二十几个百分点。

行情如期上涨的时候你比别人赚得少，行情不如预期开始下跌的时候你比别人亏得多。这是很不划算的，这就是盈亏比出现了问题。

在不同的位置进场，你的潜在盈亏比是完全不一样的，同样一段行情，好的进场位可以让你的盈亏比达到 4∶1、5∶1，甚至更高；而不好的进场位，你的盈亏比可能 1∶1 都不到，这样即使你这一笔交易是赚钱的，但长期下来依然还有可能会亏钱，因为你盈不能补亏。

那么，怎样的进场位算是高盈亏比的进场位呢？顺大势，逆小势。在关键支撑和阻力位置出现有效的"信号旗"K 线信号时，往往是盈亏比较高的进场位，那么，你如何找到这些进场位？接下来具体讲讲。

二、定义和判断趋势

我们找进场位的第一步一定是辨别趋势（它有三种状态：上涨、下跌、震荡）和方向。如果当前股价的趋势和方向你都判断不出来，那么很容易会亏钱。

辨别趋势和方向的方法有很多种，有人用趋势线、有人用均线、有人用多空线、有人用 MACD 等技术指标，也有人用波浪，不同的人可能有不同的方法。在我的交易系统中，主要运用高低点对趋势做界定。

当一个波段的高点高于前一个波段的高点，低点也高于前一个波段的低点，即为上涨趋势，如图 2-53 所示，逐步上移的波段高点（圆圈）和低点（方框）。

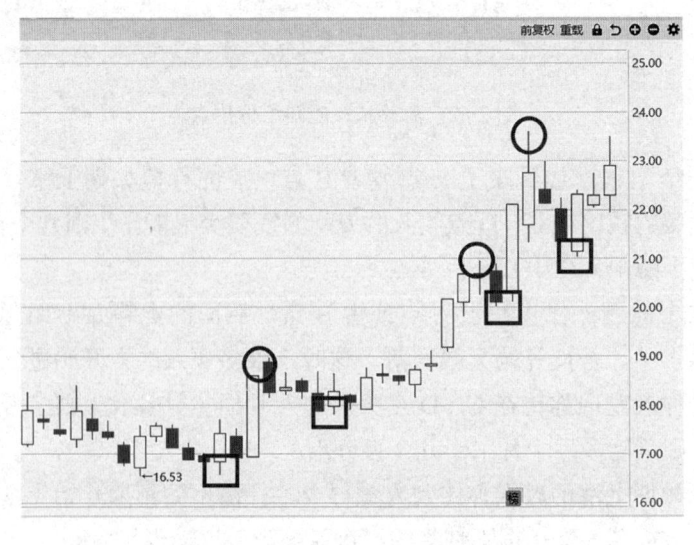

图 2-53　逐步上移的波段高点和低点

当一个波段的低点低于前一个波段的低点，高点也低于前一个波段的高点，即为下跌趋势。如图 2-54 所示，逐步下移的波段高点（圆圈）和低点（方框）。

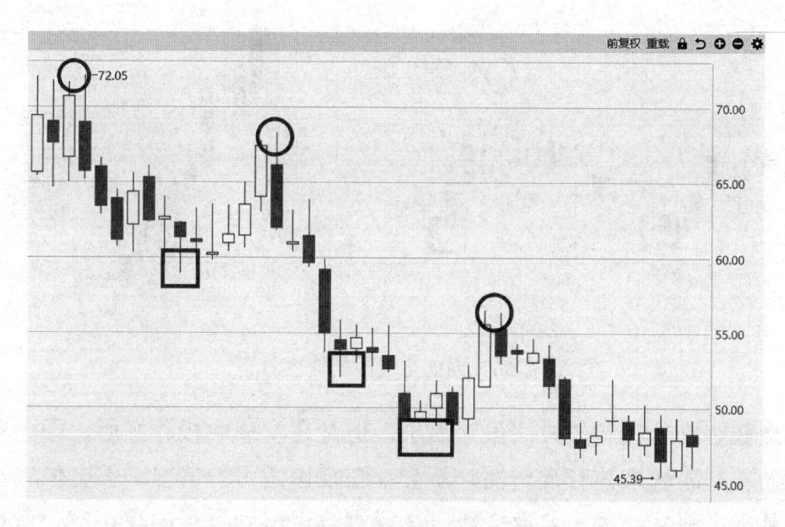

图 2-54　逐步下移的波段高点和低点

不满足这两个条件的走势，都是震荡行情。同时，震荡行情又可以进一步划分为收敛震荡和发散震荡。

- 收敛震荡：波段高点逐步下移，低点逐步上移，股价走势呈现收敛的趋势，如图 2-55 所示。

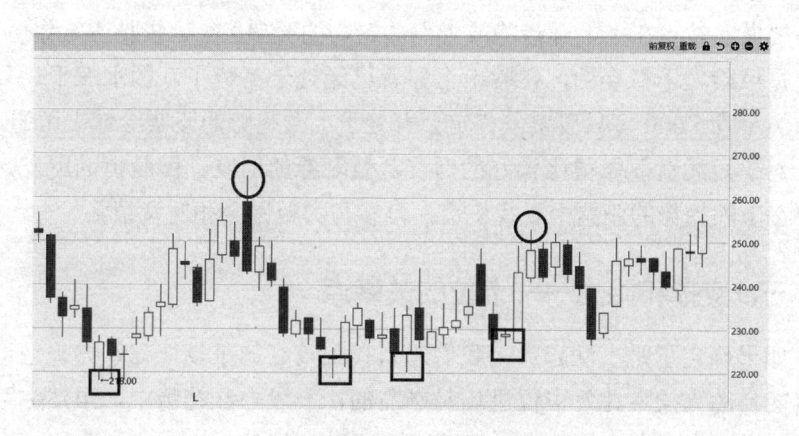

图 2-55　高低点收敛的震荡行情

- 发散震荡：波段高点逐步上移，低点逐步下移，如图2-56所示。

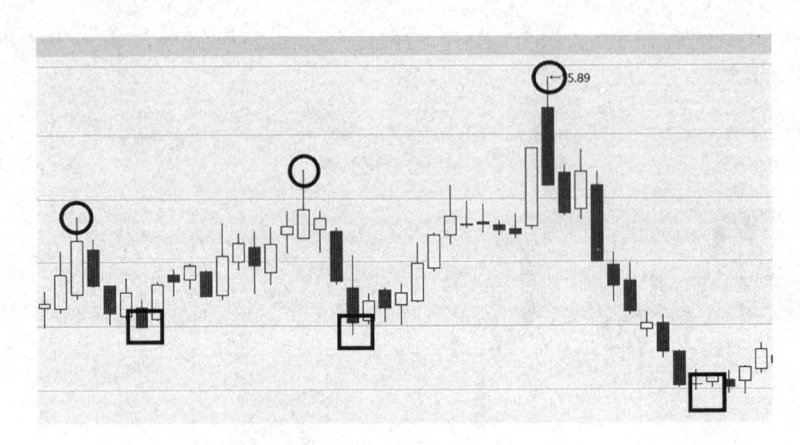

图2-56 高低点发散的震荡行情

高低点判断趋势的方法虽然简单，但是在实战中极为好用，因为确定性很强，判断起来具有唯一性，不会存在模棱两可的情况。不会像趋势线一样具有多解性，也不会像均线一样模糊难以辨别。正如我在第一章理念中跟大家讲的，市场是充满不确定性的，但是你的交易规则和交易系统需要有确定性。

有了高低点判断的方法，界定清楚当前的趋势是上涨、下跌还是震荡后，你就可以做出选择，有所为，有所不为。

对于交易水平和交易经验一般的朋友，我的建议是下跌趋势的股票直接不要做（做正在走上升趋势或者震荡趋势的股票），这些股票对你而言，一定是风险大于机会的，在胜率上你就已经处于劣势了。弱水三千，只取一瓢，A股5 000多只股票，肯定会有处于上升趋势的股票给你去做的。

对于短线盘面做得比较好的朋友、做融券的朋友、做股指的朋友，也可以在下跌趋势的股票中寻找机会，可参与的范围会相对宽很多。

三、支撑和阻力——卡位的关键点

如果确定了是上涨趋势，我们怎么找到较好的进场位呢？如果想追求一笔交易的高盈亏比？卡位进场是必需的，一段上涨趋势中，虽然你随时可以买进，但是真正好盈亏比的进场位只有那么几个。

比如，如图2-57所示的新兴铸管（000778）的走势中，圆圈位置的三个点是波段进场的最好进场位，也是盈亏比非常高的三个点。那么，在投资中，我们要怎样找到这些关键点（位）置？我觉得是支撑阻力位，用好支撑阻力位是卡进场的关键。

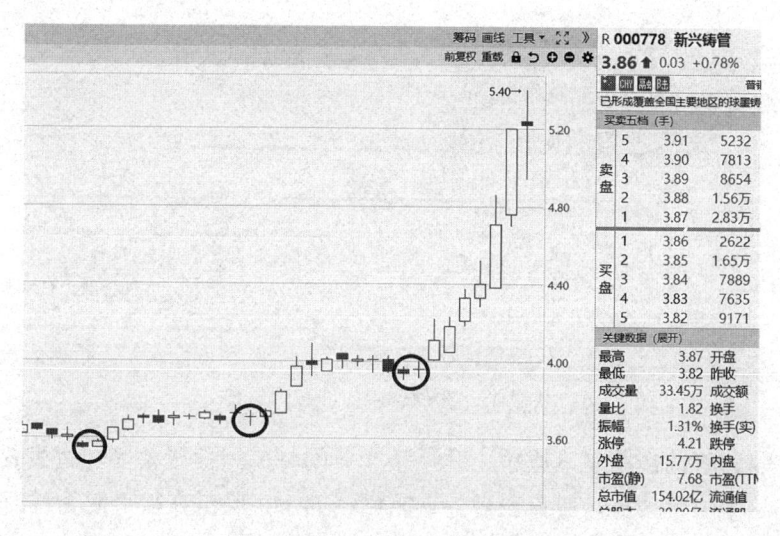

图2-57　新兴铸管行情的进场位

前面我已经给大家讲过了支撑线和阻力线的画法，支撑线和阻力线的画法比较简单。如图2-58所示，经过行情图上这些显著高点和低点的水平线就是支撑线和阻力线。

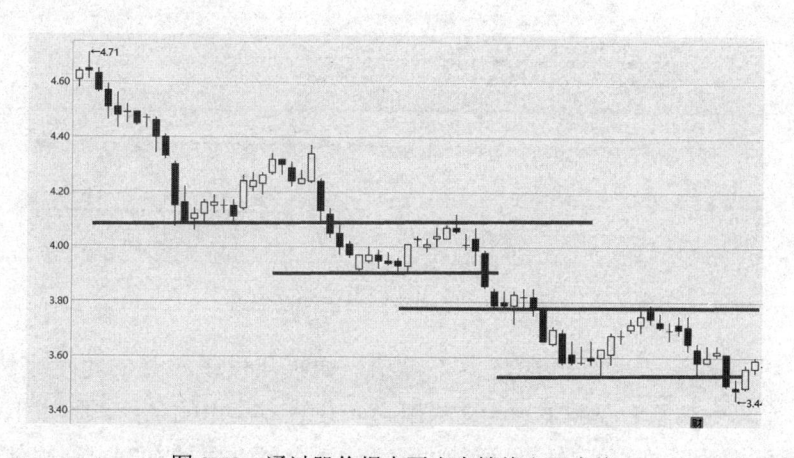

图2-58　通过股价拐点画出支撑线和阻力线

支撑线的作用是当股价下跌到某一高度时,买气转强而卖气渐弱,从而使股价停止继续下跌,股价在接近支撑线时会遇到支撑,可能会暂时止跌回稳,如图2-59所示。

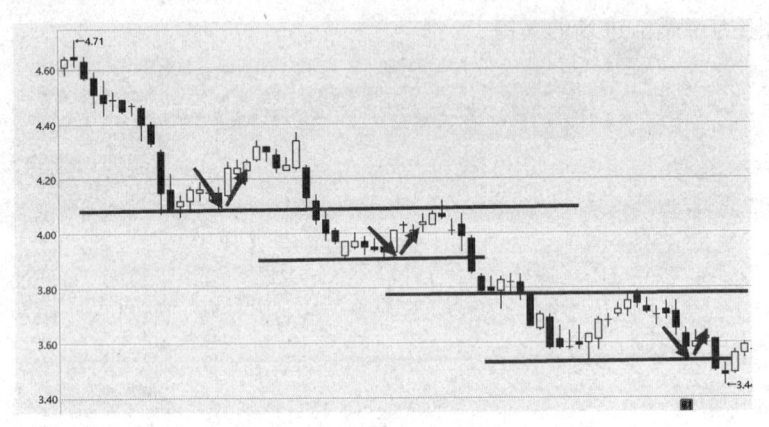

图2-59 支撑线附近的止跌企稳

阻力线的作用是当股价上升至某一区间时,因卖压大增,而买方又不愿在这个位置接盘,股价表现为遇阻回档向下,股价在接近阻力线时会遇到阻力,可能会暂时冲高回落,如图2-60所示。

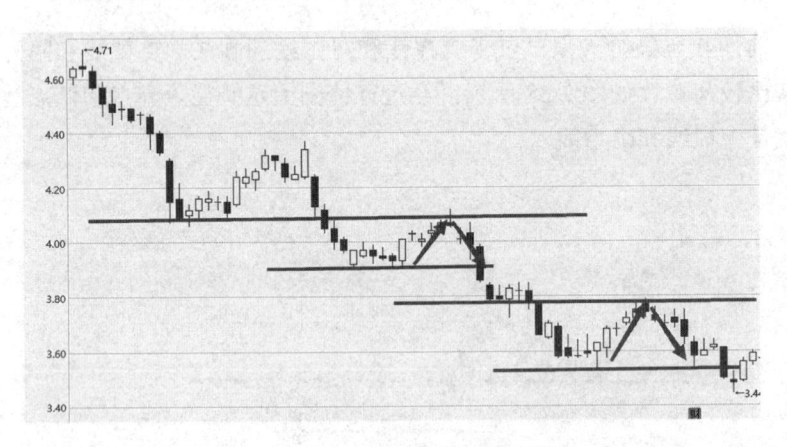

图2-60 阻力线附近的冲高回落

支撑线和阻力线的原理并不复杂,如果从供求关系的角度来解释,"支撑"代表了集中的需求,而"阻力"代表了集中的供给,股市上供求关系的变化,导致了对股价变动的限制。而且这些供给和需求往往都是大机构的供给和需求，我在前面也给大家讲过，只有大机构的买卖行为才能在K线图上逆转行情的方向，散户和小机构是不可能做到的。

在实战中，我们在使用支撑线和阻力线时，有以下几个很重要的点要留心：

- 支撑线经过的最低点越多支撑往往越有效，阻力线经过的最高点越多阻挡往往越有效。
- 支撑和阻力是相互转换的。如果重大的阻力位被有效突破，那么，该阻力位则反过来变成未来重要的支撑位；反之，如果重要的支撑位被有效击穿，则该价位反而变成今后股价上涨的阻力位了。
- 支撑线和阻力线不能被你死板地理解为一根精确的线，而是一个模糊的区域，需要你相对灵活地看待。支撑阻力线上的精确价位并不那么重要，因为市场很多时候并不可能是那么精确的，只要是落在支撑阻力线附近的都可以认为是有效的。
- 股价在碰到重要的支撑线后，后市有两种可能：一是就此反转上升；二是大部分持股者丧失信心，看衰后市，趁支撑反弹大量抛出，支撑线被击破，行情继续下行。
- 股价在碰到重要的阻力线后，后市有两种可能：一是就此反转下跌；二是只有少部分持股者卖出兑现，大部分持股者对后市仍有信心，场外更多的资金趁遇阻回调买入，股价一举突破阻力线。

理解支撑线和阻力线并不是难事，接下来的重点是我们如何利用支撑线和阻力线卡位进场。

四、入场三要素

入场有三个非常重要的要素：

第一："信号旗"K线信号一定要是有效的。

第二：一定要在关键的支撑阻力位附近。

第三：潜在盈亏比一定要大于1.5∶1。

这三个要素是决定我们是否进场的重要条件，缺一不可。

在股票市场，如果我们只考虑做多的情况下，基于支撑线的重要作用，每一条支撑线都是可以背靠的防守线，也是止损首选的位置。当这些支撑线附近出现有效的"信号旗"K线信号时，就是可能的进场位。但并不意味着只要在支撑位出现了"信号旗"K线，我们就要入场，还需要计算这个入场位潜在的盈亏比（它是当前位置下进场你的潜在盈利除以你的潜在亏损得到的比例）。

潜在盈利如何计算？

距离当前入场位最近的上方阻力位就是潜在盈利位，你的入场位距离潜在盈利位的距离就是潜在盈利。该潜在盈利是最低的盈利目标，虽然股价有可能会直接突破最近的阻力位直奔而上，但我们先不考虑。只把当前位置到最近阻力位的潜在盈利作为最基本的预期盈利，是计算盈亏比的基础。

潜在亏损如何计算？

当入场的"信号旗"K线出现后，这根"信号旗"K线的最低点或者附近的支撑线价格就是你最好的止损点，你的入场位到止损位的距离就是你的潜在亏损。

当你的入场位确定时，你的潜在盈利和潜在亏损就已经确定了，潜在盈亏比就已经确定了。这个潜在盈亏比至少要在1.5∶1以上，才会被认为是一笔划算的买卖，才值得我们去冒风险投入资金进场。当然，更理想的是4∶1、5∶1的盈亏比，不过，这样的盈亏比机会并不多见，一旦找到就是非常好的交易机会。

具体的计算示例我会在下一节的进场案例中举例来讲解，这里不再赘述。

五、入场案例讲解

图2-61为万华化学（600309）的一段行情走势，当前的价位是在80元附近。接下来我们用入场三要素分析是否要在当前位置进场。

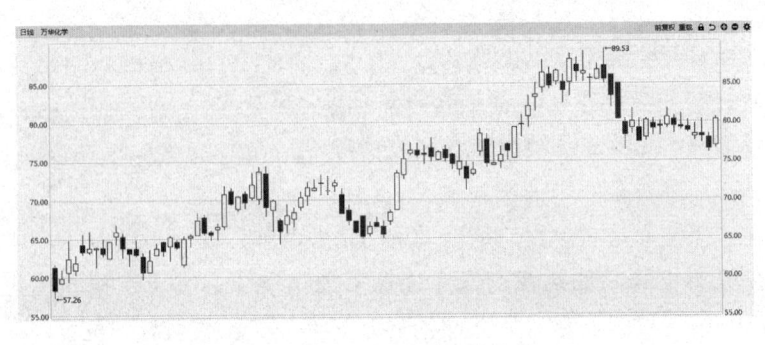

图2-61　万华化学的行情走势

第一步：判断趋势方向。

根据我们所讲的判断行情趋势的准则，万华化学这段走势中，波段的高点和低点都是在不断抬高的，属于典型的上升趋势。既然是上升趋势，那么完全可以入场，但是要卡好进场位入场，如图 2-62 所示。

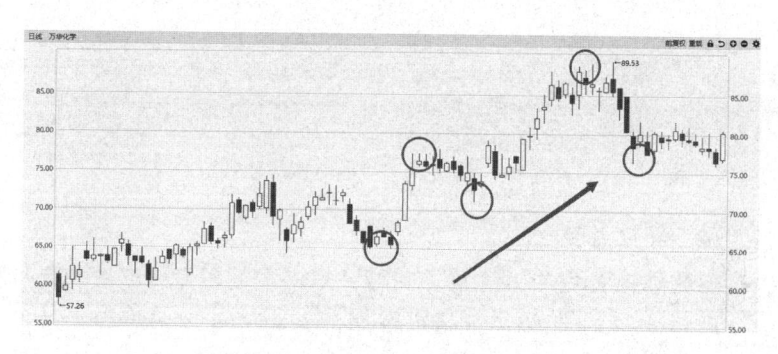

图 2-62　通过高低点的变化判断趋势

第二步：画出附近重要的支撑线和阻力线，找到最近的支撑位和阻力位，如图 2-63 所示。

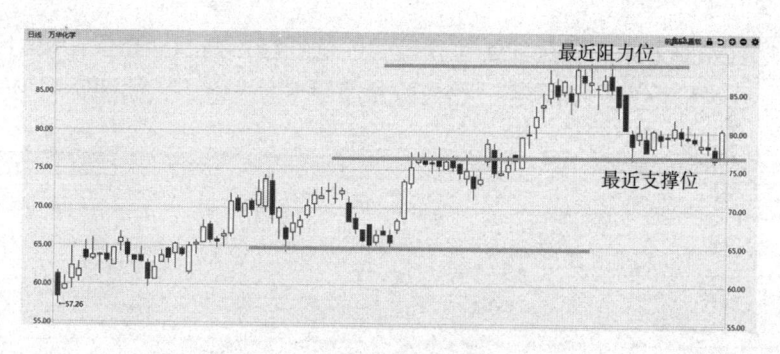

图 2-63　画出支撑线和阻力线

第三步：看"信号旗"K 线是否有效。

图 2-64 所示的圆圈位置出现了"信号旗"K 线，是一种变形的"信号旗"K 线，根据有效"信号旗"K 线的标准，这根"信号旗"经过变形整合后，下影线是 K 线实体的两倍以上，下影线明显长于旁边的 K 线，处于阶段性的最低价，且靠近支撑线附近，符合有效"信号旗"的各项标准。所以，这根 K 线是我们非常理想的有效"信号旗"K 线。

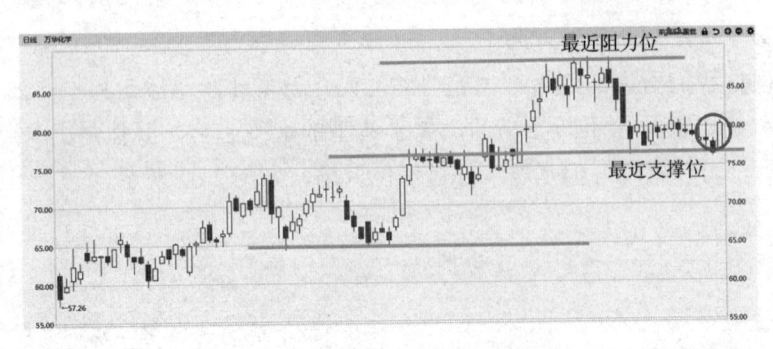

图 2-64 看有没有"信号旗"K 线

第四步:计算盈亏比。

确认当前信号 K 线有效之后,需要计算潜在的盈亏比来决定是否要进场。当前的股价在 80 元附近,最近支撑位为 76.7 元,最近阻力位的价格为 88.7 元。如果以当前的股价 80 元进场,潜在盈利是 88.7-80=8.7 元,潜在亏损是 80-76.7=3.3 元。潜在盈亏比就是 8.7÷3.3=2.64,盈亏比大于 1.5,符合入场盈亏比要求。

第五步:入场。

综合判断下来,该位置是比较理想的进场位,控制好仓位,我们选择进场,止损价设置在 76.6 元,在当前支撑位下方一点点,如图 2-65 所示。

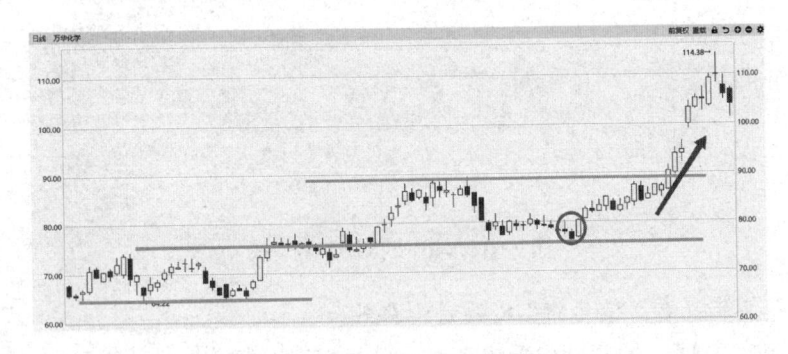

图 2-65 入场和设置止损位

后续走势中,万华化学的股价不仅冲破了 88.7 元的阻力位,还一路向上,最高达到了 114.38 元的价格,最高收益达到了 42.9%。因为我们的初步目标价格定在 88.7 元附近,保守一点儿的投资者在达到目标价位时即可清仓或者减半仓离场,即使在最近的阻力位出场,也有 10.9% 的收益,而最大亏损仅有 4.1%，即使亏损，亏损幅度也非常小。可以说这是一笔非常划算的买卖，一笔很好的交易，一笔正期望的交易。

有效的事情重复做，这样的优质交易我们积累得越多，就可以积小胜为大胜，在股票市场长期稳定的盈利。

第四节　如何出场

相比于定"势"（趋势）"位"（位置）"态"（形态）的固定进场模式，出场的方式要灵活很多。正是应了那句话："会买的是徒弟，会卖的是师父"。不过在我们的交易系统中，出场也并没有设计得很复杂。

进场后，止损位一般都设在最近的支撑线的位置，如果买入的"信号旗"K线离支撑线非常近，也可以把止损设在"信号旗"K线的底部，差别不是很大。在没有达到止损位之前，则一直持仓，而一旦达到止损位，除非是碰到当日买入的、不能卖出的情况或者是跌停板的情况，否则我们应该立刻、坚决离场。特殊情况下当天不能出场的，只能第二天找机会离场。所以，止损出场这块是比较简单的，固定地去执行就行了。

对于止盈出场的策略，可以分为两种：一次性止盈卖出和分批止盈卖出。一次性止盈卖出有三种：阻力位卖出法、固定比例止盈法和跟随出场法。分批止盈卖出则是把一次性止盈卖出的三种方法中的一种或多种结合运用。

一、阻力位卖出法

在决定入场前，我们已经在K线图上画好了支撑线和阻力线，同时，用它们去衡量交易时不同位置的盈亏比。入场后通常把止损位设置在最近的支撑线位置或者是买入的"信号旗"K线底部，大部分时候这两个位置也是几乎重合的。在止盈位设置方面，如果使用阻力位卖出止盈法，通常就把止盈位设置在离入场点最近的阻力线的位置。止盈位一般设置在最近的阻力线。这样，如果在初步的止盈位全部止盈，那么，最终的交易结果会符合我们一开始假设的盈亏比。

如图 2-66 所示，只要股价达到了阻力线，也就是预定的初步止盈位，随即止盈，不管后面行情怎么走。需要注意的是，有时会遇到最近的一根阻力线只是经过一个拐点的一般阻力线，这根阻力线其实还没有被市场验证有效性，并且这条线离我们的入场价非常近，导致止盈空间非常小，股价实际能走出的空间可能远大于该空间。在这种情况下，你可以考虑将初步止盈位移到更上一位置的有效阻力线，也就是经过两个以上拐点的阻力线。这种位置市场阻力的有效性更强，也经过了市场验证，更容易形成真正的阻力，同时也能扩大止盈空间。

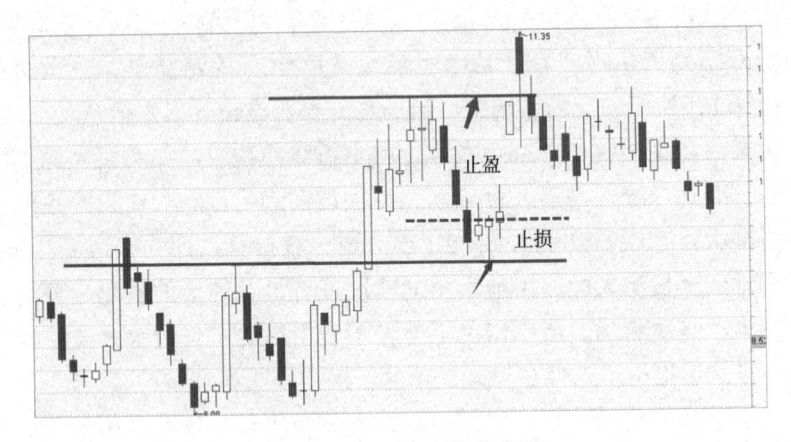

图 2-66 达到阻力位即止盈

阻力位卖出法是一种非常简单的、直接的止盈方法，且最终的交易结果是和我们入场前的计算高度一致的。

二、固定比例止盈法

固定比例止盈法适合新手投资者，同时，也比较适合当前股价上方没有明显阻力线或者阻力线非常远的情况。

如图 2-67 所示，一个合适的"信号旗"K 线，符合入场标准，但是它的上方是一片"空旷"，没有阻力位，这种情况下我们没有办法用阻力线来作为止盈位，就需要用到固定比例止盈法。

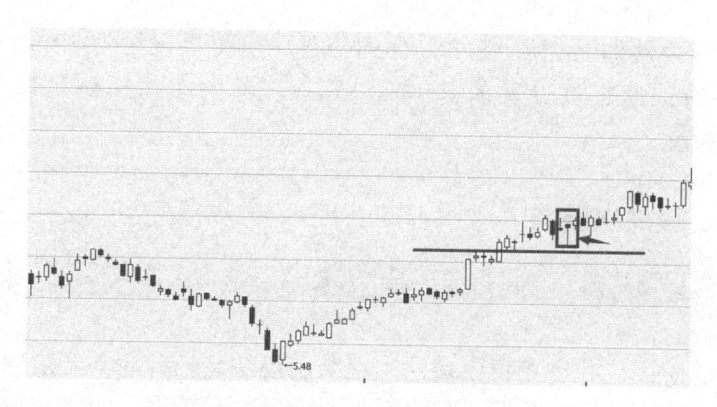

图 2-67　最近阻力位非常远的情况

设置一个固定比例的止盈，比如 10% 或者 20% 止盈，只要股价涨幅达到 10% 或者 20% 坚决卖出出场。股价只要没有达到止盈或者止损的比例，就一直持有。目标清晰，卖出后不留恋，哪怕卖出后又继续上涨甚至涨停，都不用觉得遗憾或者懊悔，因为我们已经完成了这笔交易的任务目标。弱水三千，只取一瓢。短期来看，固定止盈止损出场可能会使你失去一些大波段的利润，但这种交易模式也让你的盈亏比变得非常的稳定可测，配合上比较好的胜率，长期下来就可以使你的盈利和亏损处在一个比较好的位置，可能长期盈利。

在使用固定止盈止损出场法时，有以下几点需要特别注意：

一是止盈的比例一定要大于止损的比例，类似于阻力位止盈，你交易的预期盈亏比最好也是要在 1.5 倍以上，如果你的止盈比例幅度小于止损比例幅度，就会出现预期盈亏比小于 1 的情况，这样即使你胜率大于 50% 都可能会出现长期亏损的情况。

二是止盈比例和止损比例的比值越大，盈亏比越高，但盈亏比并不是越高就一定越好。越高的盈亏比往往越意味着越低的胜率，比如，你设置 30% 的止盈线和 5% 的止损线，看起来盈亏比非常可观，达到了 6∶1，但在实战中，很少数情况下用 5% 的止损能达到 30% 的止盈线顺利止盈，大部分情况下都会达到 5% 的止损位出场。因此，胜率其实很低，综合整个交易效果可能并不是很好。而且你的持仓体验会非常差，因为大部分情况下你都会止损出场，对信心和心情都会产生一定的影响。实战中最佳的止盈比例和止损比例设置在 3∶1 ~ 1.5∶1 会比较合适。比如，你的止损比例设置的是5%，那么，你的止盈比例可以设置为7.5%～15%。如果你的止损比例设置的是10%，那么，你的止盈比例可以设置为15%～30%。

三、跟随出场法

跟随出场法是一种止损（止盈）点随着行情的上涨同步向上移动的出场方法。

相比于固定止盈止损出场法，跟随出场法是一种非常灵活的出场方式。只要股价没有跌破前一个波段的低点，就一直持有。股价每上一个台阶，每产生一个新的波段最低点，就将止损（止盈）点移动到这个波段最低点的位置。只要不跌破这个位置，就一直持有。如果跌破了最近波段的最低点，就止损或止盈。

如图2-68所示，在①的位置进场时，支撑线是1号线，是最初始的止损位。随着行情的上涨，当股价涨到②的位置时，波段的低点已经移到2号线的位置，这时是盈利的，我们也要相应地把止损线移到2号线的位置，保住一部分基本利润，防止突然出现大幅度地下跌让已经到手的利润大量损失。当股价涨到③的位置时，波段的低点进一步上移了，上移到了3号线的位置，我们把止损线上移到3号线，进一步保住更多的利润。结果到④位置时，跌破了3号线，止盈出场。这就是跟随出场法的整个过程。

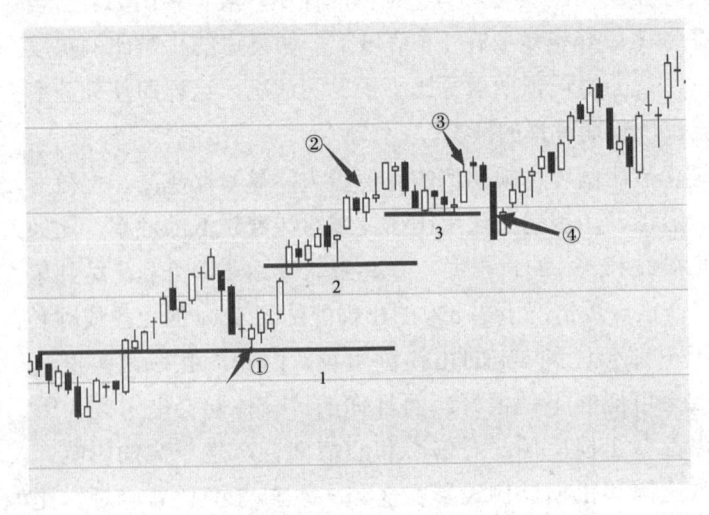

图2-68　跟随出场法的应用

跟随出场法的好处很多，利用跟随出场法，不需要去预判行情，只需要跟随行情前行即可，只要最近一个波段的低点没有被跌破，就意味着趋势没有被破坏，就可以继续持有，直至趋势被破坏。在走势较为规则的趋势行情中跟随出场法往往能做到利润接近于最大化，可以比较好地做到"截断亏损，让利润奔跑"，吃到这一段行情的大部分肥美的鱼身，错失的只是鱼尾部分。

当然，跟随出场法也有自己的缺点。因为是被动地跟随行情，预期收益会存在比较大的不确定性，盈亏比就更不好衡量。同时，在不规则、不标准的上涨行情中比较容易被震荡出局跟丢行情。另外，在一些股性比较"妖"或者洗盘比较严重的股票上，经常会出现一些假跌破的情况，股价跌破前期波段低点后快速又被拉回，这些都容易导致在低点被洗盘出局，错失后面的行情。

四、一次性止盈卖出和分批止盈卖出的比较

一次性止盈卖出和分批止盈卖出这两种出场策略并没有绝对的好坏之分，适用于不同的人和不同的交易风格。

一次性止盈卖出适用于对盘面情况判断力较差的投资者，不想费脑筋去研究接下来盘面会怎么样，不想被盘面的不确定性困扰，那么，到了一个固定的位置我们卖掉就好了，很适合有"见好就收"心态的投资者。

一次性卖出的好处在于只要自己对出场点的设置比较清晰、操作比较坚决，使卖出的价格基本固定，在计算盈亏比甚至交易前预估盈亏比时都比较准确，对每一笔交易的效果也能较好评估。一次性止盈卖出的缺点在于无论你采用阻力位卖出法、固定比例止盈法，还是跟随出场法，都可能存在错失一部分行情的情况。这就需要投资者保持一个很好的心态，不要觉得遗憾，一次性卖出时你可能卖飞，错过后面的大涨行情，也可能卖晚，利润产生了很大的回吐，这些遗憾始终都会存在，股票交易并没有完美的事情，不能过于追求完美。只要盈利达到了你的既定目标，你的这次交易就是成功的，哪怕错过了后面的行情也无所谓。因为真正想做好股票交易就不要计较一城一池的得失。

分批止盈卖出适合对盘面判断能力比较好的投资者，分批止盈卖出的

精髓在于"见机行事"。当股价走到预定的止盈位时，你需要根据盘面临时的走势情况，盘面上多空力量的强弱，甚至整个大盘的情绪，决定是否要在预定止盈位止盈，以及多少仓位止盈，而剩下的仓位一般我们都会用跟随止损法来止盈。另外，分批止盈出场法的好处在于，因为你是陆续出场，出场的位置有高有低，既拿到了固定收益部分，又拿到了浮动收益部分，因此最后获得的收益比较接近于这段股价涨幅的平均值，相当于你考试得了班级的平均分，即使错失了部分行情也不会错失大部分行情。分批止盈法也有一定的缺点：

一是因为出场位置具有不确定性，盈亏比也就具有较大的不确定，但不管怎样，我们需要让它保持在 1.5 以上，否则对交易系统都会有影响。

二是分批止盈出场对于盘面判断能力还是有一定的要求的，甚至还对盘感有一定的要求。

这里不同风格类型的投资者可以根据自己的偏好进行选择。没有绝对的好坏，适合自己的才是最好的。

第三章

基本面选股——胜率的提升

　　在第一章理念中,我给大家讲到了胜率和盈亏比,以及它们对于一个交易系统长期稳定盈利的重要性。在第二章中,给大家介绍了对提升盈亏比作用非常大的裸K操盘法,帮助大家在市场中找到盈亏比稳定且可观的交易位置,同时,教给了大家一些进出场的方法。

　　这一章中我将着重给大家讲讲胜率,以及提升胜率的方法。

第一节　胜率背后的秘密

高胜率是很多股票交易者的梦想，长期高胜率的交易真的可以实现吗？

一、胜率和盈亏比的冲突

高胜率同时高盈亏比，是很多交易者所梦想的一种状态，往往也是大幅获利的来源。假设你可以保持80%胜率的同时又可以保持4∶1的高盈亏比，那么，你每次交易的盈利期望就是：0.8×4-0.2×1=3。也就意味着，如果你有80%胜率、盈亏比4∶1的这样一个交易系统，你每次交易的期望盈利都是300%，按盈利再投入的复利计算，哪怕只交易两次，你的期望盈利都可以达到1 100%。假设你有10万元本金，交易一次就可以期望赚30万元，交易两次你就可以期望赚110万元，这是非常可观的暴利。

但是在现实中，我们似乎都没有见到过这样暴利的交易系统，这是为什么呢？

因为鱼与熊掌不可兼得，胜率和盈亏比很多时候自身就存在着一个矛盾，当你所要求的盈亏比越高时，胜率往往就会越低。当你所要求的盈亏比是4∶1时，你的成功止盈出场的概率一定是小于你只要求盈亏比是1∶1时的，在要求盈亏比是4∶1时，大部分情况下你都会止损或者保本出场，成功止盈出场只会在小部分情况下出现，你的胜率是比较低的。就如同你在买彩票时，如果你的要求只是中5元的末等小奖，那么你的中奖概率会很高，胜率也相应很高。但如果你的要求是一定要中500万元大奖，那你的中奖概率就非常低，胜率也就非常低，很多人一辈子都中不到一次500万元大奖。胜率和盈亏比天生是一对冤家，这也是为什么我们几乎看不到既能保持80%胜率的同时又可以保持4∶1的高盈亏比的交易系统。即使有看到也是因为交易的次数比较少，样本比较小。比如，只交易了几次或是十几次，确实可能同时出现高胜率、高盈亏比的情况，但当交易的次数足够多，交易样本开始逐渐变多时，交易系统的胜率和盈亏比都会开始相应下降，最终达到一个相对合理的水平。

我们建立交易系统的目的是在天生矛盾的胜率和盈亏比之间找到一个合适的平衡点，使胜率和盈亏比都达到一个比较理想的值，使交易系统的最终期望值是一个比较理想的正值，只有这样，才能在股票市场实现较长期的盈利，而不是辛苦炒股大半年，一周还回给市场。

二、长期的高胜率是否存在

它是很多朋友关心的一个问题，因为每个人都想做股市里的"常胜将军"。赚钱的滋味一定要比亏钱好，假设有两个期望值相同，可以同样赚钱的交易系统，一个是小概率赚大钱，大部分情况下是亏钱的；另一个是大概率赚很小的钱，只有小部分情况下会亏钱，但是会亏较多的钱。大多数股民在选择这两个交易系统的时候都会去选择前者，因为过程体验更好一些。

大多数人都会关心股票交易的胜率，我甚至见过一些股票交易者为了追求极致的高胜率、追求"100%胜率"对技术指标和选股模型疯狂优化，甚至进入一种走火入魔的状态。实际上这种是毫无意义的，脱离了盈亏比谈胜率没有任何意义。设想一下，如果我用一套交易系统，买入股票后，只要盈利1%就卖出，只要是亏损状态的票一律不卖，死拿着。哪怕是跌了95%都不卖。最后看交易记录，所有卖出的股票都是赚钱的，胜率是100%，但这套系统能赚钱吗？显然是不能的。

所以，一味地追求高胜率是没有任何意义的，只有我们先把盈亏比控制在一个合理的范围，高胜率才是有意义的。盈亏比的具体控制可以使用在第二章中教给大家的方法来确定进出场点，因为出场方法用得不一样，这个盈亏比不一定会非常精确。同时，我们可能会因为一些特殊情况提前清仓，这些都会影响最终实际结果的盈亏比。但通过第二章的方法，我们可以把盈亏比控制在一个相对比较理想的范围，比如3∶1～2∶1这样的范围。在这样一个大前提下再来进一步研究如何提升胜率，从而提高整个交易系统的盈利期望。

长期高胜率一定是可以实现的，但一定也是控制在一个合理的范围内，以我个人的交易经验，通过一些较好的选股方法，以及资金面、筹码面的辅助分析，是可以将胜率提升到55%～65%的范围内，对于胜率我们不能抱有不切实际的期待，80%甚至90%的胜率看起来虽然很美好，但很多都是空中楼阁，要么是以牺牲盈亏比为代价的，要么不具有可持续性。

在评估胜率的时候，还有一点要注意：胜率一定是在交易一段时间之后根据每笔交易的盈亏数据统计出来的，属于事后概率，而不是预先可以知道的概率。在每次交易之前，你是很难预测这次交易的胜率是在多少的，有的人会说我这次交易会有八成的把握，实际上这个八成的胜率，也只是凭感觉估算，最后的实际胜率还是要以很多次交易下来最后统计出来的胜率数据为准。

那么，我们有没有一些提高先验胜率的方法呢？即在没有开始交易，不知道交易结果之前就提高这次交易的胜率。答案是有的，这里面最好的方法是在选股方面下功夫，通过选到公司基本面优质的、具备高博弈性价比、有题材、有资金追捧的好股就可以在没有交易前提高自己的先验胜率。当然，这类股票往往是易涨难跌的，再配合较好的进场位置，这就是金融人常说的：在交易还没开始前，你已经获得胜率优势。

第二节　基本面选股提升胜率

早些年，炒ST、炒绩差股、炒垃圾股一度是市场的主流，但是最近几年，随着整个资本市场越来越理性，加上全面注册制的放开，优质公司的股票越来越受到市场青睐。虽然不时还有些垃圾股扮演妖股横行，但绩优股的胜率优势已经越发凸显。

一、建立一个高胜率的股票池

选到好的标的，买到好的股票，在交易还没开始的时候已经占据了胜率上的优势了。所以，选股在提高胜率方面占据着非常重要的位置。你需要建立一个股票池，我见过很多股票投资者喜欢临时起意，买卖股票前没有任何的计划，都是在盘中突然发现某只股票不错，或者某只龙头股突然拉升了，才开始买入，随意化交易。这种操作方式，从长期来看，几乎很难在市场赚到钱，因为你的胜率和盈亏比都是很随意的，长期下来的盈亏自然也是很随意的，再加上佣金和印花税的损失，最后极大概率是亏钱的。

用裸 K 交易法选择进出场位可以把你的盈亏比控制在一个比较稳定的范围区间，宁可不做交易，也不做不划算的交易。同样，建立备选的股票池也可以把你的胜率控制在一个比较稳定的范围区间。股票池的股票不用很多，一般不要超过 20 只，15 只左右为佳。毕竟股票数量太多，盘中你会盯不过来。加之即使一些股票盘中出现了进场机会，你也不一定能第一时间看到。同样，股票池的股票数量太少，也无法覆盖较多的行业，可选的机会也会相对少一些，交易机会自然也就少了很多。

二、挑选好的行业

选股票之前一定是选行业，挑选行业是非常重要的一环，也是最核心的一环。不管你是用自上而下（宏观经济→行业板块→个股）或是自下而上（具体公司→行业板块→宏观环境）的选股模式，行业都可以算是核心。选好行业，可以给你的交易带来很大的容错性。即便你对宏观经济和市场整体趋势判断错了，你依然有赚钱的可能。比如，在 2022 年 1—4 月全市场单边快速熊市期间，如果你选择煤炭板块，你仍然可能是赚钱的，图 3-1 为煤炭板块走势。

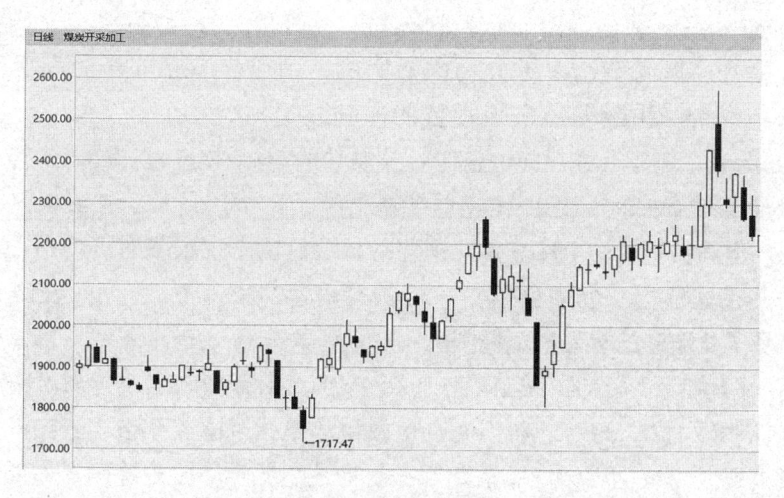

图 3-1　煤炭板块走势

图 3-2 为同期上证指数走势。

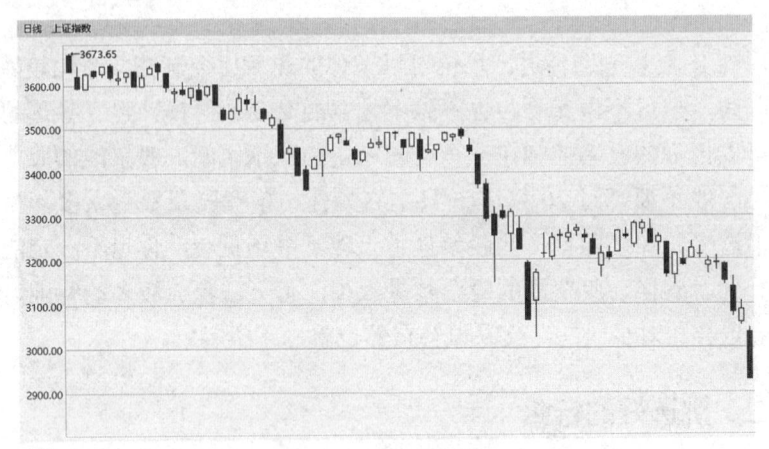

图 3-2　上证指数走势

　　同样，即使你没选好股票，选了一个基本面很差的公司，但是板块选对了，股价仍然可能被带着起飞。甚至你选的公司"爆雷"了，但如果你行业板块选对了，在行业板块一片热烈的上涨气氛中，重大的利空都有可能被市场快速消化，甚至还会被认为是"利空出尽便是利好"，不跌反涨。"板块选得对，闭眼都起飞"并不是一句玩笑话。

　　图 3-3 为 2022 年 5—7 月汽车板块的一波大涨行情，中通客车（000957）是一家基本面非常差的公司，受疫情、行业总量、销售规模、成本上升、期间费用率上升等因素影响，中通客车扣非净利润已经连续三年为负，扣除非经常性损益的净利润为 −0.79 亿元、−2.27 亿元和 −2.76 亿元，连年亏损。即使在股价被爆炒的 2022 年 5 月，公司的客车月产量也仅有 439 辆，比 2021 年同期还下滑了。虽然是带了核酸检测车的概念，但该公司 1—4 月份累计销售的核酸检测车仅仅只有可怜的 20 台。然而，在这样一个基本面差得可怜的公司，2022 年 5—7 月，在汽车板块"是车就涨"的热烈资金氛围下，从最低的 3.85 元最高涨到了 27.97 元，最高涨幅达到了 626%，走出了一波令人咋舌的行情，也成为当时市场上的高标"妖王"。这背后与当时汽车板块的整体氛围关联很大，投资资金和投机资金，机构、游资和散户都在拼命往里扎堆，争抢筹码。如果不是当时汽车板块的行情好，中通客车是不可能走出这样的行情的。所以，做好板块分析和选择，对我们提高交易胜率有非常大的帮助。

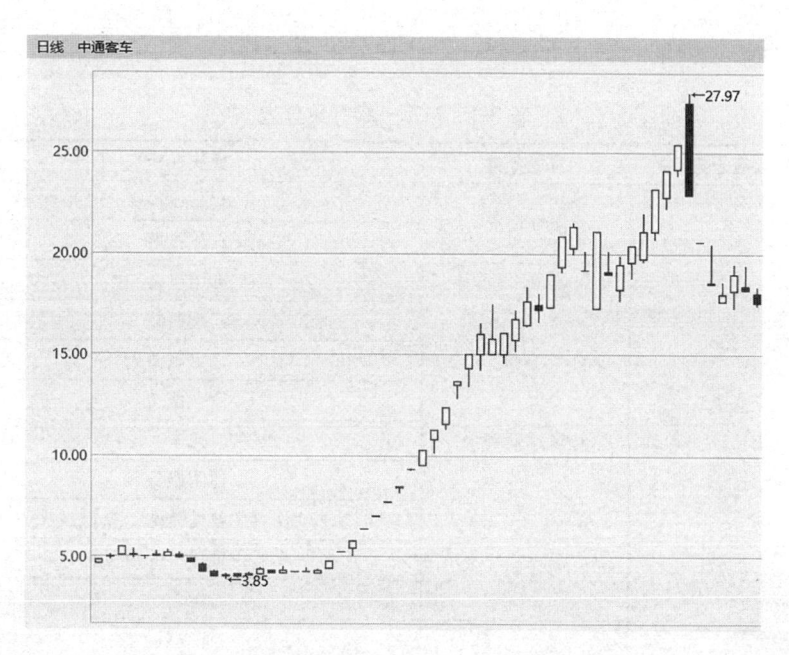

图 3-3　中通客车 2022 年 5—7 月股价走势

那怎样才能选到对的板块呢？

我觉得一定要分两个角度：长期和中短期，而且它们所关注的点是完全不同的，长期和短期可以以一年为标准。如果你的投资周期在一年以上，那么，你选行业时，一定要关注市场规模、成长性、营收和净利润增速、估值优势、边际改善等；如果你的投资周期只有几个月甚至只有几周，那么，你选行业时的关注重点一定是板块的成交量情况、筹码位置分布情况、机构资金流入流出情况、板块的龙头股情况、板块是否有炒作预期的支撑等。做长线和做中短线投资时选行业的关注点是截然不同的，千万不能混淆。

中短线行情一定是板块的资金流向加上整个板块的情绪主导，具体怎么分析将在第四章中会给大家讲到。长线行情一定是这个行业本身的基本面主导，下面我为大家讲解如何做具体分析。要想在 A 股选好行业，首先你需要知道 A 股目前 5 000 余只股票包含了哪些行业。根据 2021 年新版申万行业分类，目前，一级行业总共有 31 个，二级行业总共有 134 个。大家可重点关注一级行业分类。在这 31 个行业里面，划分为：消费、成长、金融、周期、稳定五大类，具体划分见表3-1。

表3-1 申万一级行业分类

风格分类	行业分类	板块细分
消费	主要消费	食品饮料
		农林牧渔
	可选消费	家用电器
		纺织服装
		轻工制造
		商业贸易
		汽车
		休闲服务
		医药生物【特殊消费】
		美容护理【特殊消费】
		综合
成长	TMT	计算机
		电子
		通信
		传媒
金融	大金融	银行
		非银金融
		房地产
周期	上游资源	采掘
		有色金属
		石油石化
	中游材料	钢铁
		化工
		建筑材料
	中游制造	机械设备
		电力设备
		国防军工
稳定	弱周期	公共事业
		环保
		交通运输
		建筑装饰

这五大类行业的特点截然不同,在选择这些板块时,我们的思路自然也是不一样。下面进行具体分析。

1. 消费

它是一个很容易出长牛股的大类行业,出过很多长牛股。在主要消费板块最具代表性的是贵州茅台(600519),如图3-4所示,贵州茅台在2016年初至2021年初间走出了一波5年长牛,股价从195.51元最高涨到了2 627.88元,最高涨幅达到了1 244%,其间没有经历过特别大的回调,"很少有涨停,但是涨不停"。

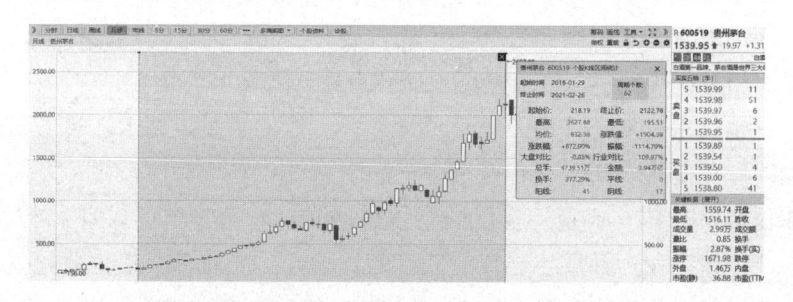

图3-4 贵州茅台2016年—2021年股价走势

再如,可选消费板块里的格力电器(000651),如图3-5所示,从2016年初到2021年初,也走出了一波5年长牛的行情,从最低点4.33元最高涨到63.79元,最高涨幅达到了1 373%。

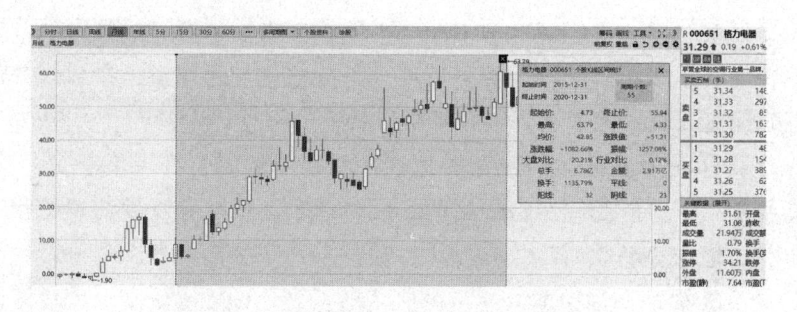

图3-5 格力电器2016年—2021年股价走势

长牛、慢牛是消费股比较重要的特点,它和消费行业本身的特性是分不开的。

一是消费行业的股票一般都是跟我们的衣食住行息息相关,很多是生活中的必需品，需求和市场相对比较稳定。同时，随着人们生活和消费水平不断地提高，还会不断地进行消费升级，既可以提价，也可以提量，行业增长比较稳定。它不同于半导体、新能源、互联网等成长赛道，动辄一年100%以上的业绩增长，消费行业的优质公司一般会保持10%～20%的净利润增速。

　　二是行业格局普遍比较成熟，头部企业比较稳定。一提到高端白酒，我们通常会想到贵州茅台、五粮液、泸州老窖，一提到调味品，通常会想到海天味业、千禾味业，一提到空调冰箱，通常会想到美的集团、格力电器、海尔智家这几家公司。当很多新兴行业还处在百舸争流的竞争格局时，这些消费行业已经经过几十年的发展，都已成为成熟期的行业，竞争格局都已经比较稳定，行业发展也比较有序，变化不会很大。

　　三是技术更新迭代慢。在科技行业，一年不研发新技术，第二年行业可能被行业淘汰。而消费行业很多产品更新迭代都相对比较慢，尤其是在必需消费品行业，典型的像白酒、饮料这类，一种味道可以喝上上百年。所以，消费行业产品整体迭代的速度都比较慢，研发费用也相对较少。大部分的费用在于营销，因为需要不断维持品牌形象和知名度。

　　如果把科技股、成长股比喻为兔子，那消费股就像是乌龟，慢速但稳定，虽然也会受经济周期的影响，但是影响幅度要小一些。需要注意的是：消费股有一些细分领域也带有其他类板块个股的特点。比如，家用电器和汽车等属于耐用品消费，而我们知道，家电、汽车会有使用寿命，会有几年的更换周期，所以，像家用电器、汽车等耐用品消费股也带有部分周期股的特点。又如医药生物、美容护理等特殊消费带有很多新兴成长性，所以，它们里面有一些个股同时会带有成长股的特点。

　　什么样的情况下我们应该去选择消费行业板块？如果你想选一只能持仓几年时间，能跨越经济周期的个股，那么，你一定需要在消费行业板块里找，优选食品饮料、农林牧渔、医药生物等必需消费。另外，如果国家的货币政策处于宽松期，通货膨胀比较明显，CPI比较高企，投资消费行业也是个不错的选择。因为消费行业对通货膨胀比较敏感，可以通过提价来迅速应对，因此，当通货膨胀数据增速较快时，消费行业很多公司都会有产品提价的预期，这对长期业绩自然是利好。还有，消费行业跟国家GDP增速也有较大的关联性，因为消费在GDP中占比是比较大的，如果经济增速好，消费通常都不会差，消费股业绩自然也会比较不错。这些情况下，大家优先去选择消费板块。

2. 成长

哪些是成长股？其实业绩增速快的行业和个股都可以称为成长股，只不过它们在电子、半导体、互联网、传媒、高端制造等领域分布很多，所以，这几个板块通常会被叫作成长股板块。另外，在医药生物、军工、电力设备行业也分布有一部分成长股。成长股的最大特点是业绩增速快，一般是比较新兴的行业，比如元宇宙、培育钻石等，或是传统行业中的新兴领域。比如，医疗里的高端医疗器械、手术机器人，互联网中的 Web 3.0 等，都是正处于萌芽中或者快速成长期的行业，所以，这些行业的很多个股都正处于市场扩张的阶段。虽然它们当前的财报数据可能乏善可陈，有一些甚至还处于亏损的状态。但这对资本来说并不重要，市场资金更看中的是它们未来的预期，"炒预期""讲故事"是成长股的另一大特点。

100 倍以上的市盈率在成长股里面司空见惯，有些甚至能达到 500 倍市盈率。如果你把用在其他类行业的估值方法放在成长股里面，你会觉得匪夷所思，为什么已经上百倍的市盈率如此高估了，股价还在不停地涨。实际上，对于成长股，只要行业基本面逻辑还在，市场空间还在，预期还在，就继续"有故事可以讲"，资金就不会轻易撤出，就可能一直维持很高估值的状态。而一旦逻辑、预期和故事破灭了，成长股的股价也可能会随之破灭。这是大家特别要注意的。

哪些情况下应该去选择成长股板块呢？

首先，成长股板块是在"炒预期""讲故事"，往往和"泡沫"相生相随，而泡沫又只会在市场资金充裕、流动性强的时候才会有。所以，如果你选择成长股板块一定要选择在国家货币政策宽松，市场流动性好，资金充裕，甚至热钱汹涌的时候买入成长股。这才是成长股灿烂开花的时候，而当货币收紧的时候，成长股往往是被杀泡沫、杀估值杀得最惨的时候，这一点无论是在 A 股市场还是欧美股市场都得到了验证。

其次，如果你选择成长股板块，你必须对这个行业做深入了解。成长股炒作都不是看现在，而是看未来，只有市场空间大，增长速度快，业绩确定性强的成长行业才可能出现持续性的行情，否则都只是在炒概念。大家可以看看 2021 年和 2022 年光伏、储能、特高压等行业板块几度被炒，它们并不是凭空被炒出来的，而是有很强的业绩做支撑。对成长股来说，估值并不是问题，成长板块的估值本身要比其他行业板块高出很多，因为市场愿意给溢价。成长股最怕的不是估值高，最怕的是行业逻辑发生重大变化或者业绩增速出现明显减缓。这时往往也是股价的转折点，如果你要拿一只成长股做长期投资，一定要把它未来三年的行业市场规模、业绩增速、想象空间作为最主要的考量因素，也就是要把这个行业研究透。

经常炒成长股的朋友可能比较关心一个问题——有很多成长性的行业业绩增速都很不错，但是不知道它们的股价何时会迎来爆发。以我个人的经验来讲，大家在研究成长行业时要重点关注一个指标——行业产品渗透率，10% 是个非常重要的节点，当一个行业新产品、新技术的渗透率达到 10% 之前，行业内的公司要么是亏损的，要么是微有盈利的状态。而行业渗透率达到 10% 之后，往往是业绩开始释放的时候，营收和净利润会开始爆发式增长，这个时段往往也是股价开始启动的阶段。大家所看到的新能源汽车行业的大涨行情，其实是从新能源汽车渗透率开始达到 10% 时爆发，如图 3-6 所示。

2021年1—7月新能源汽车渗透率升至10%

潇湘晨报
2021-08-12 08:55 潇湘晨报官方百家号

2021年7月，受芯片危机、原材料上涨压力等不利因素影响，我国汽车产销总体依然呈一定下降趋势，不过新能源汽车继续成为整个市场的一大亮点，产销环比和同比继续保持增长，且双双创历史新高。

2021年7月新能源汽车销售情况

单位：万辆、%

	7月	1-7月累计	环比增长	同比增长	同比累计增长
新能源汽车	27.1	147.8	5.8	164.4	197.1
新能源乘用车	25.6	139.8	6.0	175.0	212.3
纯电动	20.6	114.9	4.2	179.0	235.2
插电式混合动力	5.0	24.9	14.0	159.7	137.5
新能源商用车	1.5	8.1	2.3	58.2	60.9
纯电动	1.4	7.8	1.4	54.3	67.0
插电式混合动力	0.06	0.2	57.7	116.5	-36.9

图 3-6　新能源汽车 2021 年 1—7 月渗透率

所以，10%的行业渗透率是一个非常重要的节点，如果你选成长股板块，要多多留意这些行业渗透率已达到10%的细分行业，其中很可能会有中长期的投资机会。市场流动性充裕、资金充足、行业规模和增速快、业绩不断释放，这是成长股板块要大涨的必备条件。当这些条件具备的时候，选择成长股方向经常会有不错的收获，有时甚至在一两个月涨完了别的板块一两年的涨幅，见到收益也很快。

3. 金融

金融板块是个比较特殊的板块，很多人把房地产放在大金融板块里，是因为房地产和银行是深度绑定的，一荣俱荣，一损俱损。所以，走势上也是高度趋同的。

在很多人的印象中，金融板块经常以"稳指数"的形象出现。指数不好看了，金融里面的券商、银行会"拉一下"，让指数不那么难看。指数到关键点位需要突破了，金融里面的券商、银行就会出来带头"冲一冲"，活跃一下市场气氛。另外，在大牛市行情来临之前，券商板块经常还要扮演"牛市旗手"的角色，率先冲出一波行情。然而，除了这些之外，你会发现金融板块乏善可陈，几乎毫无亮点。我们把时间周期拉大，用月线级别看房地产、银行、券商的走势。除了2014年下半年到2015年上半年那轮全面牛市的疯涨之外，其他时间几乎都在原地踏步，十几年的时间指数几乎没有丝毫上涨，如图3-7、图3-8、图3-9所示。

如果不是右上角行业名称不同，你甚至都无法分辨出它们是房地产、银行、证券三个不同的行业。过去十年，如果你买了券商、银行、房地产行业做长期投资，十年后你仍然是在原地，即使你没有亏钱，那也是在"浪费时间"，浪费货币的时间价值。这些板块里面只有少数有成长股特质的股票，比如，券商中的东方财富，银行中的平安银行、招商银行，房地产中的保利发展，这些"半成长金融股"在过去十年中股价有过很好的表现。其他的都是一潭死水，像中农工建四大行的股票很多年毫无起色，如图3-10所示。虽然这期间陆陆续续会有一些分红，但我相信大多数的股票投资者来股票市场不是为了坐在那里每年等着拿分红的。从赚价差、赚资本利得的角度，大金融的这些板块几乎很难看到投资价值。

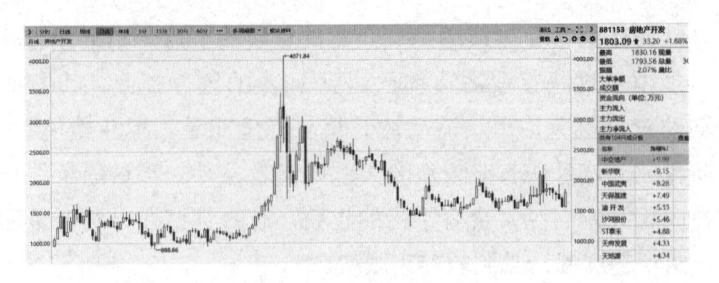

图 3-7　房地产板块走势

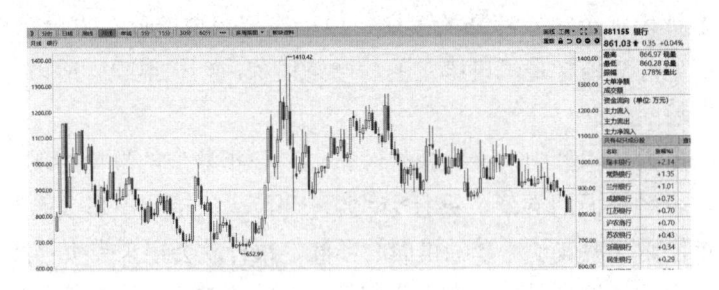

图 3-8　银行板块走势

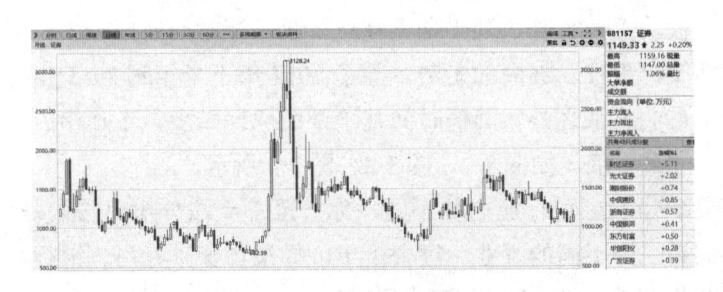

图 3-9　证券板块走势

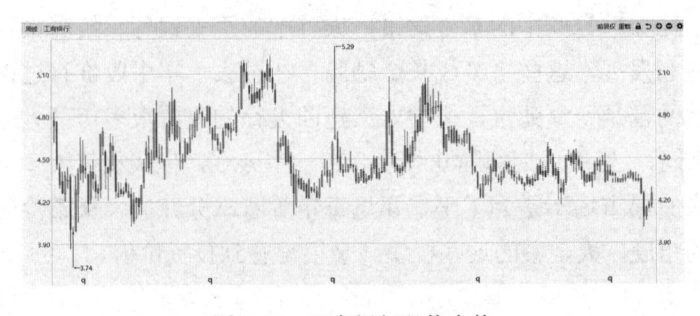

图 3-10　工商银行股价走势

大金融板块是一个股价和基本面严重脱离的板块，且无论一年净利润3 502亿元的工商银行股价涨不上去了，即使是在2010—2020年，房地产的黄金十年里，房地产板块的股价也一样没见涨（2014—2015年的普涨大牛市除外），如图3-11所示。

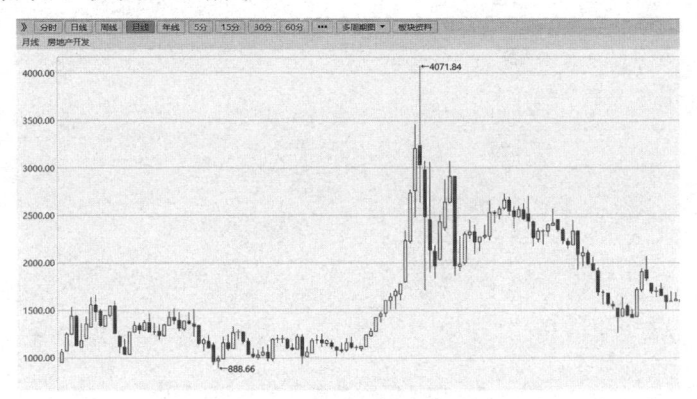

图3-11　房地产板块走势

上市公司赚钱很多，但是股价却无人问津，这是大金融板块的常态。不仅如此，大金融板块市净率跌破1、市盈率在10倍以下的个股一抓一大把。而且整个银行板块近十年的市盈率PE平均值只有6.18，近十年的市净率PB平均值只有0.81，如图3-12、图3-13所示。

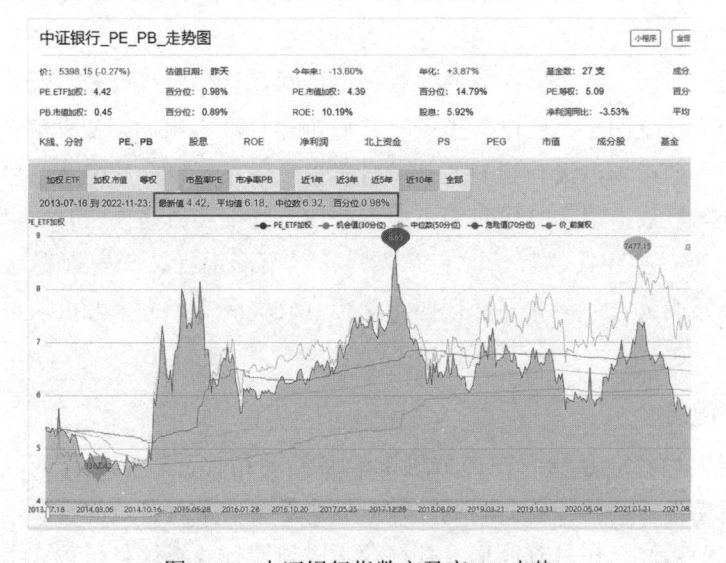

图3-12　中证银行指数市盈率PE走势

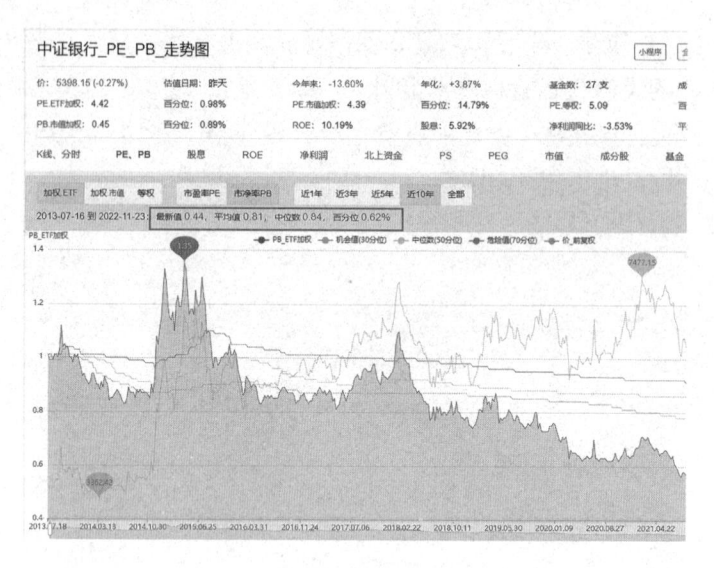

图 3-13　中证银行指数市净率 PB 走势

如果从价值投资的角度分析，这些属于妥妥的低估。但是在 A 股市场它们就是这么特殊，就是涨不上去，即使是上涨，很多时候也是很短的脉冲式上涨行情，最后又是从哪里来回哪里去。

当然，这背后原因很复杂，一方面，大金融板块的这些股票普遍市值都非常大，都是"股票市场的大象"，想让大象起舞是非常费劲的，需要非常多的资金去推动，再加上这里面很多都是央企、国企，会进行市值管理；另一方面，大金融行业的这些公司虽然优秀，赚钱很多，但是因为没有多少成长空间了，所以，市场对它们自然也没了预期。A 股是"预期高于一切"的市场，没有预期的公司自然也吸引不了资金的追逐。所以，对于大金融板块，很多时候我们不要太关注，甚至要战略性放弃。虽然它们有时也会有脉冲式的行情，有东方财富、招商银行、平安银行这种半成长股性质的公司，但并不好把握。就行业板块而言，大金融板块投资价值不大。

4. 周期

周期性行业是指与国内或国际经济波动相关性较强的行业，产品价格呈周期性波动的行业。周期性行业板块是个非常有特点的板块，如果把消费行业板块当作是直线形上升行业，成长性行业板块是指数式上升，那么，周期性行业板块就是螺旋式上升。周期性行业包含非常多，但主要分布在制造业的上游和中游。其中，上游原材料包括采掘、有色金属、石油石化，中游材料包括钢铁、化工、建筑材料，中游制造包括机械设备、电力设备、国防军工等。这些周期性行业虽然看似很乱，但它们都跟同一样东西关联很大——大宗商品的价格，理解了这一点，你就真正理解了周期性行业。石油、煤炭、天然气、有色金属、铁矿石这五大类大宗商品的价格和相关采掘、生产、加工企业的产品价格息息相关，和这些企业的盈亏情况自然也就息息相关。而中游的钢铁、化工、建筑材料、机械设备、电力设备的生产因为需要大量用到上游这些大宗商品原材料，这些大宗商品原材料的价格直接关乎生产成本，盈利情况自然也大受影响，同时，这些中游企业还要受下游的需求影响，当经济处于景气周期时，它们的产品需求量会增大，当经济不景气时，它们的产品需求量也会相应大幅减少。

除了这些行业之外，农林牧渔板块中的生猪养殖业，受猪周期影响非常明显，海运行业的集装箱运输量因为受全球经济景气度影响非常明显，所以，它们也被认为是周期性行业。

周期性行业的投资难度是五大类行业中难度最大的，也是投机性最强的。对周期股的投资方法，有一句流传很广的话：高市盈率的时候买，低市盈率的时候卖。这跟很多行业是相反的，为什么会这样？我们就以生猪养殖的猪周期为例，如图3-14所示。

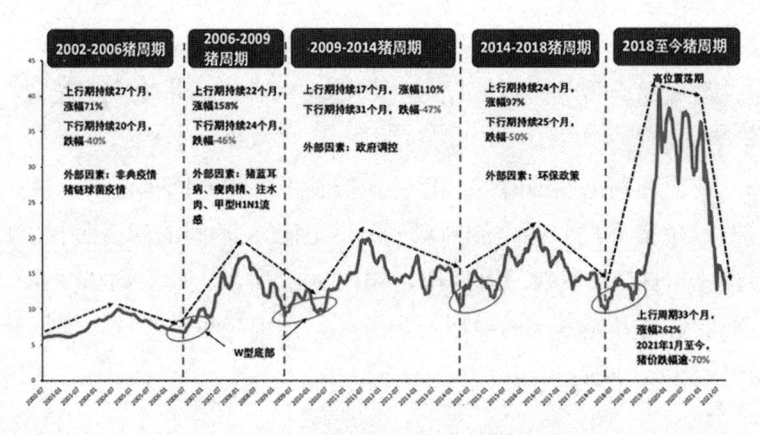

图3-14　2002以来猪周期图解

从 2002 年以来，一共经历了 5 轮猪周期，每轮猪周期持续 3～4 年。循环轨迹一般是：肉价上涨→母猪存栏量大增→生猪供应增加→肉价下跌→大量淘汰母猪→生猪供应减少→肉价上涨。猪肉价格上涨刺激饲养者积极性造成供给增加，供给增加造成肉价下跌，肉价下跌打击了饲养者积极性造成供给短缺，供给短缺又使得肉价上涨，周而复始，形成了所谓的"猪周期"。生猪的疫情、政府的政策调控等都会对猪肉价格产生影响，但背后的根本驱动原因是供需关系的变化。

猪肉价格的变化对猪企的盈亏自然产生了非常大的影响，猪肉价格高的时候，猪企赚得盆满钵满，猪肉价格便宜的时候，猪企卖一头亏一头。而反映到股票走势上，市盈率非常高的时候，是公司盈利非常差的时候，一般也是猪价最低迷的时候，这时全行业都在亏损，都很难熬，很多小公司甚至会熬不住倒闭了；这时整个行业都处在底部，都在等待黎明的曙光，对应在股票市场上就是抄底的好时机。

而市盈率非常低的时候，是公司盈利非常好的时候，一般也是猪价非常高的时候，这时候猪企都赚得盆满钵满。但大宗商品的特点决定了高位高价不可能持续很久，因为在暴利的诱惑下会有很多新的公司或者新的产能加入进来，加大供给，之后价格开始回落，行业的利润也会开始逐步下滑，股价自然也会开始拐头向下，所以，这时反而是股价比较危险的时候。这就是周期性行业在用市盈率估值时一个非常大的特点，其他周期性行业同样也有这个特点。

除了市盈率估值陷阱外，周期性行业还有一个很大的投资难点：你并不知道这个周期会持续多久，比如猪周期，虽然"年年岁岁花相似"，但"岁岁年年人不同"。

每一轮猪周期持续的时间、猪价在低谷维持的时间都是不一样的。尤其最近的一轮猪周期，各大企业都经历了比较长时间的深度亏损，比如，正邦科技（002157）直接亏到破产，如图 3-15 所示。如果你在行业一进入低谷、行业普遍开始亏钱的时候进场抄底，很可能也要被埋，你很难预测这一轮周期什么时候会结束。

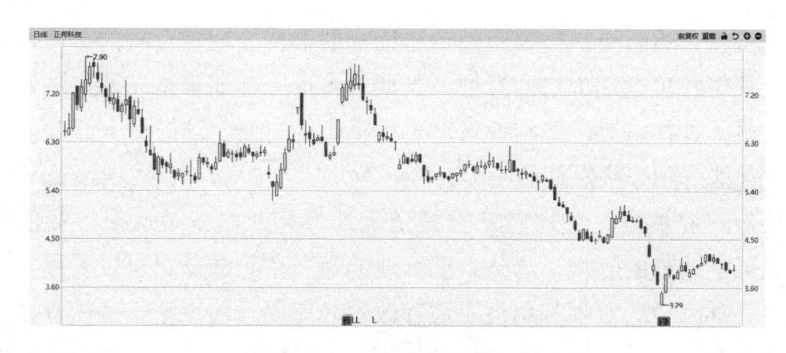

图 3-15　正邦科技股价走势

那么，哪些情况下适合投资周期性行业呢？

首先，如果你做较长期的价值投资，就不要看周期性行业了。周期性行业投机属性很强，适合做几个月甚至几周的短期投资，如果是做几年的长期投资，你会发现几年起起伏伏最后甚至可能又回到了原点。

如图 3-16 所示，对于江西铜业（600362）这种非常典型的有色金属行业周期股，如果你抱着价值投资的理念长期持有，你会发现从 2014 年到 2022 年持有了整整 9 年时间，最后却一无所获。其间，虽然股价起起伏伏，最后却还在原点，这跟消费行业的长期走势是大不相同的。所以，周期性行业只适合很短时间的投资，并不适合长期投资。

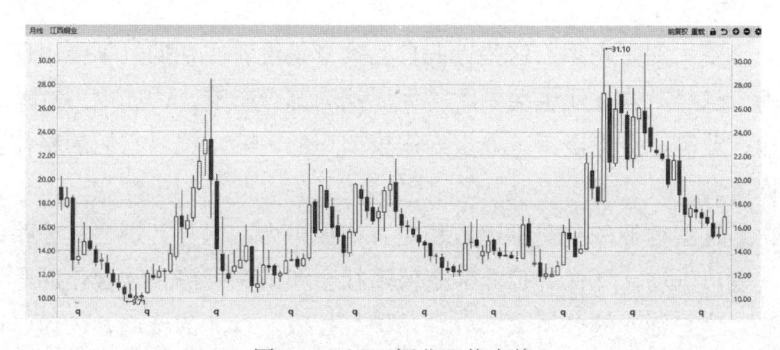

图 3-16　江西铜业股价走势

如果你要投资周期性行业，什么样的节点进入比较合适呢？这就需要你对这个行业的产品价格做长期性跟踪了，既要跟踪现货价格，也要跟踪期货价格。比如，你买有色金属行业的股票，需要跟踪铜、锌、铝、镍等期货的价格，你买钢铁行业的股票，需要跟踪铁矿石、螺纹钢等期货的价格，你买猪企的股票，需要跟踪生猪期货的价格。期货反映的是市场对这个产品几个月后远期价格的预期，当期货市场上远期价格开始出现筑底反弹的时候，往往是对应的行业可能出现拐点的时候，这时介入相关的周期股，往往能得到一些短期的机会。

还有一种情况，也比较适合投资周期性行业，就是这个行业的亏损出现边际性改善的时候，这一点在行业的两三个头部公司可以看出来，如果这些头部公司的亏损都出现了边际改善，比如，前三个季度的亏损分别是−10亿元、−18亿元、−25亿元，最近一个季度变成了−16亿元，虽然还在亏损，但已经明显开始减亏了，这就是边际改善。头部公司业绩普遍边际改善往往意味着行业最黑暗的时期基本已经过去了，这时往往也会有很多资金进场。

因为A股市场喜欢买预期的特点，在对待周期股时，很多资金喜欢打提前量，所以，你经常会看到很多周期股公司在亏得穷困潦倒时，股价却在噌噌地上涨，当公司大幅盈利，股价却跌到停不下来。如果大家要投资周期性行业，也要习惯这个打提前量的节奏。

5. 稳定

稳定性行业主要包括公共事业、环保、交通运输等，这个稳定主要体现在两个方面：

一是受周期影响小，这些行业自己本身是没有周期的，不会出现明显的波动。当然，该行业也会受经济大周期的部分影响，比如电力行业、铁路运输行业等，会受全国工业生产规模增速的影响，但对它们的整体影响并不算很大。

二是这些行业的公司都比较稳定，比如电力、水务、燃气、公路铁路运输、港口机场、环保等行业都是保障社会和国家经济正常运作的重要基础行业，这些行业的公司大部分都是国有控股，行业的格局、规模、增长速度都是比较确定的，所以，行业整体比较稳定。

同时，防御性强、抗跌力强是这些稳定性行业的特色之一。在熊市中，这类股票的跌幅往往最小，而在牛市阶段初期，它们的回升又最快。因为这些稳定性行业公司所经营的公用事业和生活必需品一般也受到政府保护，需求弹性又不大，所以，经受经济衰退的打击比较小。但稳定性行业的股票在牛市的中、后期升幅却不大，会远远落后于其他行业，这也是由于它们的盈利比较平稳，基本可以算得很清楚，不像成长股有很多的故事可以讲。所以，很难有泡沫。一般而言，投资于这些稳定性行业风险性较小，收益较为稳定，适于以投资为主要目的而不是以短期价差为主要目的的投资者，它们穿越牛熊的能力比较强。

所以，当处在熊市之中，其他行业都在被杀估值、杀业绩一顿暴跌的时候，我们可以把这些稳定性行业的股票作为防御的不二之选。另外，这些行业中的一些股票还被股市上称为"打新专用票"，很多喜欢打新股的朋友一方面需要持有市值获得打新股的门票，另一方面又不想承担股价波动带来的巨大风险，他们往往会买这些稳定性行业的股票作为打新的入场券。

如图 3-17 所示，大秦铁路（601006）是非常典型的"打新专用票"，公司主营业务是以煤炭运输为主的铁路货物运输，以及旅客运输业务，每年盈利和现金流几乎都比较稳定，不会出现什么大的波动，几年来股价自然也是没有多大的波动，在一个较小的范围内来回震荡，确实比较适合打新持有。

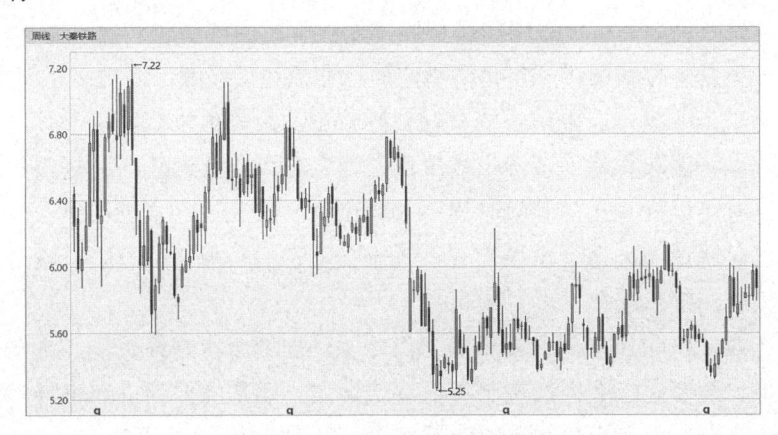

图 3-17　大秦铁路股价走势

综上，A 股的行业分类有很多，不可能逐一给大家讲解，但是通过把行业分成几个大类进行介绍，相信大家对 A 股的行业及行业该怎么选有了一定的印象，这里我再做一个汇总。

如果想长期的价值投资，不做择时，忽略牛熊，首选消费类（必选消费和医药生物优先），次选稳定类。

如果是想做短线的投机，首选成长类，次选周期类。因为成长类相对容易把握，只要业绩增速没问题，有故事可以继续讲，行情就不容易反转。相对而言，周期类的节奏把握难度要大一些，适合经验比较丰富一些的投资者朋友。但无论是做成长类还是周期类，都需要你对行业有充分地深入研究。

如果是牛市环境，首选成长类，因为市场流动性宽松、资金充裕，需要炒题材讲故事，成长类的泡沫可以足够大。次选业绩增速非常好的消费类股票，因为比较容易把握。景气度非常高的周期性行业的股票也可以选择，但要注意把握节奏。

如果是震荡的市场，消费类、成长类、周期类都有机会，更重要的是看市场主线是什么板块。震荡市场中，市场每一阶段都会有自己的主线板块，跟随市场主线板块比你自己去主动选择板块效果其实要更好（跟随市场主线的方法我们在本书后面的章节中会给大家比较详细地讲到）。

如果是熊市环境，此时，板块行情持续性会很差，不能去跟风，因为会被"晾"在高位。熊市环境首选稳定类，次选消费类中的必选消费，周期类中景气度高的也可以考虑，但同样要注意把握节奏。

如果是买打新票，一定是买稳定类行业板块的股票。

至于金融类，在出重要的金融利好政策消息时可以短期炒一炒，比如降息降准、调印花税、证券市场改革、养老金入市、房地产利好政策等消息出来时可以炒几天，其他时间不太建议大家去关注。金融类里面少部分有成长股属性的公司，市场上有些人也会把它们当成长股来炒，这个大家见仁见智，自己选择。

行业板块的选择是很重要的一门功课，但纸上得来终觉浅，绝知此事要躬行。想要对行业板块选择有更好地运用，还是需要你多在市场上摸爬滚打，才会对很多行业有更深地理解。

三、选股的六大财务指标

1. 净利润的绝对值和同比增长

简言之，它指的是企业能赚多少，是利润总额中按规定缴纳了所得税之后公司的利润留存,一般也被称为税后利润或净收入。它是一家企业经营的最终成果,净利润多,企业的经营效果好;反之,净利润少,企业的经营效果差一些。同时,它也是衡量一家企业经营效益的主要指标,更是一家企业存活的根本(企业的每股收益EPS也和净利润息息相关)。

从会计的角度讲,利润是企业在一定会计期间的经营成果,其金额表现为收入减费用后的差额。利润总额由四部分组成:营业利润、投资净收益、补贴收入和营业外收支净额。

利润总额 = 营业利润 + 投资净收益 + 补贴收入 + 营业外收入 − 营业外支出

营业利润 = 主营业务利润 + 其他业务利润 − 营业费用 − 管理费用 − 财务费用

主营业务利润 = 主营业务收入 − 主营业务成本 − 主营业务税金及附加

其他业务利润 = 其他业务收入 − 其他业务支出

净利润的计算分为四步:

第一步:计算销售净额,也就是营业收入。

第二步:用营业收入减去销售成本得到销售毛利。

第三步:用上一步得到的销售毛利减去销售费用、管理费用等。再加上营业外收支得到利润总额,得到计算利润总额。

第四步:用利润总额减去应缴所得税得到净利润。与净利润相关的还有概念归母净利润、扣非净利润。其中,归母净利润的全称是归属母公司所有者的净利润。反映在企业合并净利润中,归属于母公司股东(所有者)所有的那部分净利润,计算公式如下:

归属于母公司所有者的净利润 = 扣除内部交易后的母公司净利润 + 子公司盈利中属于母公司的数额。

简单地理解为上市公司往往有一堆控股公司,这些控股公司中还有一些其他的外人小股东,上市公司在合并财务报表计算时,需要把属于这些外人小股东的收益部分减掉,减掉后才是归母净利润。

扣非净利润的全称是归属上市公司股东扣除非经常性损益后的净利润,非经常性损益是指公司发生的与经营业务无直接关系,以及虽与经营业务相关,但由于其性质、金额或发生频率,影响了真实、公允地反映公司正常盈利能力的各项收入、支出。简单地理解为上市公司每年的净利润里面会有一些杂七杂八的收入或损失，比如政府补贴、税收返还、罚款、非流动资产的处置损益等。正常情况下这些不会对一家企业当年的净利润产生很大的影响，但若是这些数额非常大，就会对企业净利润产生非常大的影响。有些情况下甚至还能把企业当年利润扭亏为盈，蒙蔽了很多投资者。所以，很多时候我们不仅要看净利润，更要看归母扣非净利润，这才是最真实准确的。

一家企业净利润的多少直接决定了日子过得好不好，我们看到很多知名企业，有品牌、有知名度、有声誉、有销量，但最后算下来净利润却惨不忍睹。典型的企业是蔚来汽车，在2022年前三季度累计净亏损人民币86.51亿元，同比暴涨361.8%，其中，第三季度净亏损超过2021年全年。第三季度交付新车31 607辆，同期净亏损人民币41.108亿元，平均每卖出一台车倒亏超13万元，亏损惊人。截至2022年9月30日，蔚来累计负债高达640.13亿元。这就是外在光鲜、内在艰难的企业。新能源车行业纵然有很多故事可以讲，有很多蓝图可以去勾画。但亏钱却是摆在很多公司眼前一个赤裸裸的现实，一些现金流不够充裕的公司甚至面临破产的风险。

在找好公司、好企业的时候，首先要看净利润，在市场上，公司可分为三种："辛苦不赚钱的""赚辛苦钱的""赚钱不辛苦的"。其中，我们要排除的是"辛苦不赚钱的"企业。辛辛苦苦一年还在亏钱（净利润为负）的企业则必须要排除，其中很多是垃圾企业，大家尽量不要去碰。

这一点或许有很多股民投资者不理解，他们可能会说：很多年年亏损的企业股价一样涨上天，比如2022年的"妖股"中通客车，公司亏损、入不敷出，股价却从3.85元一路飙涨最高到27.97元。然而这只是特例，这与中通客车的成妖和题材的炒作、游资的扎堆、资金的接棒息息相关，这种个例不具备代表性。更多的净利润为负的垃圾股一旦股价上涨很快会出现"A字杀"，直线拉升上去，直线砸盘下来。严重一些的还会出现连续跌停，连"逃命"的机会都不会给你。这样的情况你只要碰到一次，就可能会让你多年的盈利付诸东流。

如图3-18所示，"妖股"仁东控股（002647.SZ）2021年曾一度暴涨近300%，然后又经历连续14个跌停，市值一度蒸发超270亿元。而背后是很多融资客爆仓血本无归，还将十余家券商拖下水。我们只需看仁东控股的财报就可以证实，这家公司2020年每个季度都在连续亏损，这样的公司一年300%的涨幅显然是不正常的。事后的调查也显示，这是一只被操纵了的庄股，该庄家控制了不少个人账户的融资盘，以及场外配资盘，庄家被监管和司法部门控制后，按规定，融资盘被券商强制卖出致使该股开始跌停，配资盘闻风大举卖出，而仁东控股跌停后的成交量极低，且卖盘很大，导致连续跌停引发踩踏，最后投资者血本无归。这个例子告诫我们，没有业绩支撑的公司的股价即使涨高，也是镜中花、水中月，随时可能破灭。

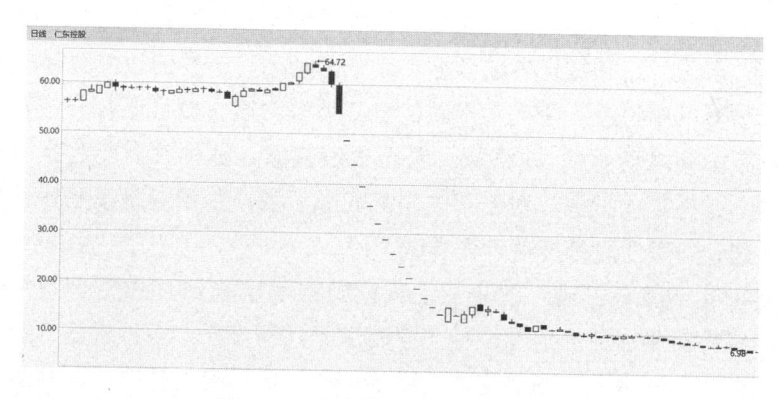

图 3-18　仁东控股连续 14 个跌停

而那些有业绩支撑，有净利润支撑的个股即使遭遇杀跌，相对而言都是有底线的，不可能像仁东控股一样无止境地杀跌。而且杀跌的过程中陆续会有一些资金来抄底承接，连续跌停的情况很少，至少还有"逃命"的机会。所以，挑选业绩净利润为正的公司股票，远离那些"辛苦不赚钱"的公司股票非常重要，这虽然不能保证我们一定赚钱，但这对股票交易者来说像是交易保护的底线，不至于跌入深渊。

远离亏钱的上市公司，远离它们的股票是一个很重要的原则。买亏损的上市公司股票，好比让你去花几十万元去买下一个持续在亏损的小店，我相信很多人都是不会干这种事的。但是却有很多人愿意花50万元在股市上买一个在不断亏损的上市公司的股票。这两种行为在本质上其实并没有太大差异。如果你买的是一家亏钱的上市公司的股票，你从买入的那一刻开始，你在胜率上就已经输了。

当然，在一些特殊的情况下，我们可以考虑买一些净利润为负的公司的股票，典型的案例是2020—2022年间的酒店、餐饮、旅游、民航航运、猪肉等行业的公司股票，因为受疫情和周期的影响，全行业都遭遇了困境，很多头部优质企业都持续亏损，此时的亏损并不能说明这些企业差，更不代表这些行业会就此消亡。随着疫情的逐渐消散、政策的支持、行业周期的反转，这些行业随时可能迎来复苏，这就是困境反转。做困境反转也是股市中很常见的一种炒作思路，也正是这种炒作思路的存在，你会发现在2020—2022年期间酒店、餐饮、旅游、民航航运、猪肉等这些连连亏损的行业的股价并没有大跌，有的股票行情甚至还跑赢了大盘。不过，炒困境反转难度还是比较大的，困境反转行业的股价因为本质上是在炒预期，所以，它和投资者的预期、政策的动向、盈利的边际变化关联非常大，节奏很难把握，因此，不太建议新手去尝试。而且还有一些人会去炒困境反转意味更强的ST股票，甚至去赌摘帽。这种就需要对公司的基本面有非常充足的把握，对公司的信息充分了解，否则就是在赌博。这种就更不建议一般的股票投资者去尝试了。

要排除"赚辛苦钱"的企业，我们经常可以看到有些企业上百亿的市值，每年销售额几十亿元，扣非净利润才几千万元。这种就是"赚辛苦钱"的企业，公司一年辛辛苦苦才赚了一点"蚊子肉"的钱，净利润率也才2%～3%，这种就属于盈利效率非常低下的公司。尤其当这些企业处于非成长型的行业时，资金很难有什么预期，根本不愿意给这些公司高估值。只有出现相关的题材炒作时资金才可能关注这些行业，而且这种题材炒作通常不会很持久，不会像在2021年和2022年看到的两波新能源赛道行情一样持久。新能源行情之所以可以走那么远，是因为它们背后有业绩和盈利支撑。

我们最要找的企业是"赚钱不辛苦"的，其中最典型的例子是贵州茅台了。它作为国内白酒行业的标志性企业，生产销售世界三大名酒之一的茅台酒。它具有悠久的历史，源远流长，是酱香型白酒的模范代表，有"国酒"的称号，在中国高端白酒市场纵横无敌。

正是由于品牌有得天独厚的优势地位，在整个产业链上，贵州茅台无论对上游原材料供应，还是对下游白酒经销商，都有很强的话语权，下游经销商提货都得现款现货，想先货后款都是不可能的。

上游原料低成本，产品销售价高昂，加上牢固的品牌护城河。使贵州茅台有着 91.87% 的销售毛利率、51.58% 的净利润率，日赚 1.6 亿元的净利润。同时，通过提量提价还能保持每年近 20% 的净利润增长率，是一家"躺着赚钱"的公司。

正是贵州茅台这种"赚钱不辛苦"的特性，让很多价值投资者趋之若鹜，也让北向资金疯狂追逐。

在寻找"赚钱不辛苦"的企业时，很多人也会掉进一个误区，认为只要企业是"赚钱不辛苦"的企业，股价一定会大涨。实际上并非如此，有很多的上市公司，比如四大行、两桶油、通信三巨头赚钱都非常容易。但你会发现它们的股价这些年来几乎都没有涨过。很多人不太理解为什么会这样，实际上是市场资金对它们没有什么预期，认为已经到达了天花板了，没有了成长性，所以，即使像工商银行赚钱这么容易，日赚 9.47 亿元，股民依然不买账。股价受很多因素的影响，上市公司净利润高赚钱容易只是股价未来持续大幅上涨的一个必要条件而已，如果想要自己买入的股票能够长期上涨赚钱，想要获得一个超过 50% 的胜率，那么，你一定要找"赚钱不辛苦"的公司股票，但找到了"赚钱不辛苦"的公司股票也并不意味着它未来一定会大涨，这个我们后面也会逐步分析。

2. 净资产收益率 ROE

它一个非常关键的财务指标，净资产收益率简称 ROE，反映企业获利能力的财务指标，是单位净资产在某时段的经营中所取得的净收益，其计算公式为：

$$净资产收益率 = (净收益 \div 净资产) \times 100\%$$

因为净资产是股东的实际权益，所以净资产收益率也叫股东权益报酬率。简单一点理解就是股东投入的资本每年获得的回报率大概在百分之多少。不管是上市公司的大股东还是只是买点股票的小股东，都希望自己投入的资金每年获得的回报率越高越好。虽然它不一定能直接转化成股价上涨的资本回报率，但它是企业资金投入回报率的核心指标。

因此，净资产收益率 ROE 一定是越高越好，那些净资产收益率只有 1%～2% 的企业基本上可以不用看了，辛辛苦苦一年，股东的收益率还没有存银行定期的收益高，这种效率是非常低的，投资它们意义也不是很大。即使这些公司股票短期可能因为题材或者市场热点炒起来，也会因为缺乏基本面的业绩支撑而缺乏大资金的持续流入接力，行情通常走不远。整体胜率也相对比较缺乏。

巴菲特的投资理念是"选择净资产收益率超过20%的企业"。相比于巴菲特这样的超长期纯价值投资，我们在实战中选股可以不做这么高的ROE要求，但至少也要在10%以上，最好是最近三年连续超过10%。但实际是绝大多数行业和公司都属于比较平庸的公司，A股大部分公司的ROE水平大概处于怎样一个区间。以2022年半年报为例：上半年，ROE为正的上市公司有近4 000家，占A股全部公司超八成。上证指数、深证成指、创业板指的ROE依次为5.52%、5.68%、6.78%，可以看出，大部分上市公司的净资产收益率ROE在6%附近。那么，我们在通过ROE选股时也就有了一个标准，6%相当于及格线，6%以下ROE的公司属于平均成绩以下，6%以上的属于平均成绩以上。从行业板块来看，煤炭盈利能力同比大幅增长近6个百分点，超过食品饮料登顶，平均ROE高达13.72%，主要原因是2022年上半年煤炭供应紧张，价格屡创新高，板块盈利得以大幅提高。像煤炭这种因为产品周期性涨价导致行业ROE提升，难以长期持续，一旦煤炭供需问题得到缓解，煤炭价格开始下跌，整个煤炭行业的ROE也将回归正常水平。如果拉长周期来看，食品饮料仍然是长期稳定且高ROE的行业，这也是为什么食品饮料行业是一个容易出长牛股的行业（背后有非常优秀的盈利能力作为支撑）。

另外，需要注意的是，有一些公司的净资产收益率ROE可能会出现一些非常高的情况，比如40%～50%，都可以看作是异常ROE，通常是因为公司产品短期出现大涨价或者短期的事件导致销量大增引起，不可持续。因此，很多时候需要我们去观察这家公司过去3年、5年的平均ROE，才能获得比较准确的ROE数据。如果这家公司的ROE一直维持在一个较高的水平，比如一些科技公司的产品处于销量爆发增长期，且公司又有很强的技术垄断优势，可以决定产品定价权，这时公司的ROE可能长期维持在30%左右非常高的水平，属于非常难得的公司，你一旦发现了要好好珍惜抓住机会。

净资产收益率是否能维持在较高（≥10%）的水平，反映上市公司业绩成长性是否较好。为了让证券市场上的资金流入获利能力较强、成长性较好的上市公司，证监会要求配股的上市公司，净资产收益率必须连续三年平均在 10% 以上，其中，任何一年都不得低于 6%。净资产收益率越高，表明公司的经营能力越强。

3. 每股净资产——作为参考

它是用会计统计的方法计算出每股股票所包含的资产净值。其计算方法是：用公司的净资产（包括注册资金、各种公积金、累积盈余等，不包括债务）除以总股本。股份公司的账面价值越高，股东实际拥有的资产越多。

这一指标反映每股股票所拥有的资产现值。每股净资产越高，股东拥有的资产现值越多；每股净资产越少，股东拥有的资产现值越少。通常每股净资产越高越好。每股净资产账面价值是财务统计、计算的结果，数据较精确而且可信度很高。

然而，实际上能够赚钱的净资产才是有效净资产，否则就是无效净资产。比如上海房价大涨之后，有一些人要对上海商业股净资产进行重新估值，理由是上海地价大涨了，重估后它的净资产应该大幅升值，但实际上这种升值不能带来实际的效益，可以说是毫无意义的，最多也只是"纸上富贵"。因此，每股净资产高低是可以被人为地进行修饰的。你可以拿来做一定的参考，但也不要过分看重。

4. 产品毛利率——要高、稳定而且趋升

它通常用来比较同一行业的公司产品竞争力的强弱，显示出公司产品的定价能力、制造成本的控制能力及市场占有率，也可以用来比较不同产业间的产业趋势变化。但不同产业，会有不同的毛利率水准。

我们要选择的公司一定是产品毛利率在行业内比较高，而且要具有稳定上升的趋势，若产品毛利率下降，那就要小心了——可能是行业竞争加剧，使得产品价格下降，如彩电行业，近十年来产品毛利率一直在逐年下降，而白酒行业产品毛利率却一直都比较稳定，比如贵州茅台的产品毛利率惊人，这背后反映的是产品强大的竞争力。从毛利率我们可以很直观地看到一家公司产品的竞争力。

5. 应收账款——注意回避

它是指企业因销售商品、产品或提供劳务而形成的债权，是伴随赊销

而发生的,其确认时间为销售成立。

应收账款是企业流动资产的一个重要项目。随着市场经济的发展和商业信用的推行,企业应收账款数额普遍明显增多,应收账款如果出现问题会对公司会有很多负面影响,具体如下:

一是降低了企业的资金使用效率,使企业效益下降。由于企业的物流与资金流不一致,发出商品,开出销售发票,货款却不能同步回收,这种没有实际资金回笼的入账销售收入,会产生相应的销售税金上缴和年内所得税预缴,如果涉及跨年度销售收入导致的应收账款,甚至还需要企业流动资产垫付股东年度分红,占用了大量的流动资金,长此以往一定会影响企业资金的周转,导致企业经营实际状况被掩盖。

二是夸大了企业经营成果。由于我国企业实行的记账基础是权责发生制(应收应付制),发生的当期赊销全部记入了当期收入。因此,企业账上利润的增加并不表示能如期实现现金流入。会计制度要求企业按照应收账款余额的百分比来提取坏账准备,坏账准备率一般为3%～5%。如果实际大规模的坏账,会给企业带来很大的损失,在一定程度上增加了企业的风险成本。

三是加速了企业的现金流出。赊销虽然能使企业产生较多的利润,但是并不能真正使企业现金流入增加,反而使企业不得不动用有限的流动资金来垫付各种税金和费用,加速了企业的现金流出。

四是对企业营业周期有影响。企业营业周期指的是从取得存货到销售存货,并收回现金为止的这段时间,营业周期的长短取决于存货周转天数和应收账款周转天数。不合理的应收账款使营业周期延长,影响了企业资金循环,使大量的流动资金沉淀在非生产环节上,导致企业现金短缺,影响工资的发放和原材料的购买,严重影响了企业正常的生产经营。

五是增加了应收账款管理过程中的出错概率,给企业带来额外损失。企业面对庞杂的应收款账户,不能及时了解应收款动态情况,以及应收款对方企业详情,造成责任不明确,可能会影响应收账款的按时收回,该全部收回的只有部分收回,能通过法律手段收回的,有时会形成企业资产的损失。所以,对应收账款应当尽量采取回避的态度,因为你无法判断这笔钱的未来究竟会怎样。

应收账款数量多,一般存在两种情况:

一是可以收回的应收账款，比如新兴铸管，其应收账款都是各地的自来水公司延期付款，自来水公司属于市政基础工程部分，就算其经营发生问题，但涉及民生问题，政府部门会用财政进行弥补，所以不用担心他们还不上钱，新兴铸管多年来都能够顺利收回。再如云天化的应收账款是由于和用户的货到付款方式形成的，所以，基本不属于赊销等方式，只是销售收入的确认"滞后"了，收回自然不成问题。

二是产品销售不畅造成应收账款多，这就要小心了，说明企业的产品市场销路有问题，只能采用赊销来消化库存，提高周转率，因此，不管其他财务指标变得有多漂亮也掩盖不了未来前景可能变坏的信号。对于这些应收账款突然暴增的企业我们要格外小心。

6.预收款——越多越好

它与应收账款恰好相反，是反映企业预收购买单位账款的指标，属于资产负债表流动负债科目。按照权责发生制，由于商品或劳务所有权尚未转移，所以，预收账款还不能体现为当期利润，但是，预收账款意味着企业已经获得订单并取得支付，所以，只要企业照单生产，预收账款将在未来的会计期间转化为收入，并在结转成本后体现为利润。

因此，预收账款的多少实际上预示了企业未来的收入利润情况，对于估计上市公司下一个会计期间的盈利水平具有重要的参照意义。特别是在我国经济整体处于供大于求的状况下，"先收款后发货"不仅避免了大多数企业面临的产能闲置、营销费用高企问题，而且规避了"先发货后收款"中存在的坏账可能。其背后更深层次的原因在于企业或所属行业竞争力或景气程度的提升。预收款多，说明产品是供不应求，在供求关系中卖方占据主导地位。预收款越多越好，如贵州茅台长期都有很多的预收款，表明公司在未来几年的销售会非常稳定。

四、排雷的四大维度

我们在做中长线投资时，排雷是一项必须要做的任务。投资的时间周期越长，意味着更多的不确定性，每持仓多一天，则多一天的不确定性，自然也会多一天的风险暴露。尤其是一些财务爆雷，会对公司股价造成不可逆的伤害，一次不注意造成的后果可能让你多年积累的盈利毁于一旦，甚至血本无归。

最典型的例子莫过于乐视网和康美药业，分别如图3-19、图3-20所示。

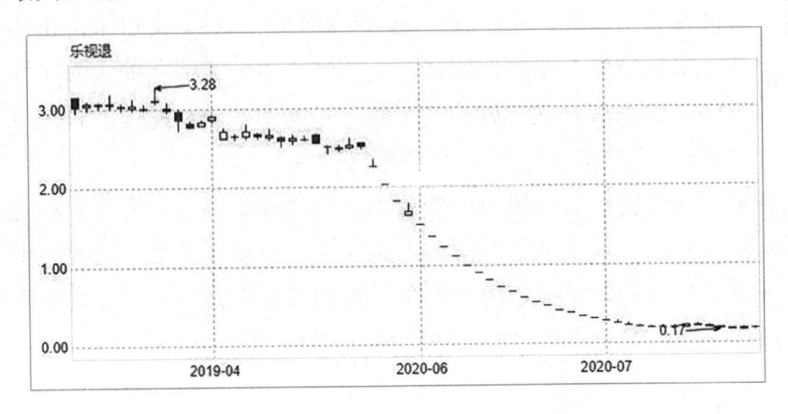

图 3-19　乐视网退市前的股价走势

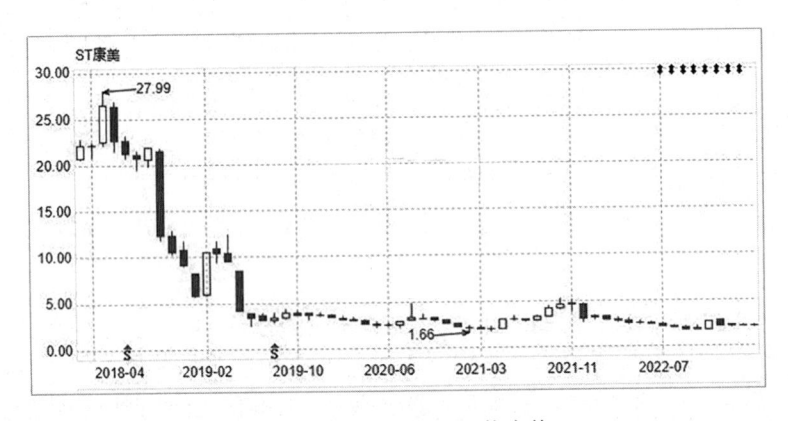

图 3-20　康美药业的股价走势

排雷可以帮助我们把大部分的风险排除在交易之前，通常从下面四个维度出发：

1. 防止商誉爆雷

你要特别注意商誉占净资产比例过高的情况，商誉的形成原因主要是企业合并时，付出成本与按比例享有的可辨认净资产份额存在差额，该差额看作能够享有被投资单位的商誉，也可以理解为"溢价"。当然，也有很多人把商誉理解为一家企业的好名声、好品质、好品牌等无形价值。但归根结底，商誉终究不同于其他资产，是一个看不见、摸不着的虚无缥缈的东西，一旦经营不善，会带来商誉的大幅减值。典型的例子是均胜电子（600699），在 2022 年 2 月对汽车安全事业部相关资产组的商誉计提减值，导致公司年度净利润下降 20 亿～25 亿元。而它的总市值不到 300 亿元，这样的商誉减值可谓重创，在股价上也充分反映，如图 3-21 所示。

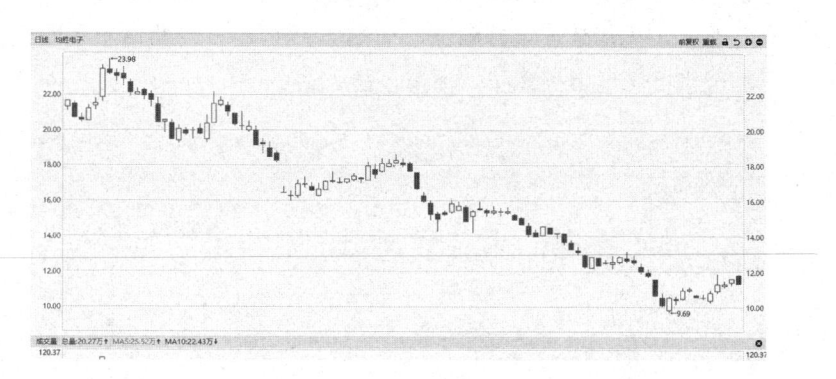

图 3-21　均胜电子股价走势

在 2021 年三季度末的时候，均胜电子的商誉账面余额占净资产的 39%，但前期从未计提大额商誉减值，这次减值，直接为财务洗了一次"大澡"。而且我们看到，即使到了 2022 年三季报，均胜电子的商誉依然高达 54.63 亿元，一旦进一步减值，很可能会造成更大的风险，需要大家特别小心，如图 3-22 所示。

资产负债表	
商誉	54.63亿
资产总计	529.99亿
负债合计	357.49亿
股东权益合计	118.42亿

图 3-22　均胜电子 2022 年三季报资产负债表

所以，商誉这个财务科目还是很容易藏一些猫腻的，有时为了利益输送，上市公司在兼并收购时甚至故意用高于公允价值很多的价格并购，就导致财报上产生了很高的商誉，而这些虚高的泡沫最后都会通过财务洗"大澡"——通过商誉减值来戳破。这背后受害最深的就是中小投资者，可谓哑巴吃黄连，有苦说不出。所以，如果是中长线投资，我们从一开始就要尽可能避开这些高商誉的公司。

2. 业绩造假

上市公司财务造假的案例屡见不鲜，乐视网、康美药业、康得新、同济堂、金正大等，甚至还有一些看似美好，未来前途一片光明的白马股。

它们的造假金额也同样让人为之震惊，对公司股价造成毁灭性打击的，一旦爆出，往往是连续性跌停，如图3-23所示，连断臂求生的机会都很少，甚至直接做退市处理了，不得不防。

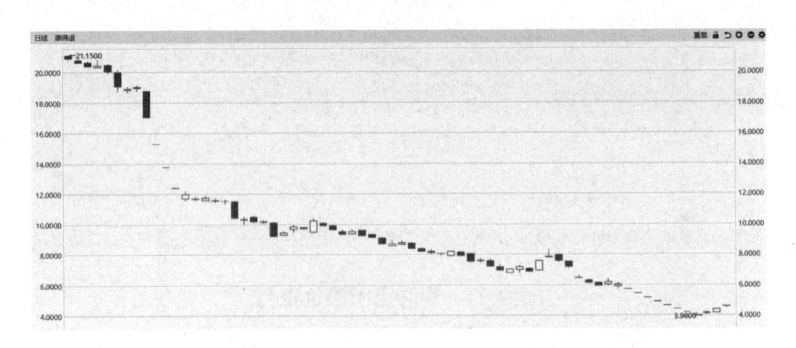

图3-23　康得新退市前股价走势

对于上市公司财务造假而言，利润造假是最常见的方式。有的利润造假是上市公司想融资，有的利润造假是想高位套现，有的利润造假是游走在退市边缘需要规避亏损，有的利润造假可能是为了完成业绩承诺。

上市公司为了虚增利润往往会虚增收入，无中生有，通过编造虚假合同，达到虚构业务、增加收入的目的。同时为了做戏做全套，还会编造虚假的采购合同、生产记录、原材料出入库单据。但天网恢恢，疏而不漏，财务业绩的真实性仍然可以从多个数据验证。比如存货、应收账款等。存货、应收账款过高或者某一个财务期内异常增长，脱离了公司正常经营需要及历史平均数据，是非常可疑的。另外，还有一种十分可疑的，就是存贷双高，货币资金和短期借款都很高，尤其是长期的存贷双高，它使企业造假的可能性非常大。我们稍微思考就能想明白：既然企业账上有大量现金，何必去付利息去借贷呢？企业借贷金额那么高，现金为什么不还贷呢？这是很不合常理的。像康美药业和康得新在财务造假爆雷之前，就被很多人质疑过大存大贷、存贷双高的问题，最后的事实也证明确实有鬼，如图3-24所示。

康美药业存贷双高

图 3-24　康美药业存贷双高的财务情况

因此，对于大存大贷、应收账款和存货异常等有常见财务造假嫌疑的公司我们一定要特别注意，尽可能避开。哪怕它们是很多人说的大白马，也不能盲目地买入，宁可信其有，不可信其无。这也是间接提高选股胜率的一种重要方法。

3. 行业风险过高

当整个行业处于风险之中时，我们需要对整个行业保持警惕。这种风险有可能是政策风险，比如 2021 年整个互联网行业都面临着整顿的风险，同时互联网头部企业的内生增长也遇到了非常大的瓶颈。在政策严监管和业绩增长乏力的双重掣肘下，整个中概互联网行业两年跌幅高达 73.87%，如图 3-25 所示。

图 3-25　中概互联 ETF 走势

其中，阿里巴巴回撤跌幅达到78%，腾讯控股回撤跌幅达到70%，百度回撤跌幅达到74%，拼多多回撤跌幅达到74%，哔哩哔哩回撤跌幅达到93%，快手回撤跌幅达到90%，小鹏汽车回撤跌幅达到90%，新东方回撤跌幅达到89%。

其间非常多的投资者亏了，有些是抱着贪便宜的心态去抄底，有些是抱着困境反转的思路去赌一把，结果损失惨重。当一个行业的政策环境、经营环境、市场环境面临巨大改变时，支撑它股价的逻辑往往会改变甚至崩塌，而且这种行业性的崩塌并不是一时半会可以扭转。博困境反转的收益自然很诱人，但同样你也要明白，博困境反转本身是一件胜率很低的事情，它的本质是抄行业的底。然而底只有一个是真的，其他的底都是假的，只有一次是正确的，其他时间你去抄都是错误的。所以，它本身是一个小概率成功的事件，这跟我们通过各种方法提升胜率这个目标本身是背道而驰。大家一定要切记：当整个行业处于一种困境中时，不管这个困境是政策带来的、经济环境带来的抑或是行业本身的市场环境、技术瓶颈带来的，这种困境都不可能在短时间内解除，这时你只要进场，你在胜率上就已经输了，你所选的个股股价随行业坍塌的可能自然也大幅增加。

4. 大股东质押比例过高

它是一个相对比较隐蔽的爆雷可能点，很多人往往不会注意到。为什么大股东质押比例过高也是一种危险呢？一方面，一旦整体大市行情不好，股价出现大幅波动，这部分质押的股份面临被强平的危险。严重的还会影响企业的股权结构，影响企业的正常经营。典型的例子是华夏幸福（600340），它的控股股东质押的股份占到了其持有公司股份的68.28%，而因为股价的连续下跌。控股股东质押的股份"爆仓"了。在2021—2022年期间连续被动减持（被相关金融机构执行处置程序），大量股份在二级市场被抛售，仅仅两年时间，股价下跌了84%，而这背后遭殃的都是中小股民投资者，惨遭血洗。尤其对中长线投资者是血本无归，如图3-26所示。

第三章 基本面选股——胜率的提升

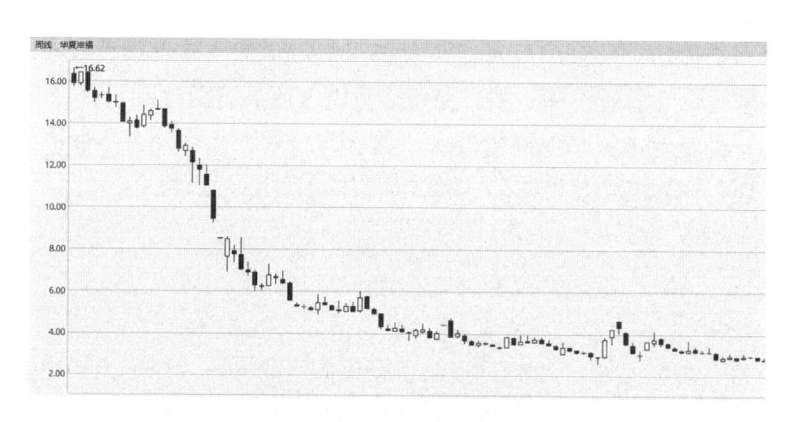

图 3-26 华夏幸福股价走势

另一方面，即使大股东大额质押没有出现爆雷被强平，这也并不是一件好事。大股东大额质押意味着公司大股东非常缺钱，需要质押大量股票获得现金，这些现金往往都会拿去"救急"。比如，救援股东的其他公司，或者维持岌岌可危的现金流，甚至被拿去赌一个项目，都不是什么好事，所以，对于股东质押比例过高的公司个股，你要特别小心，尤其大股东质押率 70%～80% 的，是需要预警的。如果大股东构成复杂，又有银行又有信托，说明大股东外部配资的行为较多，这些会给我们的交易带来额外的风险，一定要回避。

如果你想对某一家公司做长期投资，这四个维度可以避开一些常见的雷，从而间接提高胜率。当然，这并不可能完全杜绝爆雷的风险，因为 A 股市场中还有很多防不胜防的雷，是根本无法预见的，只是在自己可预见的范围内尽可能地去避雷。

五、评估股票的估值

股票估值本身包含着很多内容，尤其在价值投资派的投资体系里，股票估值是非常重要的一个环节。对一个价值投资派的投资者而言，估值位置直接决定了要不要入场及入场多少仓位。而在本书教给大家的交易体系中，估值仅仅作一个辅助参考作用，用来评估股价当前的位置，预估可能的空间，评估长期的潜在盈亏比，在部分情况下也可以用来提高胜率。

股票的估值方法主要可以分为：绝对估值法和相对估值法。

101

绝对估值法主要采用现金流贴现和红利贴现来计算股票具有的内涵价值，再来评价当前股价高不高。绝对估值法常用的有两种：

第一种是现金流贴现模型DCF，将上市公司在生命期内将要产生的现金流折现，计算出当前价值的一种评估方法，计算公式如下：

$$\rho = \sum_{t=1}^{n} \frac{CF_t}{(1+r)^t}$$

DCF估值法是最严谨的对企业和股票估值的方法，原则上该模型适用于任何类型的公司。但DCF方法理论完美，带有一定的主观性，过程略显复杂。看似精确，实际却很模糊，因为公司未来的现金流CF和折现率r都是假设出来的，本身就有很大的不准确性。

第二种是股息贴现模型DDM，根本逻辑是公司股票的价值等于股东能够从公司收到的所有现金流之和。其中还有多种细分，具体如下：

● 有零增长模型：

$$V = \frac{当期股利}{k}$$

● 有永续增长模型：

$$V_j = \frac{D_0 \times (1+g)}{k-g}$$

● 有多段增长模型：

$$V_j = \frac{D_0 \times (1+g)}{1+k} + \frac{D_0 \times (1+g)^2}{(1+k)^2} + \cdots + \frac{D_0 \times (1+g)^n}{(1+k)^n}$$

无论是DDM的哪一种模型，实际上是基于一种理想的假设，因为，其中两个非常关键的参数股息的增长率g和折现率k的取值，都是基于过去和当前对未来的假设。所以，整个计算结果也是过于理论的。

绝对估值法本身会更多用于金融理论研究或者会计计算，了解股票的绝对估值法可以帮助大家对股票的本质及股票的价值衡量有更深入地理解，但对股票实战作用并不大。实战中我们更多使用的还是相对估值法。

相对估值法主要用估值指标来对股票进行估值。常用的指标包括市盈率估值（PE）、市净率估值（PB）、市盈率增长率（PEG）。不同的指标使用的股票类型也有所不同。

1. 市盈率估值（PE）

市盈率估值（PE）＝股价÷每股盈利或是市盈率估值（PE）＝总市值÷总净利润

市盈率反映了在每股盈利不变的情况下，当派息率为100%，并且所得股息没有进行再投资的条件下，经过多少年投资可以通过股息全部收回。用一句话概括：市盈率反映的是投资者多少年可以回本，你出的价格是买这家上市公司的盈利能力。比如股价是20元，每股的盈利是2元，那么静态市盈率是10倍，意味着这家公司盈利能力不增长，以目前的股价投资，你10年可以收回成本。一只股票的市盈率越低，表示市价相对于股票的盈利能力越低，表明投资回收期越短，性价比越高，股票的投资价值就越大。市盈率越高，表示市价相对于股票的盈利能力越高，收回投资的期限更长，性价比越低，股票的投资价值越小。更进一步细分，市盈率还可以分为静态市盈率、动态市盈率和滚动市盈率三种。其中，静态市盈率是用当前的总市值除以过去一年（去年）的总净利润。动态市盈率是用当前的总市值除以明年的净利润（它是预测的，是不同券商进行估算的，比较虚）。滚动市盈率是用总市值除以刚刚过去的四个季度的总净利润后得到的。在实际使用中，静态市盈率是比较滞后的，因为是以去年的财务数据计算，对今年经营和盈利状态的变化无法反映，而动态市盈率又太过超前，以预测作为计算依据，也不够客观准确。所以，在实际使用中，我更建议大家用滚动市盈率，它是根据上市公司每季度的财报滚动更新的，所以，准确性和时效性更强，能够比较及时地反映公司经营和估值变化情况。

在实战中，一般会把市盈率用来评估一些业绩比较稳定的行业，比如医药消费、食品饮料、家用电器、农林牧渔等行业。当这些行业的个股市盈率处于历史低位时，则意味着当前处于估值很低的状态；个股市盈率处于历史高位时，则意味着当前处于估值很高的状态。而对于一些周期性行业，比如钢铁、化工、有色金属及一些新兴成长的科技股，市盈率并不是特别适用，因为它们的利润不稳定，对应的市盈率也会出现很多异常的波动。另外，大家在使用市盈率估值时还需要特别注意一点：不同行业本身的市盈率绝对值会相差很远。分别如图3-27、图3-28所示，我们看到最近10年银行业的平均市盈率只有6.45，而军工行业最近10年的市盈率却为85.42，两者差距非常大。

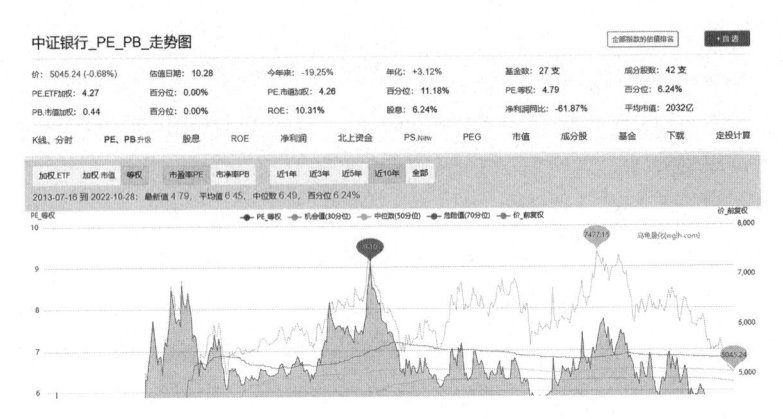

图3-27　中证银行指数市盈率PE走势图

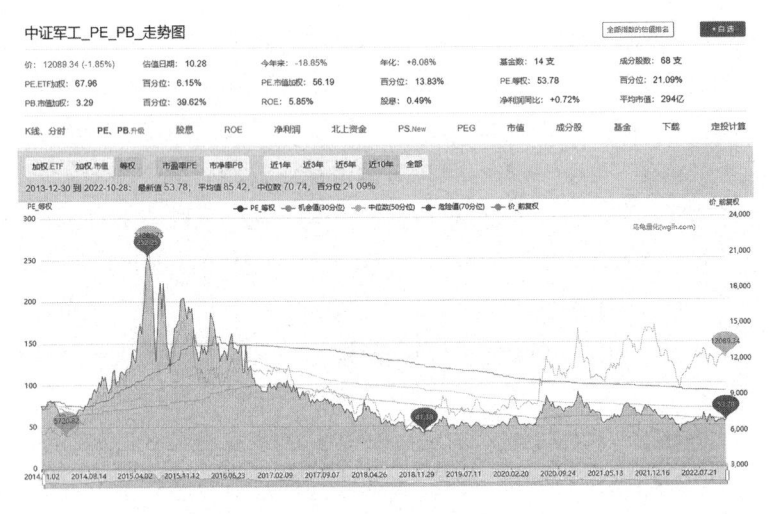

图3-28　中证军工指数市盈率PE走势图

我们能总结为投资银行股比投资军工股要更好吗？并不能，事实上，很多时候银行股的股价涨幅远不如军工股，分别如图3-29、图3-30所示。

图 3-29　中证银行指数走势图

图 3-30　中证军工指数走势图

所以，比较不同行业市盈率绝对值的高低并没有什么实际意义，对有的行业而言，10 倍的市盈率都是高估，对有的行业而言，100 倍的市盈率都是低估。对于芯片半导体、新能源、计算机信创、高端制造等高成长性的科技股板块，市场通常愿意给很高的估值，所以它们的估值本身会比传统行业的估值高出很多，甚至 100 倍、200 倍的市盈率都见怪不怪了。如果你照本宣科地用市盈率的定义，用 100 年、200 年才能收回投资成本来解释这样的情况，你反而容易错失很多科技股的行情。

所以，市盈率最实在的用法有两种：

一是与同行业其他公司比较，对于行业的龙头公司，市场一般愿意给出高于该行业平均市盈率的估值，也就是我们常说的龙头溢价。比如，在券商板块中，东方财富因为其互联网渠道的优势，财富业务的高成长性和业绩增长的稳定性，往往能够得到市场给予的更高估值，它的市盈率通常是要高于其他券商的。因此，对于市盈率估值长期高于同行业平均水平的公司大家一定要多留意他毕竟市场资金是用真金白银投票的，既然这些公司的估值能够长期高于同行业其他公司，必然有过人之处。当这个行业板块开始上涨时，这些公司肯定也是冲锋在前，在这些公司中挑选标的，实际上是在提高你的胜率，你的胜率一定高于买那些长期估值低于行业平均水平的落后公司或者无人关注的公司。

二是把市盈率跟本公司过往的市盈率情况做比较，看看当前的估值百分位，即可以判断当前是处于高估还是低估的状态，比如分众传媒（002027），如图 3-31 所示。

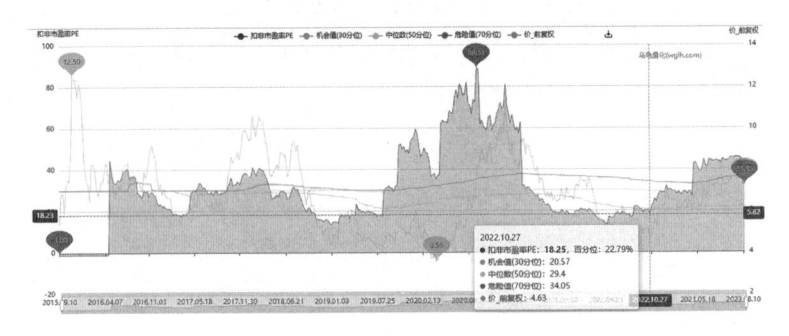

图 3-31　分众传媒市盈率 PE 走势图

我们可以看到，它在 2022 年 10 月 27 日时的市盈率是 18.25，最近 10 年的平均值是 53.81 倍，中位数是 29.4 倍，当时百分位是 22.79%。意味着它当前的估值比近十年 77.21% 的时间都要便宜，处于低估值的位置。知道这一点有什么用处呢？这里就要分情况了：

如果你是做长线投资，那么，低估值百分位意味着当前估值足够便宜，未来的上涨空间会很大，潜在赔率会比较高。当然，这也有一个很重要的大前提，就是这家公司面临的行业基本面没有特别大的变化，公司业绩的持续性和成长性没有被破坏，在这种情况下就是博赔率了。

如果你是做中短线投资需要相对小心了，因为你的投资周期偏短，你更看重的是短期内上涨的概率，而股票估值处于低位时，通常是股价还处于下降通道中时，这时的中短期胜率通常都不高。而当估值处于中高位甚至高位时，反而是资金在大量涌入抢筹的时候，是市场买入气氛非常热烈的时候，这时你做中短线的介入反而更容易获得更高的胜率，但不能过长时间持有，因为股价在高估值的位置通常会有很多的泡沫，不能长期维持，需要见好就收。当然，中高估值胜率高也有一个很重要的前提：公司的业绩是正常的,高估值纯粹是由股价上涨引起的,而不是公司净利润下降,每股收益下降引起的,这里需要做一个辨别。

总之,用好市盈率,判断好股价当前处于的位置,对于我们判断赔率和胜率有很大的帮助。

2. 市净率估值(PB)

在使用市盈率的实际操作中我们会发现,有一些行业个股在用市盈率来估值时经常出现完全相悖的结果:个股在市盈率处于历史低位的时候恰恰是股价处于历史高位的时候,如果按市盈率来判断低估,贸然买入,你很可能买在了山顶,正中"圈套"。这一类行业就是周期性行业,典型的例子包括钢铁水泥、有色金属、化工原料、房地产、工程机械、航运等。它们的产品价格和业绩会明显地受到经济周期影响,有明显的旺季和淡季差别,而且通常以几年为一个周期。这一类周期股在市盈率最低的时候往往是旺季阶段,公司业绩非常好,股价也涨得很高;在市盈率最高的时候往往是淡季阶段,公司业绩非常差,甚至连续亏损,这时股价往往也在低谷之中,甚至连续下跌。对于周期股,如果你用市盈率来进行估值判断,很容易掉进坑里,这时你就需要用上市净率,计算公式如下:

市净率 PB= 股价 ÷ 每股净资产 或是 市净率 PB= 总市值 ÷ 净资产

市净率的根本逻辑是你愿意花多少倍的钱去买一家上市公司的净资产,净资产相当于公司最后的家当,你愿意在净资产的基础上额外给多少溢价。它也是一个偏防守的指标,在不考虑其他因素的情况下,一般市净率越低,上市公司的安全系数越高。低市净率意味着投资风险小,万一上市公司倒闭,清偿的时候可以收回更多成本。

所以,考察市净率 1 是一个很重要的标准,当市净率跌破 1 的时候,我们常说它是"破净"了,意味着公司的市值已经比公司净资产还要低了。很多朋友可能会问,这是不是抄底的好时候?确实,市净率破 1 大部分情况下都意味着此时公司的股价已经被严重低估了,价格最终会回归价值,被严重低估的股价很难长期维持,最终会涨回自己的价值,只是需要多少时间并不确定。不过,也不是所有情况下市净率跌破 1 都是捡便宜的好机会,最典型的例子是银行业,如图 3-32 所示。

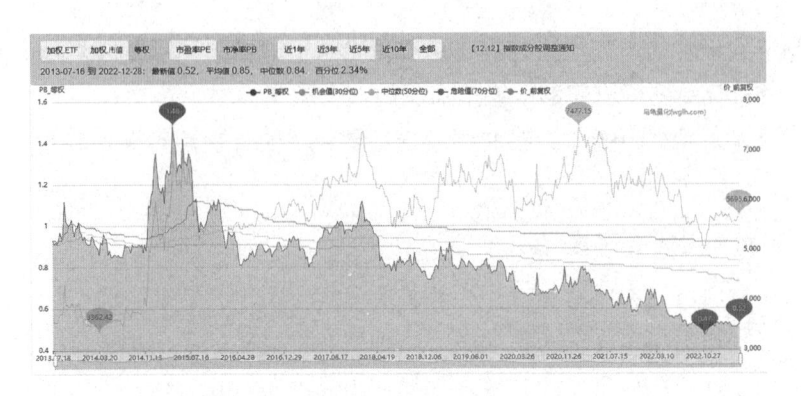

图 3-32 中证银行指数市净率 PB 走势图

银行股的市净率长期处于 1 以下，近 10 年的平均数只有 0.85，这是为什么呢？为什么总市值长期比净资产还便宜？这是因为银行是有不少的不良资产，市场普遍会认为打个折会比较安全，而且银行是不能随意收购的，所以，即使总市值跌破净资产，你也没有在二级市场收购再转手卖出去套利的可能性。故而，银行股的破净是没有什么参考意义的。还有房地产，房地产企业在评估净资产时跟房价的关联很大，而这里面是有很多水分的。所以，你会发现在房地产去泡沫的阶段很多房地产企业的市净率也大幅跌破 1 了。其中最典型的例子是融创中国，从最高价 46.21 港元一路跌到了 4.58 港元，市净率不仅早早地破 1，甚至一路跌到了 0.16，如图 3-33 所示，根本没有人接盘。这背后的主要原因是融创近万亿元的负债。

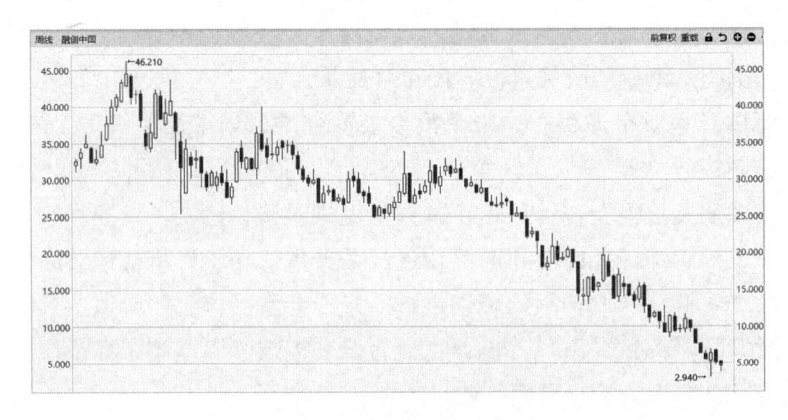

图 3-33 融创中国股价走势

所以，如果使用市净率进行估值时，也不应过分地看重绝对值，要像使用市盈率一样比较这家公司跟同行业的平均水平，以及当前的市净率在过往几年的时间中处于怎样一个位置。具体使用上可以参考我之前教大家用市盈率的方法。另外，相比于市盈率，市净率有一些优点，具体如下：

公司净资产相对比较稳定，增长缓慢，因此，市净率波动幅度不会很剧烈。市盈率因为受企业盈利影响，有时会产生非常剧烈的波动。同时，它不会受周期的影响，因而可以拿它来对银行、钢铁水泥、有色金属、化工原料、房地产、工程机械、航运等周期股进行估值。另外，市净率偏重防守，可以帮我们在熊市中找到一些防守性和潜在跌幅空间相对较小的股票。但是，因为市净率偏重防守，而且不能反映公司盈利情况，在牛市或者进攻性行情中，市净率相比之下就显得比较迟钝。并且市净率同样不适用于高成长的科技股的估值，一些科技股的市净率高达十几倍，如果你用市净率的定义就很难解释。对于这些高成长的科技股，就需要用其他的估值指标。

3. 市盈率增长率（PEG）

对于高成长的科技股，市盈率和市净率都不太适用，这时我们需要专门适用的指标 PEG。

PEG 是 PE 和 G 的比率。PE 是市盈率，G 是一家公司的净利润增长率。

$$PEG = 市盈率 \div 净利润增长率$$

一般在使用 PEG 时，我们会把 1 作为一个标准，PEG 指标如果小于 1，也就是市盈率小于公司净利润增长率，说明公司具备投资价值，而且越小越好。如果大于 1，属于偏高估的状态，越大越不好。

比如，一家上市公司的市盈率是 30 倍，看起来不算高，但如果它的净利润增速只有 25%，那么，它的 PEG 是 1.2，从 PEG 的角度属于偏高估的范围了。另一家公司市盈率是 50 倍，看起来属于很高位了，但如果它的成长性非常高，净利润增速有 75%，那么，它的 PEG 只有 0.67。从 PEG 的角度属于偏低的范围了，属于有投资价值的。通过这两个例子我们可以看出：PEG 解决了不同行业市盈率绝对值不能比较的问题，也解决了高成长的成长股未来价值不能被客观衡量的问题，既兼顾了价格，又兼顾了成长性，所以，PEG 对于高成长的科技股特别适用。而 PEG 对于银行、钢铁这些传统股不怎么适用。比如招商银行，目前的滚动市盈率只有 5.22，而净利润增速 14.21%。如果算 PEG 只有 0.37，看数据属于超低估的成长股，实际上并不是，股价同样也没有走出成长股的样子，如图 3-34 所示。

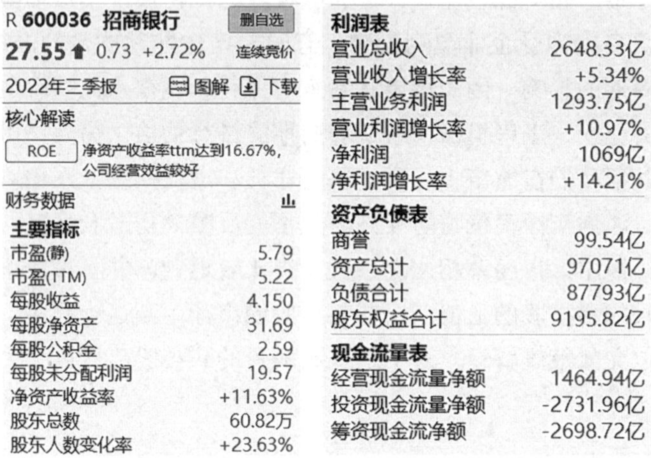
R 600036 招商银行 删自选
27.55 ⬆ 0.73 +2.72% 连续竞价
2022年三季报 图解 下载
核心解读
ROE 净资产收益率ttm达到16.67%，公司经营效益较好
财务数据

主要指标	
市盈(静)	5.79
市盈(TTM)	5.22
每股收益	4.150
每股净资产	31.69
每股公积金	2.59
每股未分配利润	19.57
净资产收益率	+11.63%
股东总数	60.82万
股东人数变化率	+23.63%

利润表	
营业总收入	2648.33亿
营业收入增长率	+5.34%
主营业务利润	1293.75亿
营业利润增长率	+10.97%
净利润	1069亿
净利润增长率	+14.21%
资产负债表	
商誉	99.54亿
资产总计	97071亿
负债合计	87793亿
股东权益合计	9195.82亿
现金流量表	
经营现金流量净额	1464.94亿
投资现金流量净额	-2731.96亿
筹资现金流净额	-2698.72亿

图 3-34　招商银行 2022 年三季报财务数据

所以，在选择 PEG 的使用对象时一定要注意，PEG 主要适用于芯片半导体、军工、新能源、计算机、互联网、高端制造等成长性非常强、市盈率普遍偏高的行业。

同时，在使用 PEG 时还有一点要注意：计算公式中的分子市盈率和分母净利润增长率的波动率非常大，尤其是净利润增长率，一旦财报中净利润增速出现比较大的变化，PEG 的值也会发生很大的变化。所以，在看 PEG 时需要参考近几个财务期内的平均值，同时，如果因为净利润增速变化导致 PEG 大幅变动，我们也需要去进一步弄清楚最近净利润增速的变化是短暂影响还是长期性影响，这一点也是大家在使用时特别要注意的。

总结：市盈率估值、市净率估值、PEG 估值是股票实战中比较常用的三种估值方法，它们适用的行业范围也有所区别，希望大家做好区分使用。

六、跟随机构选股的技巧

股票市场存在很多机构，而且在市场中随处可见，成为左右市场最重要的力量。而机构又可以细分为很多类：社保基金、产业基金、公募基金、私募基金、券商、保险资金、外资等。无疑，它们是整个股票市场上最专业的一批人。不仅专业化程度非常高，而且他们手中掌握的很多重要行业信息和公司信息也是一般散户投资者很难得到的。

前面几节讲了中长期选股提高胜率的几种途径：找好的行业、看财务的六大指标、多维度排雷、找估值合适的股票。但即使这些你都做到了，你仍然需要承认一个客观事实：作为一般的散户投资者，无论是专业度上还是信息量上都比专业的机构要差很多。而且更重要的是只有机构普遍看好的行业和股票才有可能出现持续性的上涨大行情，因为推动股价上涨最终还得靠这些机构的资金，仅凭散户的资金是没有这样的力量。最典型的例子是2019—2020年的"吃药喝酒"行情，在机构的大举买入下，以医药、白酒为首的"大白马"们走出了一段浩浩荡荡的上涨。2021年也正是机构资金主导了一轮新能源汽车、光伏、军工等赛道股的大行情。如果没有机构资金的买买买，是没有这么强的上涨力量。

有句玩笑说得好：打不过就加入。如果你对中长线选股没有太多的精力，那么，你可以用一种更简便的方法——抄作业。在机构已经持仓或正在买入的股票中选择自己认为适合的标的，虽然并不一定会涨，但经过专业机构筛选后，这些股票财务爆雷和业绩爆雷的概率会相对小一些，安全性更高一些。当然，如果你在比较正确的时间跟上了正确的机构，就很有可能坐上了机构的"轿子"，机构在建仓的过程把股价不断抬升，你坐享其成。所以，跟随机构选票往往也是一个提高潜在胜率非常好的方法。

但在实际操作的过程中，一定要注意，不同机构的特点很不一样。它们在投资周期、投资目标、选股风格上有非常大的区别，如果你不加辨别，只要看到是机购买的股票就一股脑跟投，很容易掉进坑里。接下来我分别讲讲不同机构的特点及跟踪方法。

七、社保资金

它是最为标准的价值投资者，不是投机者，其投资周期非常长，持仓周期常以几年甚至几十年。投资的范围主要是绩优蓝筹和有潜力的成长股，它持有的重仓股、新进股可能短期收益不高，但在长期具备较大的增长价值，是长线价值投资的高手，从 2001 年以来，除了 2008 年和 2018 年录得负收益之外，其余 20 年中，社保基金的投资均为正收益，年均投资收益率高达 8.3%，秒杀了很多专业投资机构。看起来这个收益很让人垂涎，但实际上，社保基金的作业很难"抄作业"。比如，2022 年三季度末社保基金共现身 620 只股票前十大流通股东榜。其中，新进 138 只，增持 197 只。这样一个庞大的股票组合，不要说散户，连其他机构都很难复制，而且社保基金下面是有很多子组合，不同子组合的管理人也不一样，不同子组合的选股风格和投资风格也会有所区别，很难跟踪，但不是不能跟踪，要讲究方法，在跟踪社保资金时，有两点要特别注意：

一是一定不能以短期投机的眼光去跟踪，毕竟社保基金在进场时根本不会考虑短期的盈亏得失。因此，你即使知道社保基金最新买进了哪些股票，也只能作为参考，并不意味着你跟进去马上就能盈利。

二是社保基金看中的是整体的大盘子，并不在意一两只股票的盈亏。同时，社保资金在买入后浮亏百分之四五十的股票也并不少见，因为社保基金盘子大标的多，一只股票浮亏百分之四五十对于全局并没有什么影响。然而，如果你想抄社保基金的作业，一下子全仓买进社保基金重仓的某只股票，百分之四五十的浮亏对你而言可能是致命的打击，所以，盯局部个股风险会比较大。

对于社保基金，盲目地跟买肯定很容易掉坑，但我们仍然需要去关注社保的持仓，比如在挑选股票时，如果有社保基金持仓，基本可以判断它是一家好公司，毕竟社保基金手中是国家的命脉钱，这些钱是不可能去投一些垃圾公司。另外，你还要看公司最新财报中社保基金的增减情况，它反映专业机构对这只股票的态度，如果社保基金这样的大基金在减仓，短时间内在盘面上也会造成巨大的抛压。

如图 3-35 所示，在北方稀土（600111）的十大流动股东情况表中，可以看到：社保基金———组合在 2022 年第二季度和第三季度在北方稀土上连续建仓和加仓。

第三章 基本面选股——胜率的提升

图 3-35 北方稀土 2022 年三季报十大流通股东变动情况

然而，其间北方稀土股价不仅没有涨，反而在一路下跌，如图 3-36 所示，这就是我说的跟踪社保基金的局部并没有太大意义，社保基金因为持仓周期久，组合分散，所以，很多时候可以做到完全左侧交易逆市建仓。这对趋势交易者来说是做不到的，但有价值的是社保基金的增持，则说明这是一只好股票，一旦它打破了下跌趋势，开始重回上涨趋势，我们可以从中找到一些入场的机会，这才是关注和跟踪社保基金的正确方法。

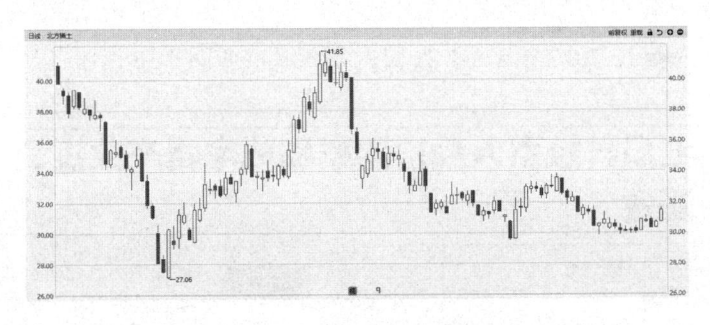

图 3-36 北方稀土股价走势

八、产业基金

国家产业基金是比较特别的，因为它们很多是横跨一级市场和二级市场的，而且它们投资的目的不仅仅是低买高卖赚差价赚资本利得，它们往往还肩负着另一个使命——产业扶持，对所投公司进行产业政策扶持，提

113

供相关的产业资源。最典型的例子是国家集成电路产业投资基金，也就是国家半导体大基金。它是专注于投资集成电路芯片制造业，兼顾芯片设计、封装测试、设备和材料等产业，我们在很多芯片半导体个股的十大流通股东名单里都能看到它的身影，如图3-37所示。

图3-37　北方华创2022年三季报十大流通股东变动情况

　　近年来，国家集成电路产业投资基金，在这些半导体芯片股上的投资也是赚得盆满钵满。比如，汇顶科技（603160），公司主要产品为电容触控芯片和指纹识别芯片，是我国指纹芯片领域的龙头公司。国家集成电路产业投资基金在2017年11月22日大举入股，如图3-38所示。

图3-38　国家集成电路产业投资基金2017年入股汇顶科技

　　当时，汇顶科技的二级市场股价是122.19元，到2020年2月，最高涨到了388元，最高收益达到217%，如图3-39所示。

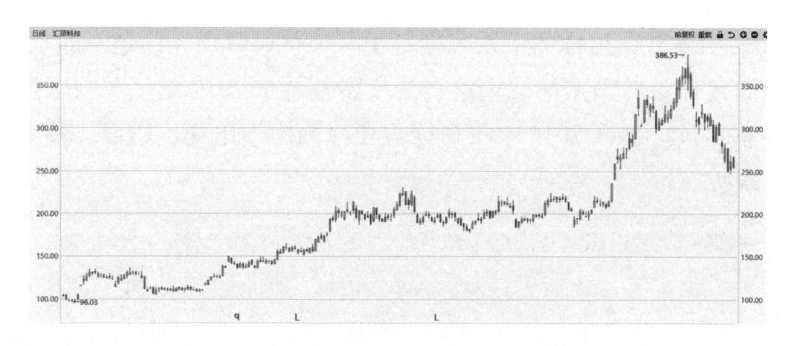

图 3-39 汇顶科技 2017—2020 年股价走势

又如，晶方科技（603005），是全球第二大能为影像传感芯片提供 WLCSP 量产服务的专业封测服务商。在 2017 年底，国家集成电路产业投资基金大举买入其 9.32% 的股份，买入价是 31.38 元/股，如图 3-40 所示。

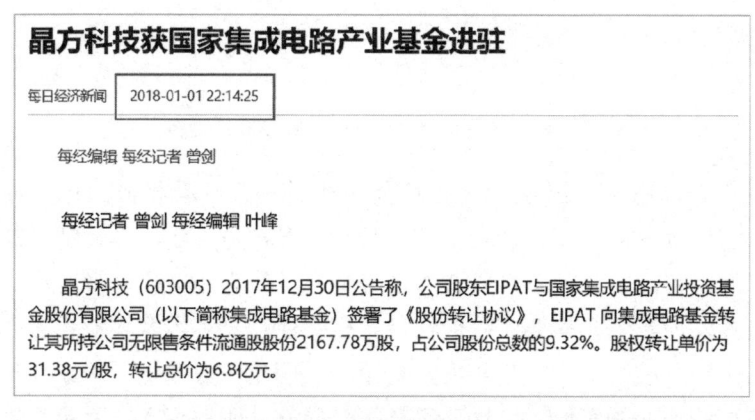

图 3-40 国家集成电路产业基金 2018 年入股晶方科技

2020 年 7 月，晶方科技股价最高涨到了 138.54 元，最高收益达到 341%，如图 3-41 所示。

在这些股票中，国家集成电路产业投资基金赚得盆满钵满。不仅是投钱，国家集成电路产业投资基金还给所投企业很多产业上的支持，促进公司自身的研发和产业发展。很多朋友可能会说：以后我直接跟着国家集成电路产业投资基金买，它买什么我就买什么。实际上并没有这么简单。比如，刚刚提到的汇顶科技，在国家集成电路产业投资基金买入后（2017 年 11 月），在 2018 年出现了最高 40% 的下跌。晶方科技在 2018 年也出现了最高 60% 的下跌。这样的下跌幅度对于一个普通散户往往是不能承受的，所以，即使你跟着国家集成电路产业投资基金在 2017 年底买入了汇顶科技和晶方科技，你在 2018 年很可能也要"割肉"出局，所以，我们并不能盲目跟买。

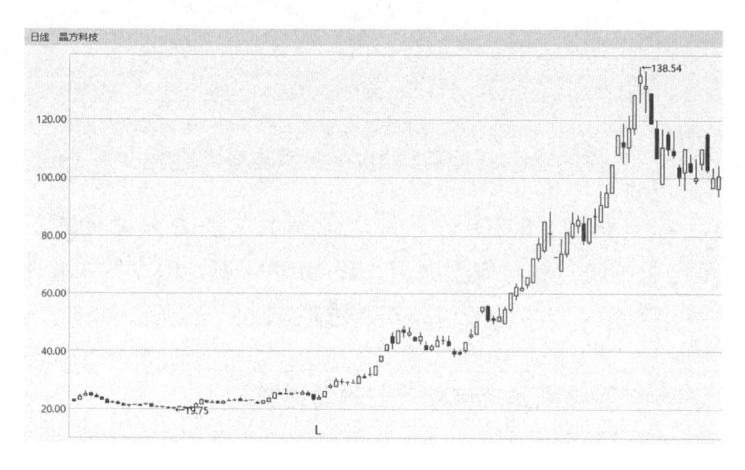

图 3-41　晶方科技 2017—2020 年股价走势

在投资风格上，国家的产业基金跟社保基金有着相似的地方，它们的投资都比较分散，而且持仓周期很长，很多都是几年，基本都是逆市建仓，长线持有，不计较单只股票的盈亏情况。作为趋势投资者，注定是抄不了作业，但我们同样要对它们保持高度关注，一旦国家产业投资基金开始对某个行业的公司大批量买入，要第一时间反应过来——国家要开始重点扶持这些产业的发展了，这并不意味着要立马跟进买入，而是先把它们列入重点跟踪观察对象，从国家扶持到业绩释放通常都还会需要一段时间，短则几个月，长则几年。一旦它们开始释放业绩了，也就是大波段的上涨要开始了，作为趋势投资者，需要去及时参与，这时候的胜率往往是非常高的。

九、公募基金

截至 2022 年，我国公募基金持仓 A 股市值占总市值的比例达到 7%，为近年新高。除去那些非流通股、国有股的持仓，公募基金已经是 A 股市场最有话语权的机构，它们的买卖行为对整个市场的涨跌起着关键性的作用。所以，观察公募基金的选股成了我们必须要做的一项工作，与强者为伍是在股票市场赚钱的捷径，要想提高自己的选股胜率，一定要选择与大部分公募机构站在一起，选它们青睐的板块和个股，而且要尽早地发现，因为公募基金建仓一定是阶段性行为，短则几周，长则几个月，往往会集中于某一两个行业板块。比如，2020年的白酒、医药、半导体，2021年的光伏、新能源汽车、军工，全部都是公募机构引爆板块上涨行情。公募机构有非常明显的抱团现象，会全部挤在几个赛道之中。如果你跟着公募基金在2020年买了白酒、医药、半导体，2021年买了光伏、新能源汽车、军工，那么，你会跟着它们赚得盆满钵满，而如果你没有，不仅不赚钱，还会亏很多钱。比如，在2021年公募机构都在慌不择路地抛售医药股时，如果你贸然买进去，无异于螳臂当车，如图3-42所示。

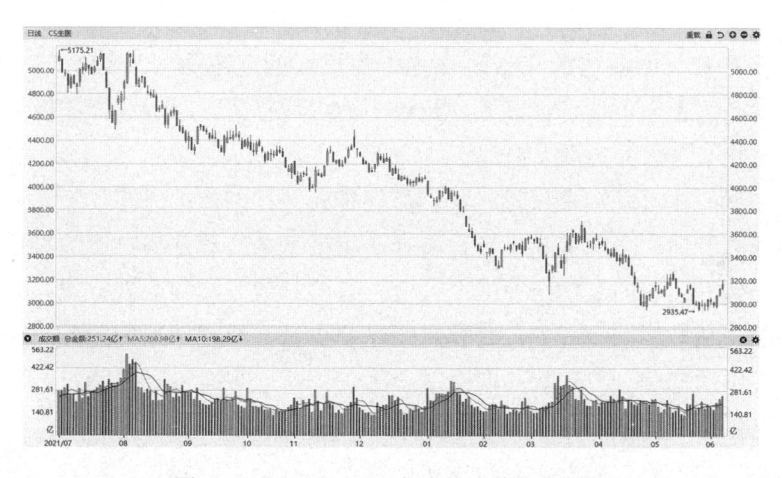

图3-42　2021—2022年生物医药指数走势

那么，怎样跟踪公募的持仓呢？

首先，我们可以看季报的持仓情况，根据中国证监会的规定，每季度结束之日起15个工作日内，公募基金需要公布季报和持仓。一般在1、4、7、10月各大基金季报都会公布，也有机构会把公募整体的持仓变化情况做一些数据分析，在网上也可以搜索到。比如，以2022年公募基金总体的三季报来分析。从行业持仓占比来看，三季度公募仓位占比较高的行业分别为电力设备及新能源（16.45%）、食品饮料（15.70%）、医药（10.27%）和电子（9.64%）；

其次，从超低配比变化来看，三季度基金超低配比上升排在前三的行业为国防军工（0.66%）、房地产（0.61%）和交通运输（0.52%），下降的是基础化工（-0.79%）、医药（-0.69%）和有色金属（-0.55%）；

最后，看超低配历史水平，军工、电力设备、新能源及交通运输板块超配水平已处于历史高位，而传媒、家电、计算机和医药等板块当前处于显著低配。

这里在分析的时候，有一个需要特别注意的点，季报披露的时候，实际上已经有几个月的延迟了，等季报出来的时候，其实是"事后的结果"了。实际股票操作中需要打一个"提前量"，所以，我们要重点关注公募目前有哪些高配和超高配的板块，这些板块意味着有大量潜在的卖盘，在选择时要特别小心，中长线尽量避开这些板块，即使做短线，也需要注意有突然下杀的风险。同时，留意那些低配和超低配的板块，对这些板块而言，存在着很多潜在的买盘，这些行业板块的基本面一旦迎来较大的反转，潜在的资金可能持续涌入，拉出一波主线行情，跟上这样的板块，你的交易胜率将会得到极大提升。

当然，在看基金季报时，我们需要带着一种整体的思路，不要只看某几个基金经理的十大重仓、新进持仓，每个基金经理都有自己的投资风格和持仓偏好。有的喜欢全仓一个行业；有的喜欢只买周期性行业；有的喜欢分散在很多不同的行业。即使是明星公募基金经理，他们的持仓也只是一个很小的部分，只跟踪一两个基金经理的持仓很容易一叶障目，看整个公募的持仓变化才是有价值的。

不过，不管怎样看，基金季报始终会有一个时间延迟的问题，有时等你看到季报的时候已经太晚了，板块已经起飞了。那么，我们有没有办法即时地看到最近公募基金又买了哪些个股呢？想直接看到是不可能的，因为公募基金的操作始终是一个不公开的"黑匣子"，但有一些间接的方法，可以在公募资金流入一个板块的早期看到一些端倪。分享一个我个人用得比较多的一个方法——看近5日资金净流入最多的个股。这个功能在同花顺或者东方财富上都可以看到。比如，图3-43所示的最右栏的资金流入净额就是净买额，十几亿元、几十亿元的资金净流入，这很显然是大机构的行为了，而且有很大一部分是公募基金在买入。看排名前20的股票，其中很多都是大市值的蓝筹股和白马股，即机构票。虽然它们分布在多个行业,但进一步挖掘我们会发现,这里面有两个板块的股票数量很多。贵州茅台、五粮液、舍得酒业、山西汾酒都属于白酒板块。宁德时代、天齐锂业、赣锋锂业、亿纬锂能、江特电机、中矿资源等都是锂矿和锂电板块。

序号	股票代码	股票简称	最新价	阶段涨跌幅	连续换手率	资金流入净额(元)
1	002594	比亚迪	280.20	16.80%	7.92%	36.75亿
2	300750	宁德时代	404.40	10.64%	4.36%	33.79亿
3	002466	天齐锂业	104.90	13.48%	16.45%	26.23亿
4	600519	贵州茅台	1516.57	11.51%	3.15%	24.83亿
5	601888	中国中免	197.09	17.70%	5.09%	20.21亿
6	000858	五粮液	150.00	9.09%	4.14%	18.89亿
7	600111	北方稀土	28.29	14.21%	13.93%	18.03亿
8	601012	隆基绿能	52.40	6.40%	6.06%	17.22亿
9	300059	东方财富	17.19	11.84%	13.38%	16.62亿
10	000625	长安汽车	12.80	13.37%	14.56%	16.11亿
11	002475	立讯精密	31.78	19.34%	6.70%	14.86亿
12	002460	赣锋锂业	89.86	17.25%	18.86%	14.46亿
13	300014	亿纬锂能	95.46	14.38%	7.06%	13.61亿
14	002176	江特电机	22.80	20.63%	23.71%	11.95亿
15	002603	以岭药业	34.93	24.39%	43.87%	11.64亿
16	002738	中矿资源	88.92	0.36%	29.55%	11.31亿
17	002459	晶澳科技	71.52	7.10%	10.25%	10.50亿
18	600702	舍得酒业	142.00	14.83%	16.29%	10.12亿
19	600418	江淮汽车	15.43	22.17%	35.68%	9.79亿

图 3-43 5 日资金净流入排名界面

补充:时间上我选择 5 日是因为一两天的资金流入流出具有很大的波动性和随机性,有些超短期资金可能今天进明天就出了,需要把这部分资金的进出情况给过滤掉。而 10 日又是一个偏长的统计周期了,用起来太过滞后,所以,5 日是一个比较合适的统计周期。

再结合行业板块近 5 日的资金流入情况,虽然最近 5 日在上涨的板块很多,但是我们发现,白酒和锂矿锂电两个板块的龙头公司被资金大举买入最多的,其中,很多都是公募基金在买入,如图 3-44 所示。

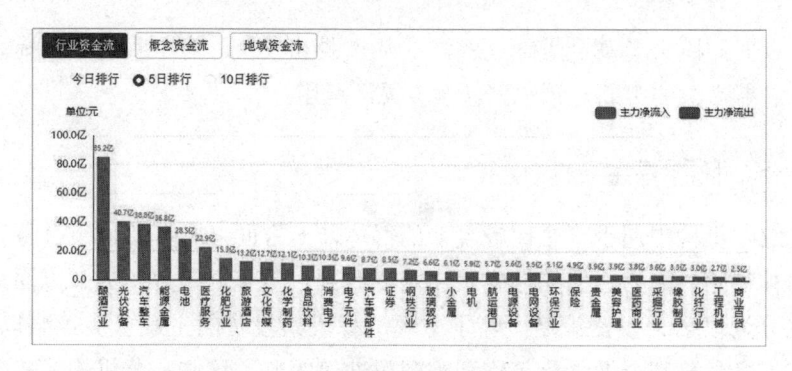

图 3-44 5 日行业板块资金流入排名

同时，白酒和锂矿锂电刚好也是最近比较超跌的两个板块，本身也具备反弹上涨的空间，分别如图 3-45、图 3-46 所示。公募机构大资金的建仓通常不大可能一两天就结束了，通常会持续一段时间。因此，如果近期的操作在这两个板块中进行选择，胜率会大幅高于我们在一些资金大幅流出的下跌板块。

需要注意的是，这样的跟踪比较适用于短期的操作，如果你想做中长线，还要结合板块本身的基本面去分析。

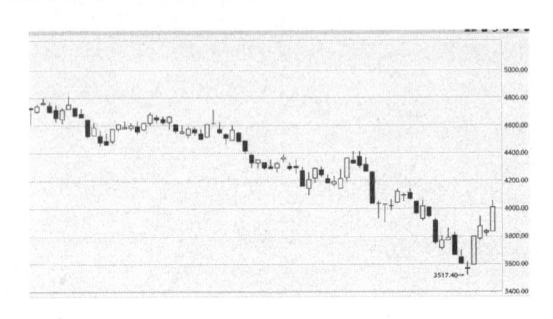

图 3-45　白酒板块走势图

图 3-46　锂电池板块走势图

及时跟踪公募基金近期在关注的热点股和板块，对于我们选股提高胜率有着非常大的帮助，希望大家学会灵活运用。

十、私募基金

它在机构中属于一个比较复杂的群体，一方面，私募相比于公募有更多的神秘感，因为它们的持仓更加难以看到，更难以跟踪；另一方面，私募也分为很多种投资策略，除了主观选择股票投资的主观多头策略以外，还有很多私募基金做量化策略和宏观对冲等策略，这些私募机构的持仓不具备参考价值了。而即便是在主观多头策略里，有一些做几年甚至十几年超长线价值投资，比如东方港湾，你更是无法去模仿，所以，我不花过多的篇幅去讲解私募基金的跟踪。只是大家万不可小看私募基金，截至2022年，百亿元规模私募基金机构已经有110家了。2021年，A股市场总成交257.21万亿元，日均成交1.06万亿元，尤其其间有连续49个交易日成交额破万亿的纪录，这里面就有一些大型的私募机构在做短线的量化交易，直接影响了整个市场的成交额。所以，私募基金的力量是不容小觑的。

十一、券　　商

券商资金在机构中的地位属于比较特别，我们对券商所熟悉的是它们的经纪业务，而实际上经纪业务早已不能贡献多少利润了，如图3-47所示。在2021年时券商自营业务对各大券商净利润的贡献已经达到了三分之一。券商自营业务可简单地理解为券商自己买卖股票炒股。

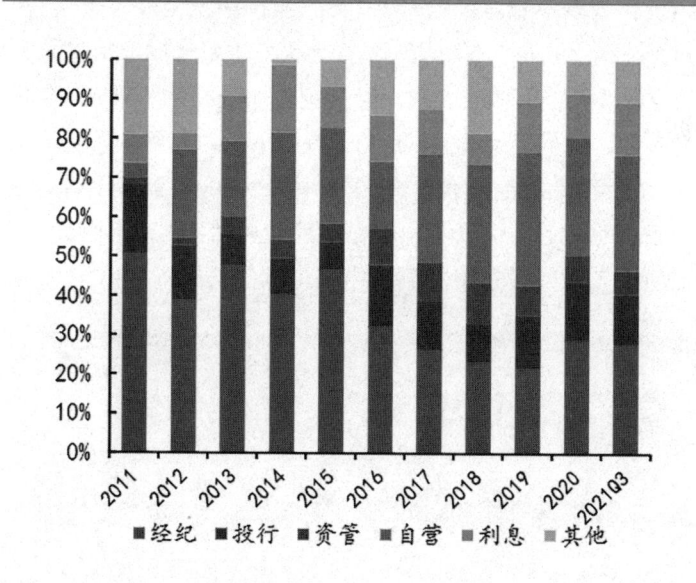

数据来源：中证协，中邮证券研究所。

图3-47　2021年度券商自营业务利润贡献度

如图3-48所示，可以看到，因为2022年整体行情不好，券商自营业务也发生了大幅的下滑。有一些券商的自营业务是亏损的。券商自营业务看似非常牛，但其实对整体行情的依赖度也非常大，做不好也会亏不少钱。

2022H1自营收入排名	上市公司	2022H1自营收入（百万元）	2022H1自营投资收益率(年化)	2022H1自营增速
1	中信证券	9,462	3.44%	-17%
2	中金公司	5,045	3.38%	-38%
3	申万宏源	4,381	3.24%	-5%
4	华泰证券	3,754	2.02%	-48%
5	国泰君安	3,582	2.44%	-46%
6	中国银河	3,402	4.96%	13%
7	招商证券	3,060	2.36%	-42%
8	中信建投	2,932	3.73%	-16%
9	国信证券	2,751	3.34%	-22%
10	方正证券	903	6.10%	70%
11	西部证券	714	2.55%	-28%
12	海通证券	692	0.66%	-90%
13	广发证券	650	0.90%	-84%
14	东方财富	631	3.10%	57%
15	山西证券	608	3.76%	-22%
16	光大证券	580	1.54%	-29%
17	国联证券	571	3.39%	13%
18	红塔证券	522	3.74%	-58%
19	东吴证券	439	2.52%	-69%
20	东方证券	410	0.93%	-79%
21	浙商证券	371	1.73%	-54%

图 3-48　2022 年度券商自营业务情况

券商自营在买卖股票的操作上与公募基金不太相同，它们有自己的特点。

首先，操作周期不长，一般是做几个月的趋势波段。

其次，在选择个股时，既看重基本面，又看重趋势性。既看重这家公司、这个行业的业绩成长。接着也会对这家公司做比较细致的研究，同时又看重盘面 K 线的走势，看重买入卖出节点的把握，下面为大家举例进行说明。

如图 3-49 所示是恒通股份（603223）在 2020 年 9 月开始出现了一波几乎没有什么回调的上涨，而这一波上涨正是中信证券所主导。因为我们在随后季报的十大流通股东中看到了中信证券的身影。

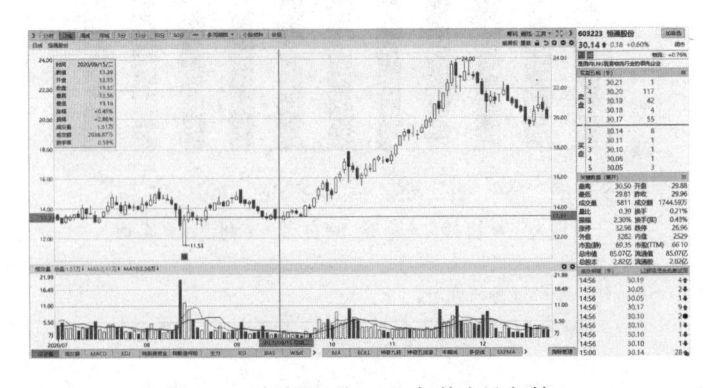

图 3-49　恒通股份 2020 年的上涨行情

第三章　基本面选股——胜率的提升

与之相似的是奥瑞金（002701），如图3-50所示。在2020年6月开始有一波持续了半年时间的震荡式上涨，这背后是招商证券所主导，因为我们在随后季报公布的十大流通股东名单中看到了招商证券的名字。

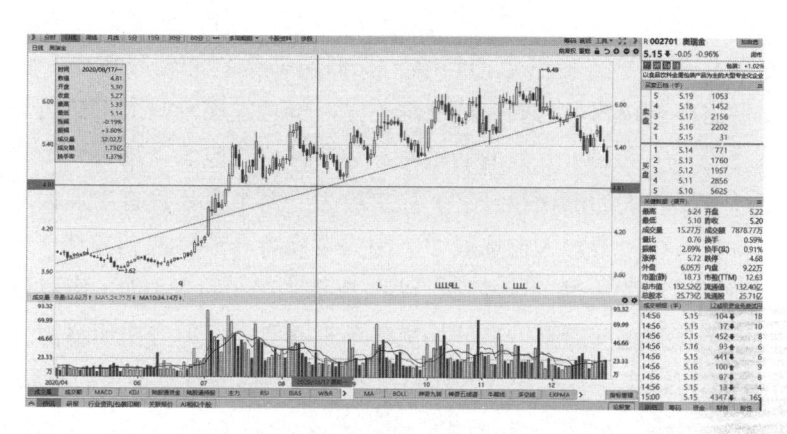

图3-50　奥瑞金2020年的上涨行情

从上面两个例子我们可以看出，券商自营盘在买卖时的一些特点：不同于公募基金喜欢找大市值的蓝筹股和白马股，券商自营资金喜欢找一些市值并不大的股票，有的甚至是100亿元市值以下。它们持仓时间相对较短，一般在一个季度之内完成了建仓、拉升上涨，最后出货。所以，它们的节奏比公募基金要快不少。同时，从K线图上可以看出，它们在拉升股价上涨的过程中，节奏是非常明显的，高低点错落有致，不是那种杂乱无章的上涨形态。

那么，从哪里可以看到券商自营资金买了哪些股票呢？在上市公司季报的十大流通股东名单里我们可以看到券商的名字，这表明券商自有资金在持有这只股票，如图3-51所示。

图3-51　十大流通股东的券商

在实战中我们会发现，跟踪券商自营资金的难度非常大。一方面，季报公布有非常长的滞后性，而券商自营资金建仓和持股周期又非常短，等季报出来后，券商自营资金已完成建仓、拉升，甚至已经准备出货了，这时你盲目跟进买入的风险很大；另一方面，券商自营资金比公募基金更加不透明，相较于公募基金的持仓，我们能够得到的信息更少，更难跟踪。即便这样难跟踪，也要保持跟踪关注，一旦发现一些上市公司季报的十大流通股东中出现了券商的名字时，你要看这些股票在过去一个季度中是否已经有比较大的涨幅拉升了，如果过去一两个月还没有出现大的涨幅拉升，就把这些股票加入自选股中，因为券商持仓通常都会有几个月的时间，后面很大可能会进一步拉升，这些都是"潜在拉升股"，需要保持跟踪关注。尤其是这些股票一旦开始突破前期高点，开始走出明显的上升趋势时，我们可以考虑择机买入。这对交易胜率的提升也有很大的帮助。

十二、北向资金

一般"北"指的是沪深两市，"南"指的是港股股市，北向资金是指从港股流入 A 股的资金。对应的，A 股也有流入港股的资金，被称为南下资金。因为 QFII 的配额逐渐严格，境外投资者要进行投资，要通过香港交易所的沪深港通进入 A 股投资。其中，北向资金的数据又分为北向资金净买额和北向资金净流入。

- 北向资金净买额：为买入成交减去卖出成交的差额，不包括申报后未成交部分。
- 北向资金净流入：当日限额－当日余额，净流入部分包括成交净买额和申报未成交两部分，申报未成交部分占用北向资金额度，未发生真实资金流动，不计入北向资金净流入。

在实际操作中，我们一般是看北向资金净买额，即实际成交的部分，这一点大家要特别注意，如图 3-52 所示。

很多人说北向资金是市场的"聪明钱"，一直是 A 股投资者判断市场的风向标。那么，北向资金的作用主要在哪里呢？

一是北向资金里很多是境外机构资金，它们中不少是价值投资者，主要立足于相关行业与公司的长期增长价值。因此，它们选择的一些个股标的可以成为我们非常重要的选股参考，以提高选股的胜率。

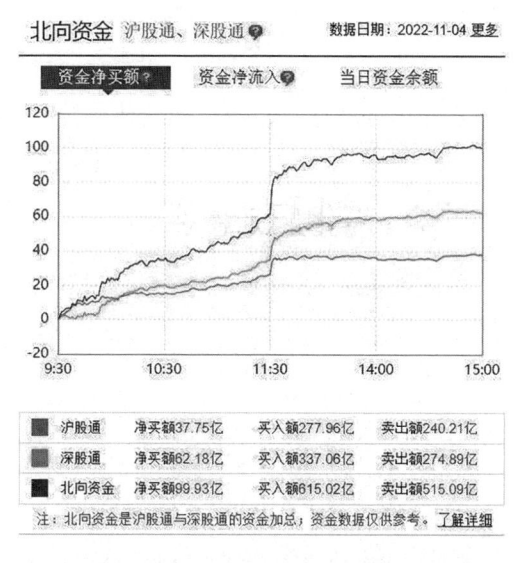

图 3-52　北向资金盘中情况

二是它是最透明、最容易观察的机构资金,我们在盘中可以看到北向资金的实时流入流出情况。这一点比公募基金和券商自营资金要好很多,非常方便 A 股投资者进行实时跟踪。

三是因为关注北向资金的机构和个人投资者非常多,常会产生羊群效应,有时北向资金在盘中突然一个大的流入就会带动整个市场情绪和资金流入,进而带动指数上涨。

可见,关注北向资金非常重要。在盘中,看北向资金的实时流入流出状态可以帮助我们判断当天市场的情绪,同时,北向资金在盘中流入流出的拐点有时也会成为当天市场指数转涨或者转跌的市场拐点,具备比较大的参考意义。

从选股角度来看,追踪北向资金也非常有助于我们提高选股胜率。虽然北向资金中也有一些做短线的热钱资金,但更多的是做中线和长线的机构资金。它们在选择行业和个股时会做比较深入的研究,它们的选择有可能会成为未来一两个月市场的主线方向。

图 3-53 为 2022 年 10 月北向资金净买入前 30 的股票,涉及的行业非常多,从有色金属、电力设备、医药生物到煤炭、银行、房地产,因为北向资金是一个大群体,包含各类的投资风格和投资偏好,所以,涉及的板

块自然也会比较多。我们用找公募基金加仓数据的思路来分析,首先看哪些行业最多。前30名里面,医药生物和电力设备是最多的,也就意味着北向资金在10月用真金白银地往医药生物和电力设备里"砸",这两个板块也出现了北向资金买入的共振,它们自然非常值得关注。

北向资金10月净买入前30股票

序号	证券简称	净买入额(亿元)	申万行业
1	天齐锂业	18.62	有色金属
2	京东方A	14.49	电子
3	派能科技	11.37	电力设备
4	先导智能	11.00	电力设备
5	卫星化学	10.69	基础化工
6	兖矿能源	10.43	煤炭
7	陕西煤业	9.92	煤炭
8	宁波银行	8.94	银行
9	德业股份	8.30	家用电器
10	韦尔股份	7.94	电子
11	三峡能源	7.57	公用事业
12	德赛西威	7.54	计算机
13	国电南瑞	7.28	电力设备
14	广汇能源	6.85	石油石化
15	招商蛇口	6.48	房地产
16	锦浪科技	6.12	电力设备
17	长春高新	5.85	医药生物
18	迈瑞医疗	5.69	医药生物
19	淮北矿业	5.56	煤炭
20	华友钴业	5.31	有色金属
21	中国神华	5.12	煤炭
22	西部超导	5.07	国防军工
23	大秦铁路	4.84	交通运输
24	广联达	4.79	计算机
25	凯莱英	4.52	医药生物
26	TCL中环	4.36	电力设备
27	拓普集团	4.17	汽车
28	一心堂	3.96	医药生物
29	兆易创新	3.68	电子
30	东方盛虹	3.67	石油石化

图 3-53 2022 年 10 月北向资金净买入前 30 的股票

如图 3-54 所示,结合板块走势,医药生物和电力板块确实是走出了一定的行情,同时,它们目前都不在高位,尤其医药还在历史很低的位置,所以,后市依然可能存在较大的空间,在选择板块时你可优先选择医药生物和电力设备。

第三章　基本面选股——胜率的提升

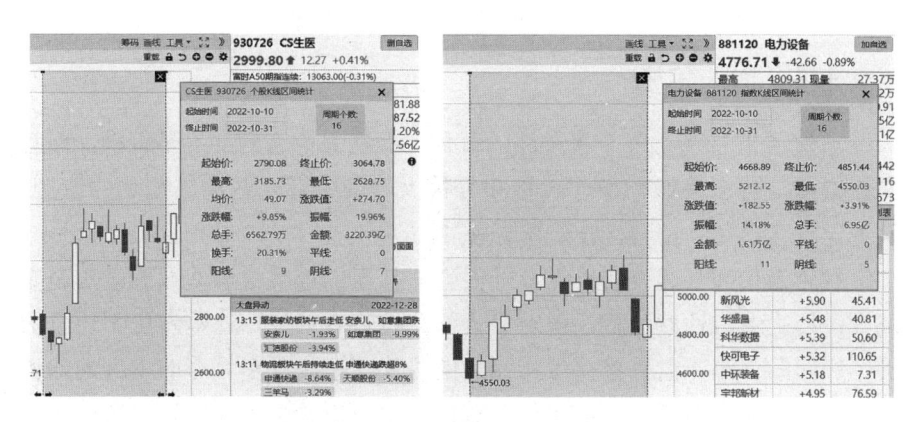

图 3-54　医药生物和电力板块走势

北向资金净买入最多的个股自然也要重点关注。比如，10 月北向资金净买入 5.69 亿元的迈瑞医疗（300760），如果你选这种北向正在大幅加仓的个股，资金的加仓行为仍有较大可能持续，意味着你在胜率上已占优势了。这一定是好于我们去选择那些无人问津的、连大盘都跑不过的板块和个股。

用前面教给大家的方法画支撑阻力位：迈瑞医疗处于上升波段中，且正在回调接近于下方支撑位，如图 3-55 所示，一旦在下方支撑位出现比较明显的"信号旗"K 线，则会出现高盈亏比的入场位，是很不错的买入时机。虽然单笔交易不一定盈利，也可能会亏损出场，但只要在胜率上和盈亏比上坚定地保持优势，长此以往，我们一定是可以保持交易系统的正期望值和稳定盈利。

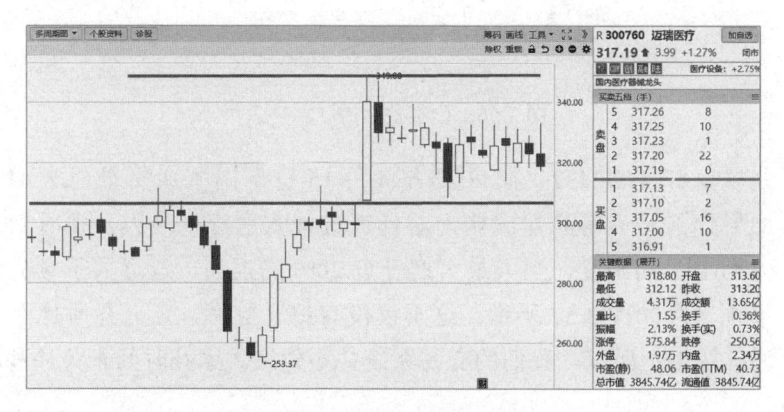

图 3-55　支撑位出现"信号旗"K 线

十三、游　　资

它是A股市场上一个很神秘的群体，严格来说它们并不是机构，而且门派众多，各自为政，操作风格差异很大。其中有一些比较知名的游资，普遍比较喜欢做小盘题材股，喜欢爆炒。

很多做短线的投资者，尤其一些喜欢打板的选手很喜欢通过盘后公布的龙虎榜去追踪这些游资。但对于大部分投资者来说，这些游资不适合去关注和跟踪。因为游资都是做极短线的热钱，短线进出具有非常大的随机性，经常今天进明天出，如果你盘后通过龙虎榜看到了这些知名游资买什么，第二天一开盘就勇敢地冲了进去，搞不好接他们的盘，买在高位。我们跟踪机构资金的最终目的还是用来提高选股胜率，而游资短线的极大不确定性和随机性对选股并没有什么帮助。相反，游资票还经常会因为题材破灭或者情绪退潮而造成"A字杀"，甚至天地板都非常常见，图3-56为创维数字（000810）典型的"A字杀"，哪里来又回到哪里去。

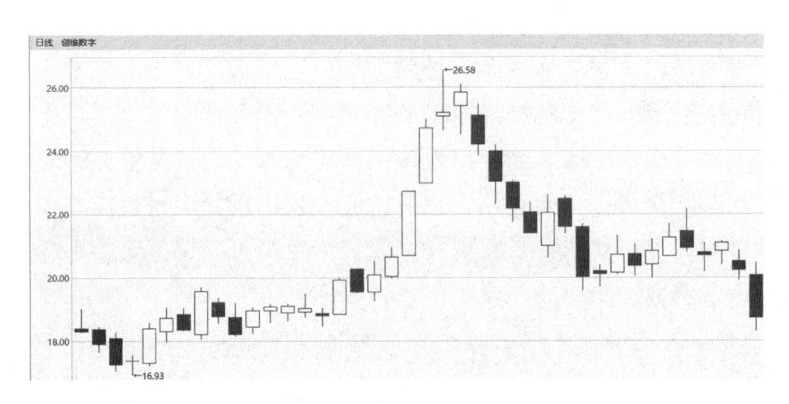

图3-56　创维数字的"A字杀"

九安医疗（002432）在2022年4月15日走出了成交量巨大的天地板，如果你前一天看到龙虎榜上游资在进九安医疗，当天开盘时匆匆杀入，因为T+1的制度，当天最大遭受近20%的损失，远远大于预先设置的止损幅度，如图3-57所示。这不仅没有提升胜率，还对盈亏比具有非常大的破坏力。所以，我们的交易系统并不建议大家花时间去关注和跟踪游资。

第三章　基本面选股——胜率的提升

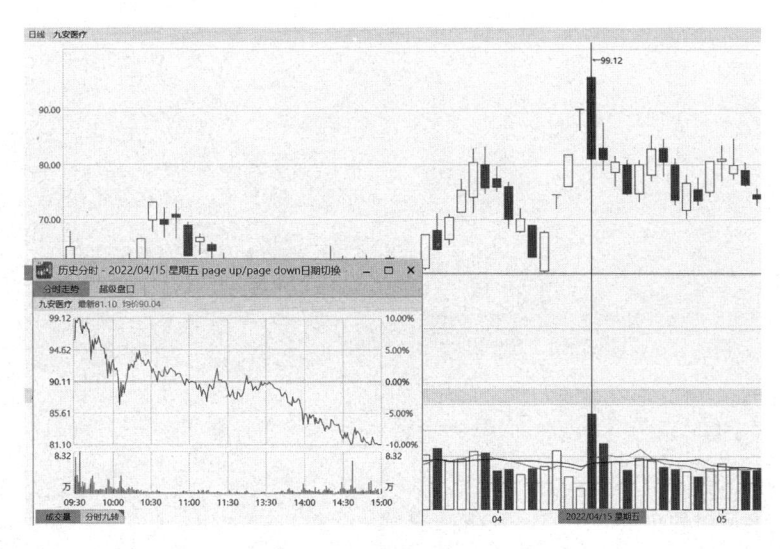

图 3-57　九安医疗的游资参与

总之，A股市场机构众多，无论跟踪哪些机构选股，本质都是为了提升胜率。一方面，专业机构的研究能力比散户要强很多，踩坑的概率比散户小很多；另一方面，机构建仓往往需要一段时间，具有持续性。如果我们能在机构建仓期间买入上车，则可以借机构资金之力实现盈利。"打不过他们就加入他们"，这对一般的散户投资者可谓省时又省力，必须要掌握好。

第四章

资金面助力——盘面胜率的提升

　　上一章中，我讲了如何通过挑选行业、财务指标、跟踪机构选股等方法选股票来提高中长线胜率。"股票市场短期来看是投票机，长期来看是称重机"，这也就意味着：从长期来看，决定一家公司股价能否上涨的核心一定是公司的基本面，即公司所处行业发展增速怎么样，公司财务状况怎么样，盈利水平怎么样，净利润增速怎么样。通过回答这些问题，我们可以把握一家公司股票的长期投资胜率。如果是从短期来看呢？对于持仓周期只有几天到十几天的短线交易，如何提升胜率呢？如果看很短期的话，完全是另外一套思路了，影响股票短期价格最重要的因素一定是资金和情绪，它们是推动股价短期内涨跌的直接推手。本章为大家讲解如何从资金面和情绪面的角度来提高短线胜率。

第一节　成交量的应用

有经验的股民朋友应该都听过"量在价先"的说法，成交量很多时候都是价格的"油门"，车速快慢要靠这个"油门"控制，股价涨跌要靠成交量配合。

一、成交量为什么重要

我们在很多投资市场都可以看到成交量指标，除了 A 股市场外，期货市场、外汇市场、美股市场等都可以用到，而且只是一个辅助参考的指标，而在 A 股市场，成交量指标能够更准确地反映市场大资金的情绪，成交量有时对于大市的走向具有很好的指示作用，是一个你必须要看的市场指标。

因为在期货市场、外汇市场、美股市场等实行的是 T+0 和多空双向交易制度，所以，其中的泡沫很多，成交量大小及相对变化并不能反映出市场真正的参与热情及大资金的态度。典型的例子是期货市场，有一些做极短线炒单的投资者可以在一天的交易时间中进出 100 多次，它们的行为很大程度地影响了期货市场成交量的大小，产生了很多泡沫，成为很大的干扰。同样，在美股市场，有很多做高频量化的对冲基金，它们在一天之中也会交易非常多的次数，为成交量注入了很多泡沫。T+0 和多空双向交易制度下，单凭成交量，你很难察觉市场大资金真正的交易情绪。

而 A 股在 T+1 和不能做空交易制度下（不考虑融资融券和股指交易），你在市场中一天最多只能做一个进出（一次卖出和一次买入），不可能像在期货市场中那样一天上百个进出。这样对投资者而言，资金规模加上股票持仓规模就决定了一天之中最多能产生多少的股票成交量，这是有上限的，不像期货、外汇、美股市场那样可以创造几十倍甚至数百倍于自己资金规模的充满水分的成交量。同时，A 股的交易制度决定了投资者手上必须有筹码才能卖出，不能凭空卖，做假成交量，而且市场上的总筹码有限。因此，A股市场上每天成交量的大小实际反映的是资金的态度，尤其是市场大资金当前对于筹码的态度，是市场大资金交易情绪的反映。

虽然，裸K交易系统并不用任何技术指标，但却非常重视成交指标，成交量指标对于做短线交易或者考察市场资金短线情绪有着至关重要的作用。接下来我将通过具体的方法和实例去教大家如何使用成交量指标。

二、量价十法则

量价关系是我们看短期盘面必须要具备的基本功。单纯地看K线、K线组合和形态，很多时候并不是特别管用，但如果结合成交量，短线的准确度会大大提升。同样是一根上涨的K线，缩量上涨和放量上涨很多时候意义完全不同，后市走势也会不同。同样是缩量，在顶部位置缩量和在底部位置缩量又有着很大的不同。掌握量价十法则，对于我们判断短线的走势会有很大的帮助。

1. 缩量上涨还将上涨

缩量上涨，尤其是很少量的无量上涨意味着什么？意味着目前市场上大部分人对这只股票没有什么交易意愿，要么是有筹码的人惜售不想卖，要么是行情磨了很长时间，手上有筹码的人被磨得麻木了，懒得卖了。所以，只要有很少的成交量，就能把股价拉起来，即缩量甚至无量上涨。

缩量和无量上涨最容易出现在以下两种情况中：

一是股价在底部或者震荡区间盘踞了很长时间，这时候的市场参与者对这只股票能否上涨或者上涨能否持续都持怀疑态度。所以都在观望，成交量很小，只要有少数、少量的成交就能让股价出现上涨。

二是这只股票流通市值非常小，比如只有一二十亿元，其中又有机构在高度控盘，握有这只股票的大部分筹码，市面上的流通筹码很少，导致市面上的资金都在抢这较少的一点点筹码，促使很少成交量把股价大幅拉升的现象，逻辑道理与涨停板比较类似。

两种情况都意味着上涨的动能还没有完全释放，后市将有极大可能迎来进一步大涨。

如图4-1所示，同力日升（605286）在2022年5月6日出现了一根成交量很小的涨停板，而且是非一字涨停板，一般非一字的涨停板都会有较大的放量，尤其还是在早上开盘低开的情况下，外面的资金买盘需要把上方的阻力卖单全部吃掉才能把股价送上涨停板，这个过程中必然要伴随着放量。而我们看到这个涨停板的成交量很小，和前两日小阳线差不多，甚至还不如上一根大阳线时的成交量。说明这只股票大部分的持股人都处于惜售或者观望的态度，卖盘压力很小，因此，买方拉升时的阻力自然很小，后市上涨的概率自然很大。事实证明也确实如此，从这根缩量的涨停板开始不断放量上涨，人气越来越旺。而且当时正好也是整个大盘4月26日见底后开始强力反弹的节奏，大盘和个股产生了上涨共振，后续的涨势持续了相当长的时间，这就是缩量上涨还将上涨。

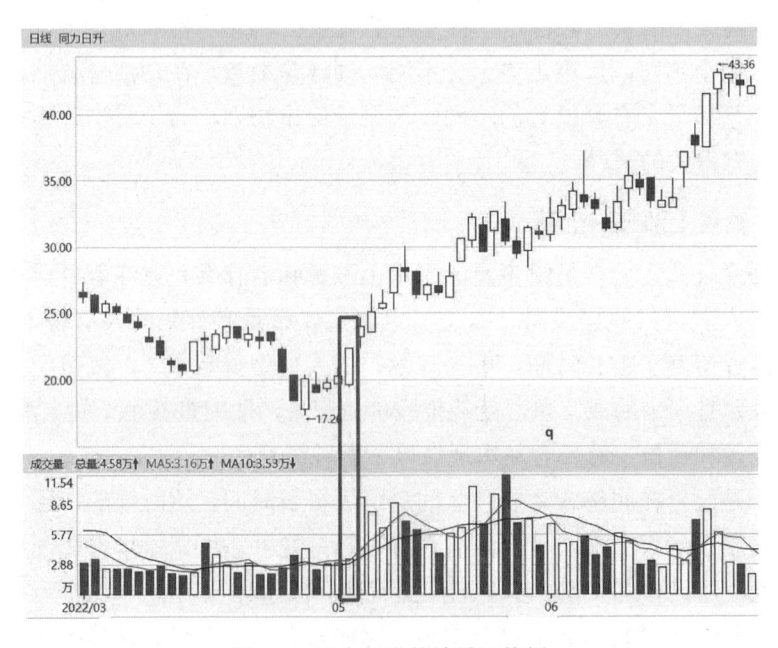

图 4-1　同力日升的缩量涨停板

2. 缩量下跌还将下跌

连续的缩量下跌意味着市场缺少买盘，股票持有人为了抛出手中的筹码不得不连续地进行"降价处理"，而场外愿意接盘的人寥寥无几，造成了成交寡淡的局面。但由于此时市场还不是太恐慌，没有出现大规模的恐慌性抛盘。在没有大规模的恐慌盘、割肉盘出来的情况下，市场往往还没

第四章 资金面助力——盘面胜率的提升

有真正见底，因为市场的风险还没有得到完全的宣泄。做个形象的比喻，连续的缩量阴跌像一个人不断地因为一些小事生闷气，不断地积累怒气，它会突然结束吗？不会。等到某一天这个人勃然大怒，把之前积累的怒气全部宣泄出来，甚至用一种很极端的形式发泄出来，这种怒气才可能到此为止。市场也是一样的道理，长期缩量阴跌是一个在积攒风险情绪的阶段，所以，后市有较大概率还会延续下跌，直到突然出现了放量的暴跌，把风险和恐慌情绪全部宣泄出去，才可能迎来触底反弹。

如图4-2所示，阳光电源（300274）是一个非常典型的例子，在2022年3月下旬和4月上旬阶段，阳光电源一直面临着一个很低成交量的连续阴跌局面（如果你对量价关系比较熟悉就会知道这时的股价非常危险），加上2022年3—4月整个大盘的市场情绪都不好，这时贸然抄底是非常危险的行为。虽然当时的股价看起来处于低位，具有很大的诱惑力，但很明显当时的阳光电源的下跌风险还没有完全释放。后面我们也看到，阳光电源出现了非常巨量的跌停，此时，风险情绪才开始得到完全释放。如果在3—4月它还在缩量阴跌时，急着去抄底，后果可想而知。所以，连续的缩量下跌往往意味着下跌还没有跌透，这一点希望大家看到时一定要小心。

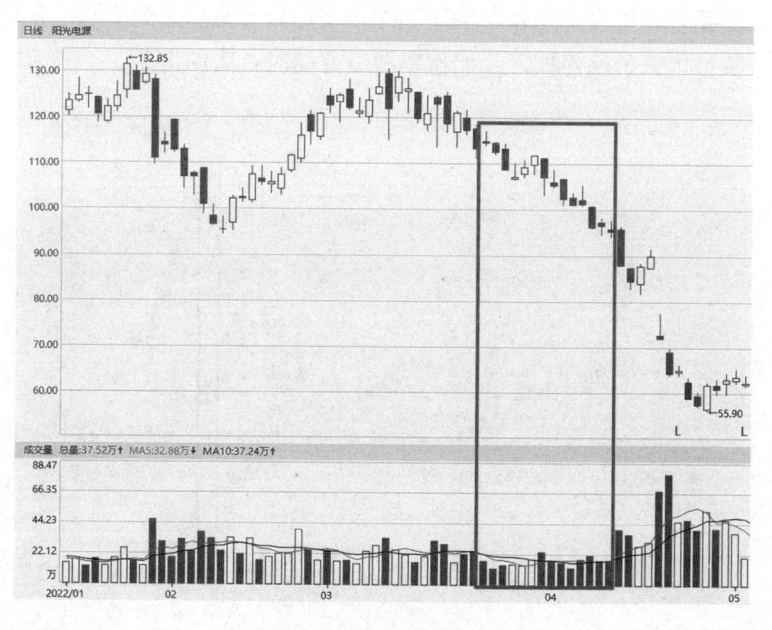

图4-2 阳光电源的缩量下跌

3. 巨量上涨易回落

这里的巨量上涨并不是指一般的放量上涨，而是成交量相较前几天出现明显且异常放大的上涨，当天的成交量甚至达到了前几天的三倍以上，这种信号比较危险，即使当天涨停了也不是什么值得庆贺的事情。为什么？因为放巨量意味着当天有非常多的筹码在换手，而能卖出这么多筹码的主体，显然是大机构，巨量意味着大机构可能在大量出货。虽然当天还有大量资金在承接，甚至还可能涨停，但巨量也意味着一下子把多方的潜能，把买盘的潜力给透支了，这是很不健康的上涨情形，后市自然很难继续上涨。

如图4-3所示，启迪环境（000826）2022年7月26日出现了一根非常长的下影线的涨停板，同时，当天放出了异常的巨量，当天成交量达到了前几日平均成交量的三倍以上。虽然当天涨停了，看似很美，但实际上蕴藏着巨大的"杀机"。因为大机构在这一天大量出货，虽然当天还是有很多资金去承接，很明显，去承接的很多是散户资金，即使当天顶上了涨停板，第二天只要稍微一个低开，开始出现亏钱效应，散户们就会夺路而逃，进而相互踩踏。事实证明：在随后的几天里，启迪环境出现了连续的大阴线杀跌，散户们多杀多，非常惨烈。最终K线走出了直上直下的"A字杀"，股价从哪里来又回到了哪里去。所以，当碰到这种突然放异常巨量的上涨一定要特别当心，哪怕当天是涨停板，我们也需要做好随时走人的准备。

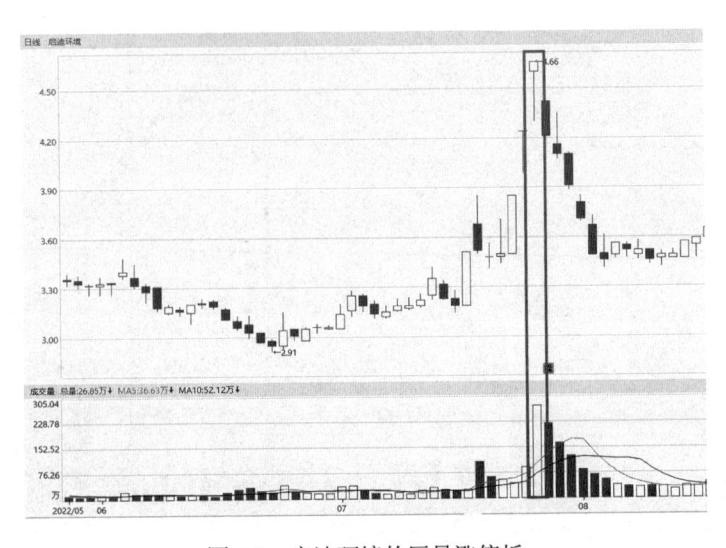

图4-3 启迪环境的巨量涨停板

第四章　资金面助力——盘面胜率的提升

健康的放量上涨应该是温和的放量上涨，也就是我们经常说的上台阶式的放量上涨。

如图4-4所示，诺德股份（600110）的整波上涨行情分为三个阶段，每一个阶段对应的日均成交量都是逐步温和放大，成交量图像是向上走台阶一样，一步一个台阶，是非常稳健的长期上涨形态，说明资金的交投逐步活跃起来，中间不断有新人参与其中，大机构没有突然跑路，而中间参与的人又陆陆续续赚到了钱，会吸引越来越多的人参与（想分一杯羹），所以，它是一种健康的上涨过程。

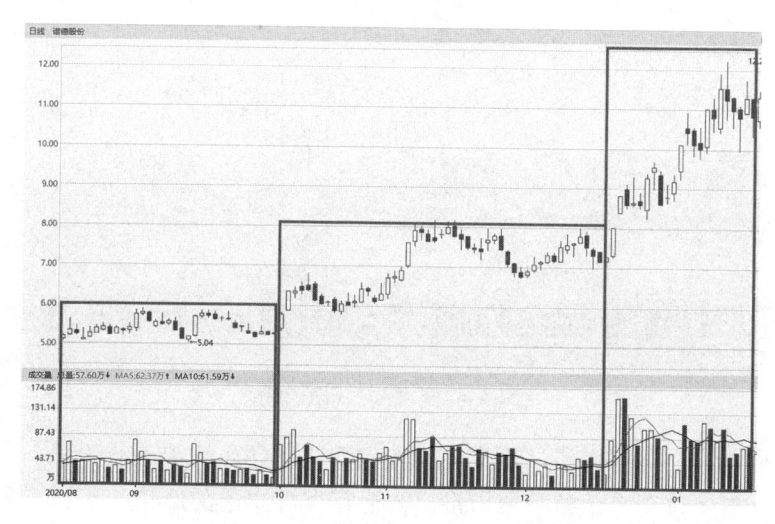

图4-4　诺德股份的台阶式放量上涨

4.巨量下跌易反弹

异常巨量是指当天的成交量是前几天日均成交量的三倍以上。它的大阴线下跌往往意味着风险和恐慌情绪正在被过度宣泄，等风险和情绪全部宣泄完往往否极泰来。同时，跟第三条法则类似，巨量的大阴线甚至跌停，意味着股价在当天的下跌中不断有资金抄底，甚至有很多大机构自己在抄底，不然成交量是很难放出巨量的。

同时，异常巨量的大阴线下跌比缩量的大阴线下跌或者无量的跌停要好很多，缩量的大阴线下跌或者无量的跌停意味着根本没有买盘去承接，而异常放量的大阴线看起来是大跌（当天），但它也吸引了大量的买盘，买盘从这里开始积蓄力量。如果公司在随后有利好消息或者市场情绪缓和，很容易开始一轮报复性的反弹，甚至见底反转都是有可能的。

如图 4-5 所示，水井坊（600779）在连续两日暴跌之后，在 2022 年 4 月 26 日又发生了一次异常巨量的暴跌，当天跌幅达 8.73%。很明显，这一天有大资金开始进场抄底，4 月 27 日，大盘在跌了近四个月后也迎来了报复性反弹的一天，有大资金抄底加上大盘市场情绪回暖反弹，产生了共振，水井坊的股价随后开始了一波最高涨幅达 42% 的上涨潮。

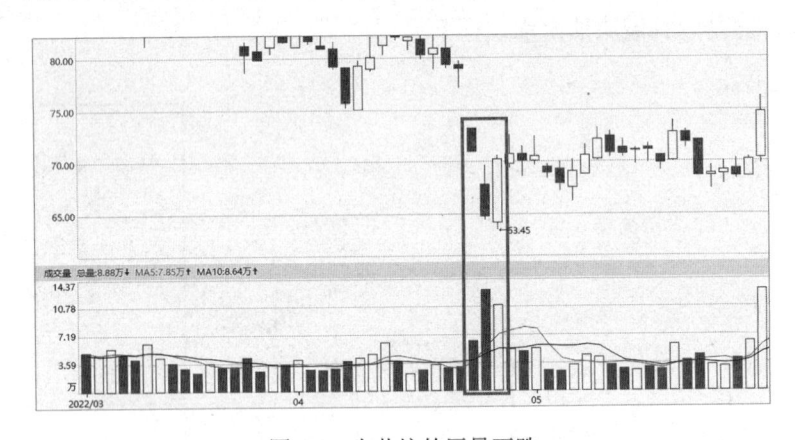

图 4-5　水井坊的巨量下跌

俗话说，危中有机，巨量下跌的大阴线往往是危中蕴藏"机"。因为它昭示着多方正在此处积聚力量，甚至有大机构正在抄底，后市可能会迎来报复性反弹。这种报复性反弹能走多高、多远要靠这只股票基本面怎么样及大盘指数整体走势如何。如果能形成共振，走出一波"肥美"的大行情也是有可能的。

5. 缩量不跌，筑底成功

我在第二条法则里给大家讲过，缩量下跌还会跌，因为风险和杀跌情绪还没有完全释放。如果缩量不跌呢？比如缩量的连续小阴线小阳线交错形成的震荡，这种我们可以看成是短期的筑底成功，逻辑很简单，首先，缩量意味着交投清淡，多方和空方都没有太大的买卖意愿，而震荡意味着一种势均力敌的平衡。尤其当股价前期经历过一轮较大的下跌之后，在某一个位置出现缩量止跌，往往意味着短期筑底成功。但这个底是不是最终的底，还需要看整个市场指数的走势。如果市场情绪开始回暖，那么，这个底部可能是一个比较大的底部。如果市场情绪一直较差，那么，当前这个缩量的平衡区域可能会被进一步打破。缩量筑底的区域下一步是反转还是继续下跌取决于突破该筑底区间的是放量的大阳线还是放量的大阴线。

如图 4-6 所示，中科三环（000970）经过一段时间的下跌后，在 2022 年 3—6 月形成了一段成交量非常低迷的震荡区间，开始是缩量阴跌，后面转为缩量不跌。这时我们可以开始关注，这段时间中科三环的股价走势一直处于一个缩量的弱平衡阶段，且重心从逐步下移转为逐步上移，多头逐渐取得微弱的优势，该阶段意味着短期筑底成功。如果希望后市迎来彻底反转，我们需要等待一根放量的大阳线出现。终于在 6 月 23 日一根放量大阳线拔地而起，这时是非常好的趋势跟进时机，后续确实也出现了几根连续的放量大阳线。事后来看，那段极度缩量的震荡区间正是一段筑底区间，也是一段积攒力量蓄势待发的区间。

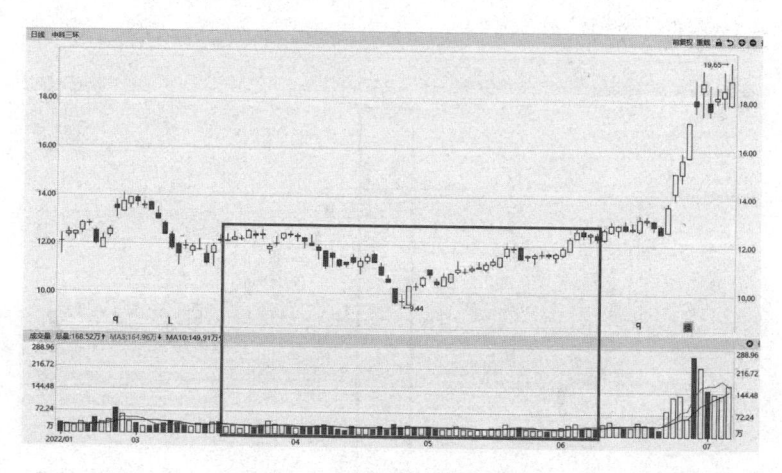

图 4-6　中科三环的缩量筑底

6. 放量不涨，头部将现

成交量放得很大，但股价却停滞不前，意味着什么？很显然，股价在这里遇到了非常大的阻力。遇到阻力的原因很多，可能是因为前期涨幅太大，当前位置有很多人想及时兑现盈利走人；可能是因为当前位置是非常重要的技术上的压力位和阻力位,很多技术派的资金在离场;也可能是因为突然出了什么消息,大家对之前支撑股价上涨的基本面逻辑和看法产生了巨大分歧。不管是出于哪一种原因,放量滞涨终究都不是什么好事情,尤其是这种滞涨持续了好几天的时候,意味着多方在这里遇到了巨大的压力,需要用九牛二虎之力才能将价格往前推进一点点,这时往往离股价顶部不远了。一旦多方的资金推动力量开始松懈、开始动摇,股价很可能一泻千里。

如图4-7所示,2022年8月通富微电(002156)在经过一波快速拉升后,股价处于短期高位,随后连续一周的时间,每天成交量都很大(相比2022年7月),但是股价却寸步难行,每次一旦冲上去就被巨大的抛压打下来。整整一周的时间股价都处于放量滞涨的状态,毫无进展,多方在这个位置耗尽了元气。之后,随着多头开始泄气,股价开始一泻千里,这就是"放量不涨,头部将现"的意义。如果你持有的股票在高位出现了放量不涨的滞涨状态,就需要及时考虑减仓或者清仓了,不要等多方开始溃败的时候才想到减仓和清仓。

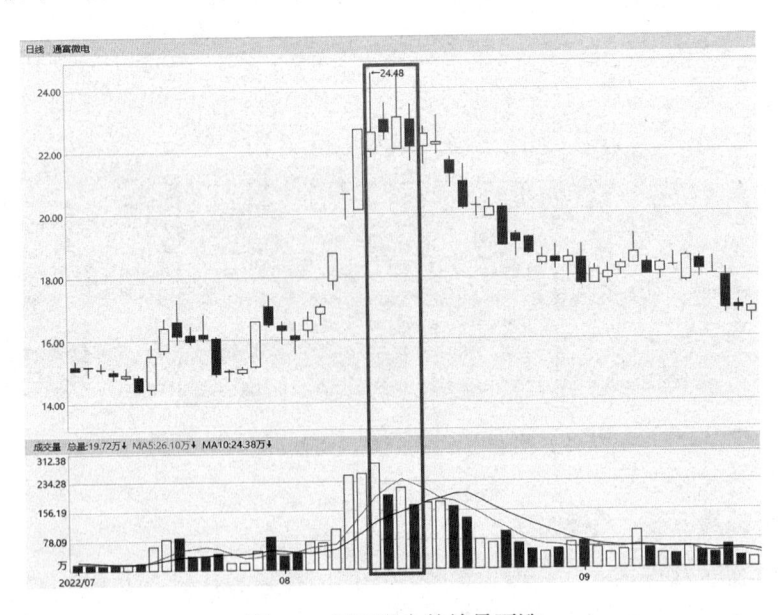

图4-7 通富微电的放量不涨

7. 量大成头，量小成底

它是A股中非常常见的规律，不仅是在个股上，在指数上也很适用，而且是更适用。为什么"量大成头"？因为市场见顶或临近见顶的阶段正是市场追涨情绪最狂热的阶段，市场人气旺盛，交投活跃，但盛极而衰，这时却往往容易出现顶部的拐点，股价由高潮走向一步步的衰落。一旦出现放巨量的大阴线或是出现连续放大量股价却滞涨，需要特别小心，股价有可能就此迎来转折点，需要及时减仓或清仓。

为什么"量小成底"？因为股价在见底阶段或者临近于底的阶段，往往正是市场人气最低迷的阶段，股价经过了漫长或猛烈的杀跌，想割肉离场的基本都已经割肉离场了，留着筹码的基本都已经躺平不动了。想抄底的中间都已经抄过几次底了，都被打的"鼻青脸肿"，抄底也没有什么心气了。这时成交量会非常萎靡，出现明显的地量，只要这时股价能够止跌企稳，连续震荡盘踞，而非连续不断地缩量阴跌（需要和法则二区分开），往往容易形成底部区间。这个底部区间何时迎来反转，需要政策的配合，需要市场情绪的配合，在技术面上需要放量的大阳线"提振人心"。

为什么说该法则规律在指数上更为适用，因为个股的成交量往往受很多因素干扰，有时具有很大的波动性和偶然性。而市场指数的成交量是由千千万万的市场投资者共同用钱买出来的，具有很强的稳定性，可以更好地被我们把握。

如图4-8所示，大盘在2022年2—4月的下跌过程中，我们看到成交量也在逐步萎缩，到4月指数阶段性底部的时刻正好也是成交量处于最低迷的地量时刻。而在5—7月的那一波强势的反弹行情中，成交量也在不断地回暖，持续地放大。当成交开始出现乏力，成交量开始有所回落之后，股价也相应地反弹到了阶段性顶部，没有成交量的支撑，进一步上攻乏力，继而8月、9月开始逐步下跌。到9月底时创业板的成交量又来到了一个极度低迷的地量位置，当时两市一天的成交额总共只有6 000亿元左右，创业板的成交额只有1 200亿元左右，都是出现了近年最低迷的成交量水平。在这种市场极度萎靡的情况下，"地量见地价"，一旦市场开始止跌，形成阶段性的底部，那么，阶段性的机会也随之来临。

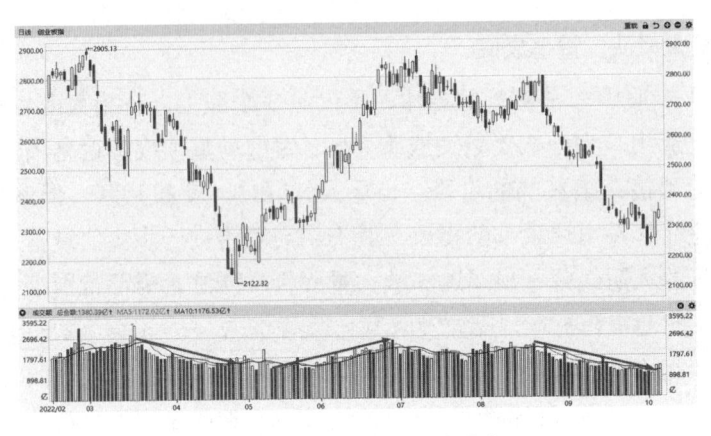

图 4-8 创业板指的量小成底

成交量对于我们判断指数的走势是非常重要的参考指标，而指数又是判断个股未来走势的重要参考依据，其重要性可见一斑，希望大家能够熟练掌握这样的规律。

8. 无量顶下跌，后市还会涨

与"量大成头"相对应的是一种无量的顶部，它分两种情况：

一是当天涨停板，竞价阶段或者开盘后不久，资金将股价顶上了涨停板，导致当天出现了无量或者低量的涨停板，这种情况不必多说，后续连续上涨的概率很大。

典型的例子如九安医疗（002432），在2021年末至2022年初的这一段连续上涨中，其间多次出现了无量的涨停板或者极少成交量的换手板，形成的阶段性头部，但很快再次创出新高，呈现出非常强力的走势。加上当时九安医疗本身有着非常高的业绩增长预期，完完全全有故事可以讲，这种走势也吸引了越来越多的场外热钱聚集其中，使九安医疗从最低5.10元涨到了最高88.18元，成为当时名噪一时的"妖股"，如图4-9所示，不过，这样的"妖股"属于可遇不可求，碰见的概率比较小。

二是当天或者近几天都没有出现涨停，股价不是直冲上涨，而是一步一步地缓慢上涨，并且创出阶段性的高点，但是成交量却没有放大，随后迎来了回调。这种缩量或者无量顶部后的回调通常都是较好的"上车"机会，缩量或者无量顶部意味着大部分的筹码没有经历换手，这些筹码有可能是集中在大机构的手中，也可能是分散在很多人手中，但是大多数人还

第四章 资金面助力——盘面胜率的提升

没有"觉醒",没有认识到这只股票的上涨潜力。尤其当回调还是缩量回调的时候,说明根本没有抛压,如果想进一步拉涨难度一点儿都不大。

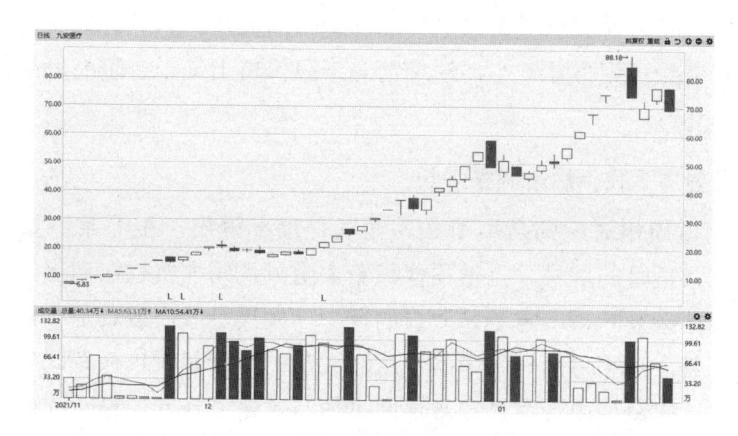

图 4-9 九安医疗的无量顶下跌

如图 4-10 所示,创维数字(000810)在 2022 年 5 月通过一段连续的小阳线创出了近几个月来的新高(方框中的部分),然而成交量却并没有跟上,甚至相比前一个月还出现了明显的缩量,而且在股价创出新高之后的回调幅度也非常小,只在一个很小的区间内震荡,没有出现大幅度的回撤,说明这个位置根本没有什么抛压。既然没有明显的抛压,说明后市拉升的难度不大,随着资金的进一步介入,创维数字后市的股价确实是在逐步抬升,虽然没有快速地直线拉升,但也是一步一个台阶,也没有太大的回撤,属于走得比较稳的行情。

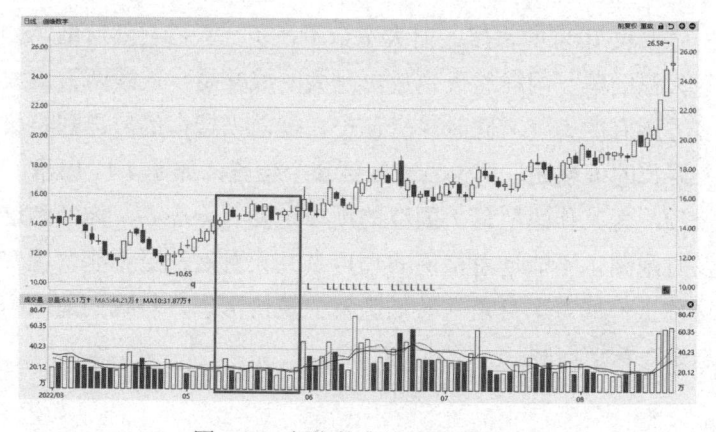

图 4-10 创维数字的无量阶段顶

无量顶是需要大家注意的一种比较特殊的走势，因为股价创出新高之后，一般都会伴随着放量，无量的情况比较少见。但是，当我们遇到时一定要多加注意，尤其当无量顶之后的回调幅度又浅，回调时成交量也不大时，意味着抛压同样非常小，这种情况下股价再上一个台阶的可能性还是很大的。

9. 巨量顶下跌，后市调整漫长

与无量顶相对应的是巨量顶，尤其是顶部砸出一根非常巨量的大阴线，是非常危险的信号。巨量顶伴随着大阴线说明大机构在卖出，而且是不计成本地砸盘。这一定不是散户的行为，如果是散户或者是小机构正常的换手交易，是不可能一下子砸出这么大量的。既然大机构在此处选择卖出，那么，在短期内行情是很难再回来的，这轮下跌的调整时间可能会相当漫长，如果你在这种位置被套，回本可能遥遥无期，被动止损出场也是很大概率的事件。

巨量顶后漫长下跌的例子非常多，尤其在一些流动市值不到 50 亿元的小盘股上尤为多见，因为这些小盘股里面，大机构的控盘度较高，它们进出在盘面上留下的痕迹往往比较明显。

以昂立教育（600661）为例，2022 年 6 月 17 日昂立教育出现了一根很不寻常的巨量假阴线（高开后大幅回落，虽然当天以阴线收盘，但涨幅是正的），这天的成交量是前几日的 2～3 倍，明显的放巨量。从盘面上看是大资金在大量卖出，这时如果你冲进去接盘，很可能是螳臂当车。后一个交易日（2022 年 6 月 20 日）大幅低开之后仍有一些资金在尝试进场抄底，一度上攻 10% 的幅度，但大资金不在了，人心自然就散了，尾盘又再度出现大幅回落。同样这天也放出巨大的成交量，连续两天巨大的成交量耗尽多方所有的力气，同时也套住一大批前来接盘的散户和小机构，而后市进入漫长的调整期，再也没有回到那个位置，如图 4-11 所示。

巨量顶，尤其伴随巨量大阴线的顶一定要万分小心，你碰到这种情况一定要及时跑路，不能抱着侥幸心理再拿几天看看，更不能贪便宜跑进去接盘。这种量价形态本身是一种低胜率的量价形态，与我们追求高胜率的量价形态是在背道而驰。

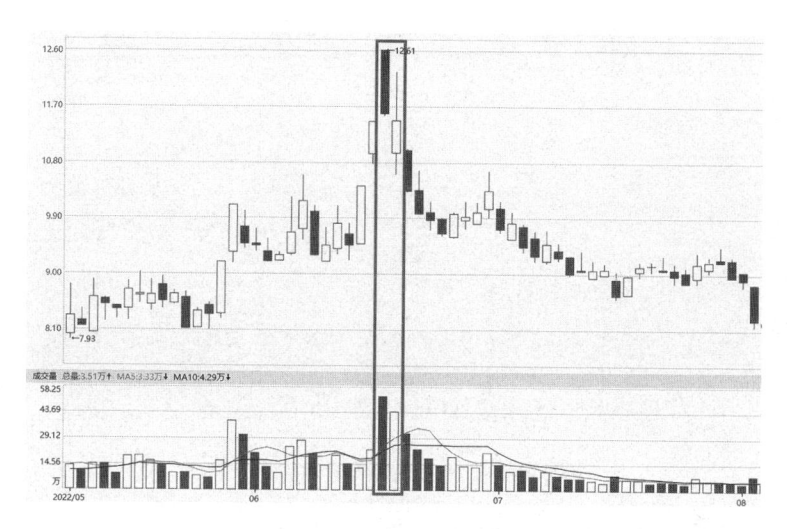

图 4-11　昂立教育的巨量顶下跌

10. 后量超前量，股价也跟上

量价齐升是我们最常见，也是最快速的上涨方式。股价上涨像开车前进，成交量像是油门。前面的法则中我提过缩量上涨，它经常出现在上涨的初期，油门还没有完全踩下去，速度自然也不快。而一旦开始逐级放量上涨，就像在不断加大油门，上涨的速度也不断提升，短时间内可以让我们获利颇丰。量价齐升这一阶段的行情是上涨行情中最肥美的一段。如图 4-12 所示，振华科技（000733）在 2020 年的上涨过程中，不同阶段的成交量不一样。随着股价上涨，成交量呈现一步一个台阶的放量，这种放量上涨是非常健康的。后量超前量，股价也跟上，随着成交量不断放大，交投越来越有人气，换手率也越来越高，水涨船高，资金的关注度和热度推动着股价不断地上行，形成一个良性循环。相比于突然的异常放量，温和的台阶式放量更有持续性，突然的异常放量因为短时间积聚了很多的获利盘，容易出现集中兑现的情况，此时，如果没有承接盘就会立刻开始崩盘，走势上形成"A 字杀"。

如图 4-13 所示，广汇汽车（600297）在 2022 年 5 月底曾经有过连续的拉板，并且一下子出现异常放量，5 月 26 日的最高点甚至出现了平时十多倍的成交量，这种异常放量下，因为没有承接盘承接，股价一溃千里，最后惨不忍睹。

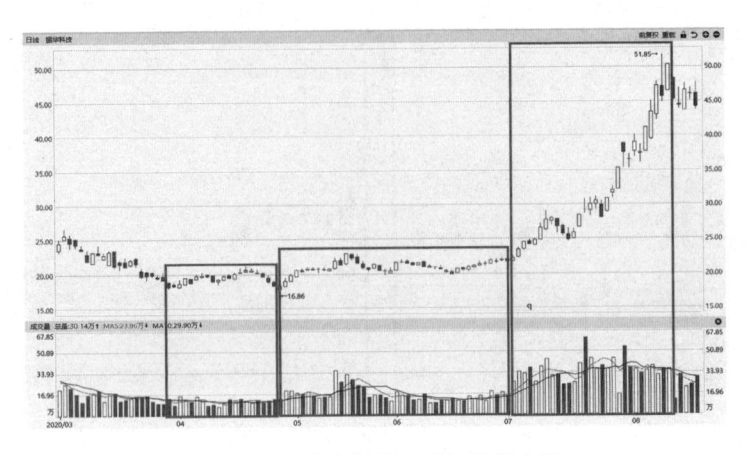

图 4-12 振华科技的阶段性放量上涨

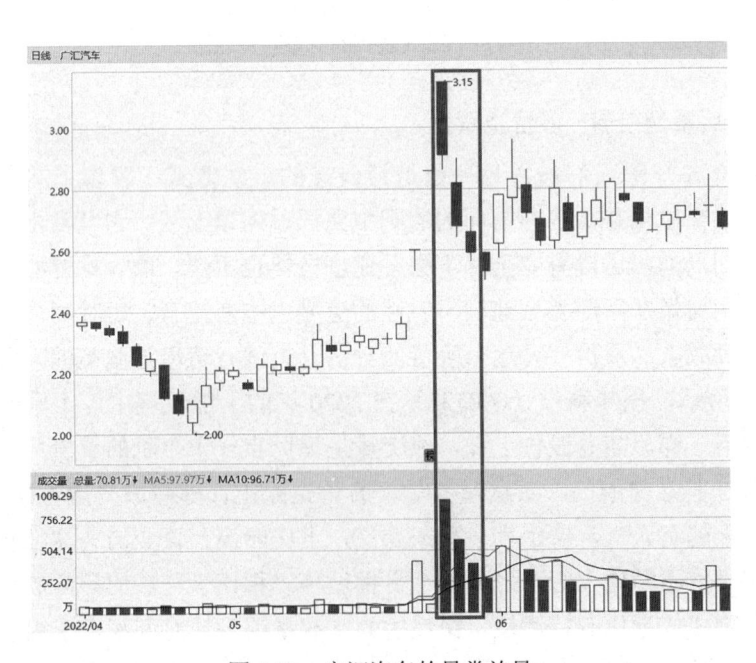

图 4-13 广汇汽车的异常放量

而温和台阶式放量上涨的好处在于,在上涨过程中有充分换手。一些中途赚钱离场的资金因为看到股价还在涨,成交还是很热烈,赚钱效应依然还在,会重回市场继续参与。对于这种台阶式温和放量上涨的行情,我们要敢于中途参与,后量不断超前量,股价也常会跟上。

总结回顾：

到这里，量价十法则已全部给大家讲完了。这里再总结回顾一下这十项法则：

缩量上涨还将上涨；缩量下跌还将下跌。

巨量上涨易回落；巨量下跌易反弹。

缩量不跌，筑底成功；放量不涨，头部将现。

量大成头，量小成底；无量顶下跌，后市还会涨。

放量顶下跌，后市调整漫长；后量超前量，股价也跟上。

其中，对于缩量上涨、缩量震荡不跌、无量顶、温和放量台阶式上涨的量价形态，我们要特别注意，这几种量价组合后市上涨的可能性会更大，可以提高短线胜率。而缩量下跌、异常的巨量上涨、放量滞涨和放量顶下跌，也要格外小心。这几种量价组合后市下跌的可能性会更大。

如果在持仓时碰到这样的量价形态，你可考虑提前卖出清仓，规避可能的下跌。如果准备进场，碰到这些容易下跌的量价形态须等一等，观望观望，不要盲目地杀进去，否则在胜率上已经处于劣势了。

另外，还有两点需要补充：这些量价法则用在大盘指数和板块指数上比用在个股上更好用，因为个股的量价情况会受很多因素的干扰，尤其是一些50亿元市值以下的小盘股，成交量很容易被一家或者多家大机构操控，散户投资者看量价形态很可能会被误导。另外个股受公司消息的影响也比较大，有时公司一条公告消息就会对第二天的股价和成交量产生非常大的影响，所以，我们在某只股票上使用量价十法则的时候需要考虑这些干扰因素的影响。而大盘指数和板块指数由很多只股票组成，基本盘稳定，受大机构和单家公司消息影响小。指数的成交量变化更有参考意义，因此，量价十法则在指数级别（大盘指数和市场指数）上应用准确率也更高，对你判断大盘走向和板块走向很有帮助。

第二节　筹码分布的应用

筹码分布是一个很重要的参考指标，地位仅次于成交量。有朋友会问：为什么技术指标不重要，而成交量和筹码分布指标很重要呢？因为成交量和筹码分布如同 K 线一样，是市场最原始的数据反映，它们不像均线、布林带、MACD、KDJ 这些指标是经过人为加工处理的，我们看数据一定要看市场最原始的数据。而且技术指标在使用的时候会带有一些主观性，比如判断趋势的指标、判断超买超卖的指标等，都有一些主观性和经验性的判断在里面。而成交量、筹码分布是客观且唯一的原始数据，作用自然不一样。

相较于成交量，筹码分布指标很多朋友比较陌生，有些投资者朋友甚至从来都没有用过。实际上筹码分布对于判断底部是否形成、判断趋势的可持续性、预判短线的阻力位、预测大资金的行动方面都非常有用，这一节我就给大家来仔细讲讲筹码分布的应用。

首先，你要弄明白筹码分布在使用中的几个概念，这里以同花顺远航版软件为例。

如图 4-14 所示，上方筹码代表成本高于当前收盘价的套牢盘，目前处于浮亏的状态。下方筹码代表成本低于当前收盘价的获利盘，目前处于浮盈的状态。

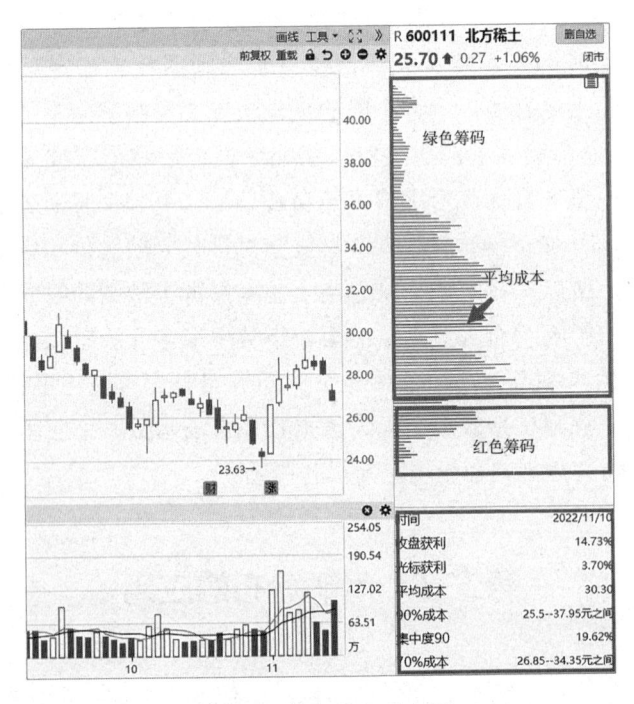

图 4-14　筹码分布示意图

第四章 资金面助力——盘面胜率的提升

中间白色的平均成本线代表所有筹码的平均成本，通过比较平均成本和当前收盘价的位置，可以判断出当前股价下持有人是盈利还是亏损。比如北方稀土（600111）的市场价在 26.85 元价位下，大部分人都是处于亏损的状态，只有少数从底部抄底的投资者现在处于盈利的状态，目前这个价位离全市场的平均买入成本 30.30 元还有不小的距离，投资者平均亏损在 12%。

另外，下方的筹码统计数据中有以下两个计算指标：

- 筹码区间与集中度：90% 筹码成本区间是指 90% 筹码所在的价格区间，我们看到 90% 的人持有的成本是在 25.5 ~ 37.95 元。
- 集中度的计算方法：集中度 =（筹码区间的最高价格 − 最低价格）÷（筹码区间的最高价格 + 最低价格）。集中度的数值越低，表明筹码越集中，集中度越高数值越高，表示筹码越分散。这里北方稀土的 90% 集中度是在 19.62%，并不是特别集中。从筹码分布的图形形态上我们也可以看到，它的筹码分布的确是很分散的。

如图 4-15 所示，长城电工（600192）的 90% 集中度在 7.73%，属于筹码非常集中的状态。从分布图上我们也可以直观地看出，它的绝大部分筹码都是集中在一个很小的区域内，集中度非常高。

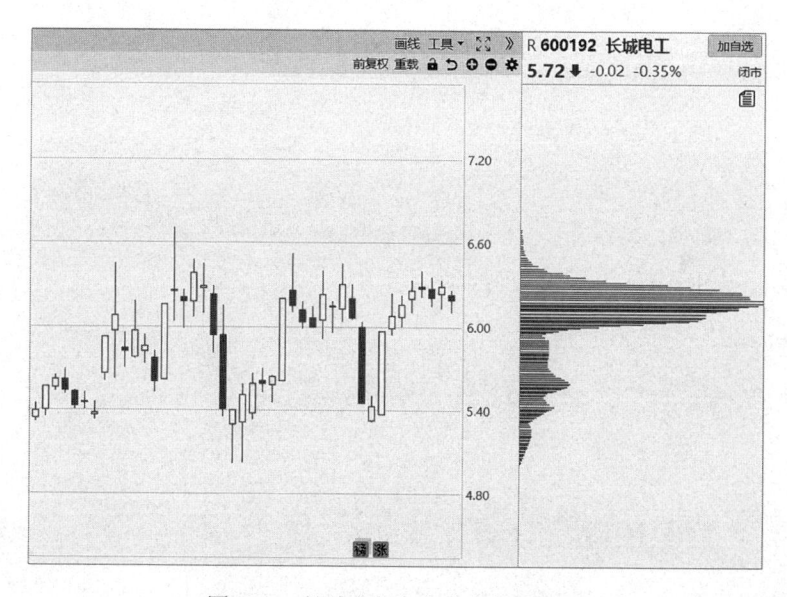

图 4-15 长城电工高集中度的筹码峰

70% 筹码区间集中度与 90% 集中度类似，反映的是 70% 的筹码集中在一个多大的区间内。更高级一点的用法还可以计算区间重合度，即 70% 筹码区间占 90% 筹码区间的比例。重合度 =（70% 筹码区间最大值 - 最小值）÷（90% 筹码区间最大值 - 最小值），重合度越高，筹码越集中。除了看筹码集中还是分散之外，我们还要看筹码的峰和谷，其中。筹码峰是指筹码密集或筹码在局部比较密集的时候会形成一个密集峰；筹码谷是指筹码峰之间，存在的无筹码或筹码较少的区域。

图 4-16 为复星医药（600196）在 2022 年 11 月 11 日的筹码分布，筹码集中的地方形成了峰，筹码稀少的地方形成了谷，筹码谷中最极端的情况是完全无筹码，也就是断层。复星医药在这里出现一个断层区间是因为 2022 年 9 月 2 日晚的公告，控股股东拟大规模减持。9 月 5 日开盘后直接大幅跳空低开，跳空的缺口区间大部分没有收复，其间自然没有任何成交，形成筹码断层。筹码的峰和谷的位置对于我们判断行情有着非常重要的参考作用，后面我会逐一进行讲解。

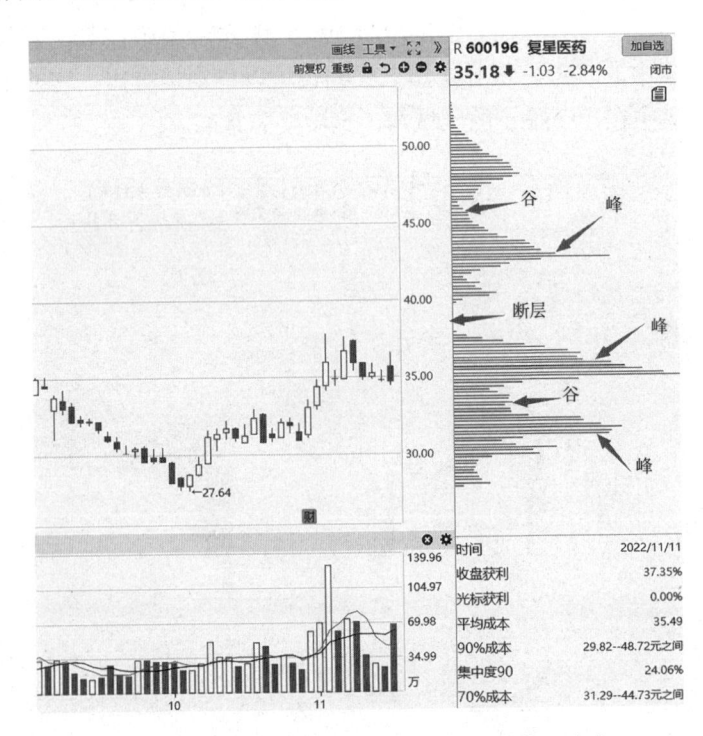

图 4-16 复星医药 2022 年 11 月 11 日的筹码分布

第四章 资金面助力——盘面胜率的提升

除了筹码分布本身，筹码的形成时间也是一个需要注意的参考因素，同样的筹码聚集区，早期形成的筹码峰和近期形成的筹码峰意义可能大不相同。看筹码形成时间，我们可以用通达信软件的筹码分布指标。

如图4-17所示，以欧普康视（300595）为例，除了筹码分布情况之外，我们还可以看到不同周期内的建仓情况，20周期内成本52.5%的意思是当前的筹码中有52.5%是最近20个交易日内建仓的，即差不多有一半的筹码在最近一个月内建仓，表明新进场的资金非常多，交投很活跃，近一个月内完成了大量的换手。同理，用5周期、10周期、30周期、60周期分析这些时间段内筹码的换手和建仓情况。

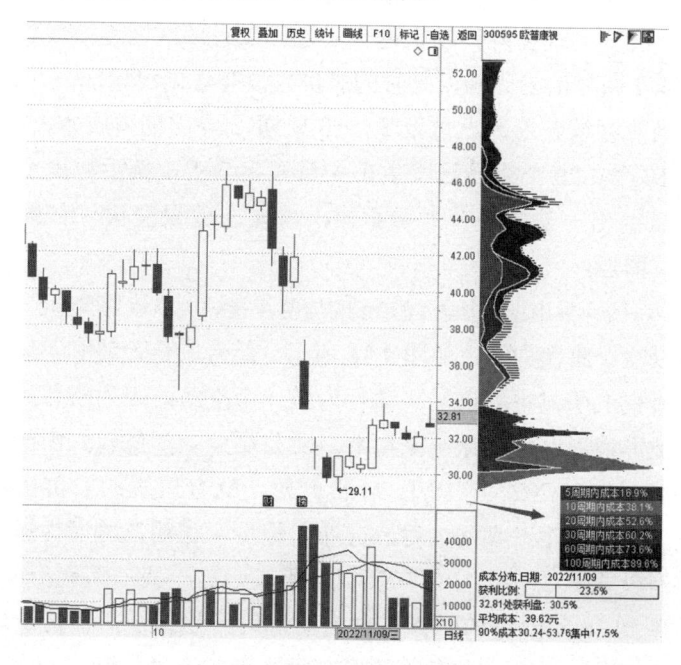

图4-17 欧普康视的筹码峰分布

了解了这些看筹码形态的基本要素后，下面具体讲解筹码分布要如何应用。

一、低位企稳的筹码状态

股价有多种原因可能会引发大跌。包括：可能是整个大盘情绪不好，一直处于弱势之中；可能是整个行业板块碰到利空，比如医药医疗器械的集采、疫情对消费的影响等；也有可能是个股碰到重大利空，比如大股东减持、业绩不及预期、公司大订单被取消、产品质量出了问题等。不管是哪种原因造成的下跌，我们不要第一时间去抄底，逆市交易风险往往是很大的，尤其在恐慌盘拼命出逃的时候，贪便宜抄底的风险无异于徒手接飞刀，需要等股价在低位企稳。

常规方法中分辨下跌的中继状态和真正的止跌企稳很有难度，不过，通过使用筹码分布指标，我们可以较好地看出低位的股价是否已经真的企稳。在筹码分布上，低位企稳有两个非常重要的特征：

一是筹码由很分散变得很集中，之前下跌过程中的很多套牢盘选择割肉离场了，高位的现存筹码越来越少，筹码在底部区域逐渐聚集，开始在底部形成非常明显的筹码峰，此时的股价也没有再创出新低。

二是当前区域新筹码大量聚集，10周期、20周期内成本占比非常高，说明最近10个、20个交易日发生了大量买卖换手，换手幅度非常大，割肉盘在批量抛出，新资金在大量承接，承接态度很坚决，有效稳住了股价，稳定了军心。

这两个特征一旦出现，从筹码分布的角度，我们可以认为股价已止跌企稳。

继续以欧普康视为例，如图4-18所示。结合股价走势和筹码分布，我们对欧普康视上所发生的市场买卖行为做一个推演：因为欧普康视的主营产品角膜塑形镜受医疗器械集采影响，对公司业绩产生较大影响，出现了基本面的利空。从2022年10月24日开始，欧普康视的股价出现连续大跌和跳空，在连续下跌期间，筹码分布上很少，说明在恐慌性抛盘的过程中，并没有什么人去接力，都在观望。所以，这一段的筹码分布非常少。而当股价跌到30元附近的时候，大量的筹码开始换手，在这一段区间出现了大量的交易，很多心灰意冷的原有投资者在这里割肉，很多大资金在这一带的位置开始买入。于是在这一带形成了一个很明显的筹码峰，结合20周期内成本52.5%这一数据，我们可以判断出最近一个月在这个位置有一半的筹码进行了买卖易手，可以看出，这一带位置的支撑非常强，短时间内大资金在这个位置大量买入托底，割肉盘来者不拒照单全收，这里有较大的概率形成底部。结合第二章中讲到的支撑阻力关键位附近找"信号旗"K线的进场方法，一旦出现好的交易信号，就是盈亏比和胜率都极佳的优质交易机会。

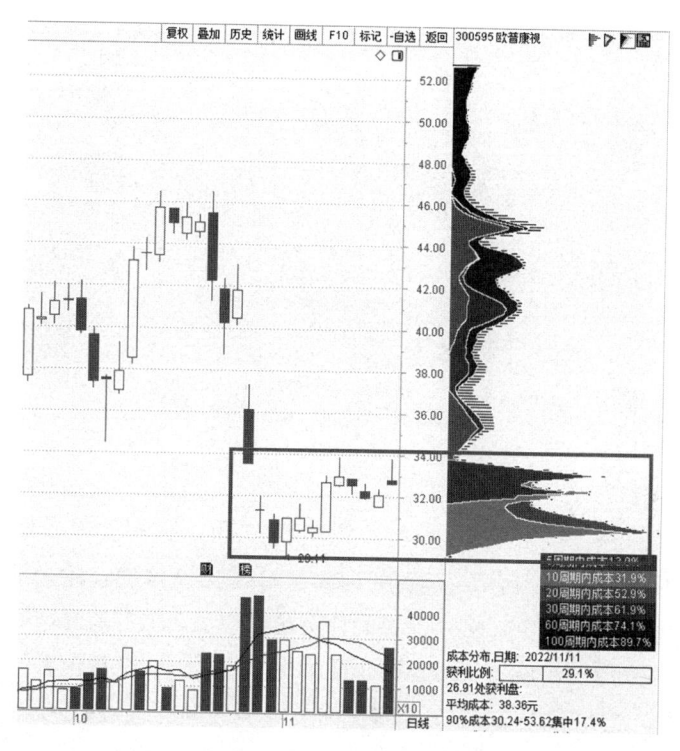

第四章 资金面助力——盘面胜率的提升

图4-18 一波下跌后，欧普康视的筹码非常分散

上海贝岭（600171）是很典型的例子，在2022年3—4月的一路下跌中，筹码非常的分散，出现了4个筹码峰，90%集中度高达28.3%，如图4-19所示，这说明什么？说明截至2022年4月25日，在上海贝岭的下跌过程中积累了4个阶段的套牢盘，大量的套牢盘，不管是机构还是散户，都没有割肉离场，都还在忍耐。而这些套牢盘一旦忍无可忍选择卖出，可能会有新一波杀跌。所以，这个位置并没有止跌企稳，虽然事后看当时的位置已经接近于最底部了，但那是事后的视角，如果处在当时的位置，我们并不知道后面会发生什么，因为没有达到止跌企稳的条件，也就不是有把握的底部。

到4月27日，受利好消息刺激，A股市场迎来报复性上涨反弹。有一些敢于冒险的资金已经率先杀入市场，但上海贝岭的筹码仍然很分散，上方有三个筹码波峰，仍然聚集了大量的套牢盘，因此，这时我们依然认为没有真正见底企稳。

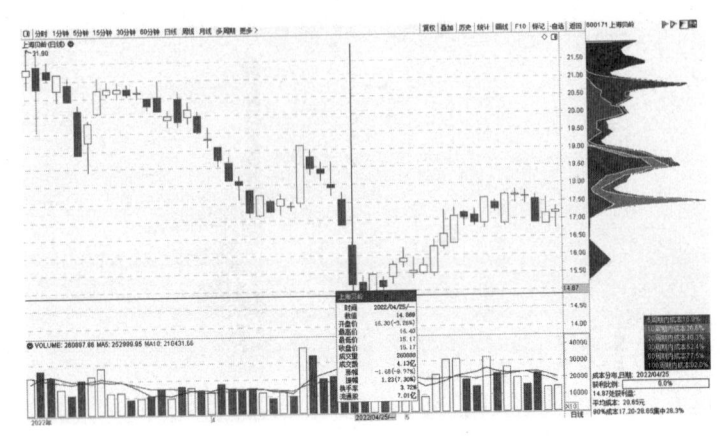

图 4-19　上海贝岭上方三个筹码峰

分别如图 4-20、图 4-21 所示，到 5 月 27 日，我们发现，筹码分布已经发生了翻天覆地的变化。之前的 4 筹码峰只剩下了 1 个，绝大部分的筹码都集中于 16.45～17.79 元这个很小的价格区间内了，上方的套牢筹码绝大部分不见了，20 周期内成本 44.9% 也印证了这一点，这一个月内近一半的筹码完成了换手，高位套牢的筹码纷纷割肉离场，大量新进入的资金承接。

图 4-20　上海贝岭的筹码开始高度集中

没有了"历史包袱"，这个位置已经很难发生大幅杀跌了，因为之前高位的套牢盘已经悉数离场。新进场的资金即使被套也只是几个点的小浮亏，不至于大幅杀跌，当前位置已经符合低位企稳的两大特征，相当安全和稳固，这时我们要找机会介入了。

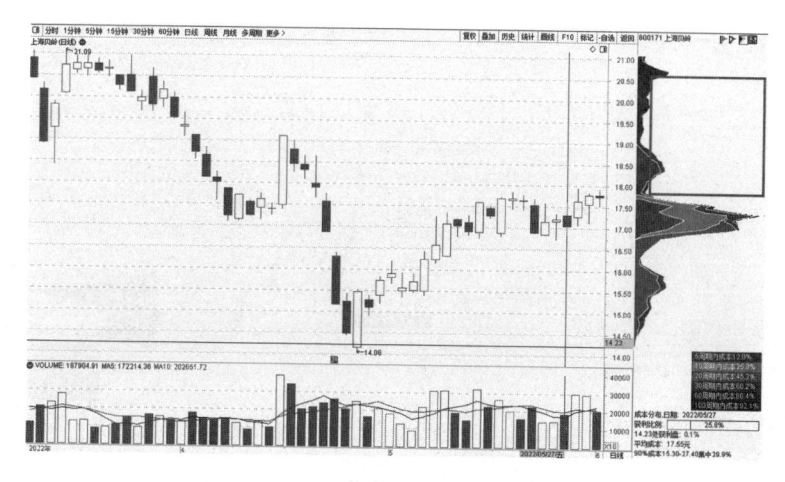

图 4-21　上方没有套牢盘，空间很大

符合低位企稳两大特征的筹码分布的状态往往就是大概率形成底部的筹码状态，尤其当时大盘情绪比较稳定，行业板块出现一定的基本面改善的时候，这个底部更加稳固，此时介入往往会有比较大的胜率。

二、行情启动的筹码状态

在低位企稳的个股不一定会马上迎来拉升，它可能需要一个酝酿过程，股价一波大幅度上涨需要"天时、地利、人和"，缺一不可。"天时"指的是板块和个股有题材或者有业绩可以炒作，即有故事可以讲。"地利"指的是位置够低，股价够低，在拉升之前经历过一波充分杀跌，后面拉升才会有空间。"人和"指的是板块和个股要有人气，关注度高，参与的资金多，最好是板块的龙头股或者行情的龙头股，才更容易形成资金扎堆效应。一般都是三者同时具备，才是大机构资金煽风点火启动之时。

在行情启动之时，在筹码形态上也会显示出一定的变化，透露出股价启动的迹象。

如图 4-22 所示，2022 年 9 月，因为卡塔尔世界杯题材的炒作，整个啤酒板块迎来了一波大涨，而兰州黄河（000929）是领涨龙头。我们看到，在 2022 年 9 月 5 日，在 8.6～9 元区间内形成了一个非常密集的筹码峰，20 周期内成本 52.2%，最近一个月有很多资金在这个区域建仓，最近一个月一半的筹码在这个位置进行了换手。

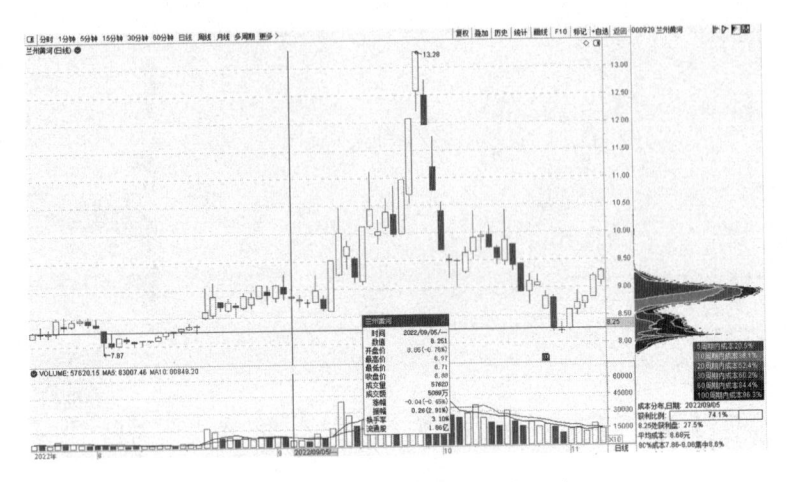

图 4-22　兰州黄河的高集中筹码峰

　　同时 5 周期内成本为 20.8%，表明短线资金已经开始躁动，这很可能是大资金在建仓准备拉升。这时我们需要高度关注，从筹码分布上看，行情已经出现了启动的潜力。具体什么时候启动，还不清楚，需要等待一根标志性的阳线突破。

　　如图 4-23 所示，9 月 13 日，一根标志性的阳线出现了，一举突破了前期高点，按上升趋势的定义，这里明显开始进入一个上升趋势。5 周期内成本上升到了 21.5%，20 周期内成本上升到了 59.8%。比 9 月 5 日时更高，说明资金在不断地滚动进场换手，5 周期内 21.5% 的成本相比其他个股本身也是一个非常高的绝对值，说明短线的热钱在大量涌入。而这时上涨也只是刚刚开始，刚刚突破前高，大部分的筹码还集中在这个小区间内，当前市场平均成本 8.74 元，现价 9.52 元，平均盈利才 8.9%。新进场的资金获利不到 10 个百分点，获利盘累积的获利也不多，短时间内抛压自然不大。虽然 9 月 13 日涨停了，但目前并没有什么潜在的抛压，短线资金热度非常大，加上当时整个啤酒板块表现都很好，资金比较追捧，由此我们可以判断，后续行情较大可能依然会持续。这时如果是比较冒险的激进投资者，可能在当天大涨突破新高的时候追进。如果是比较保守一点的蹲机会投资者，比如用裸 K 和支撑阻力线定盈亏比选择进场点的投资者，可能会选择等待，会在这一轮突破后的回调位找盈亏比最佳的进场位。

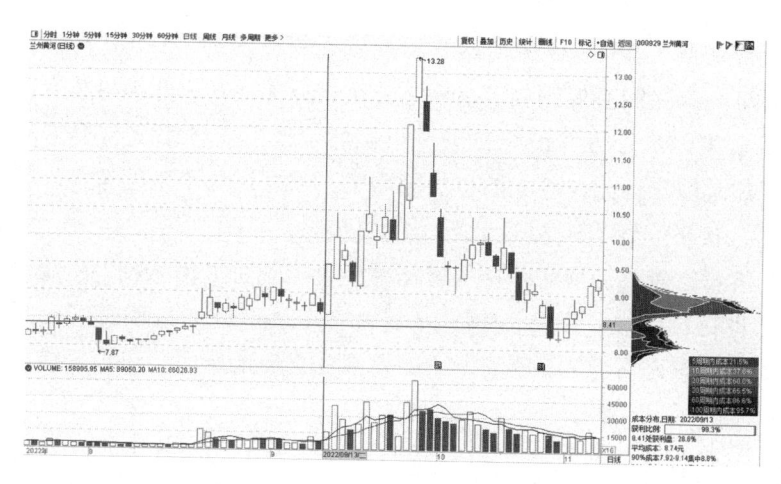

第四章　资金面助力——盘面胜率的提升

图 4-23　突破高点的标志性阳线出现

接下来，运气不错，发生回踩了，而且是回踩在了一条重要的支撑线上，随后出现了"信号旗"K线的变形体，并且可评估的潜在盈亏比在2∶1以上，完全符合我们对入场信号和盈亏比的要求。如图 4-24 所示，方框中的两个筹码峰的长度相比前一张图，几乎没有减少，说明什么？说明大资金根本没有走。虽然前两日的上涨让上方堆积了一些筹码，但很明显这些筹码很稀疏、很分散，更像是散户所为。下方两个关键的筹码峰也是大资金所在的价格筹码带的筹码，并没有出现什么减少，大资金都还在，既然大资金还在，那么后续很可能还有下一波拉升。同时，5日内

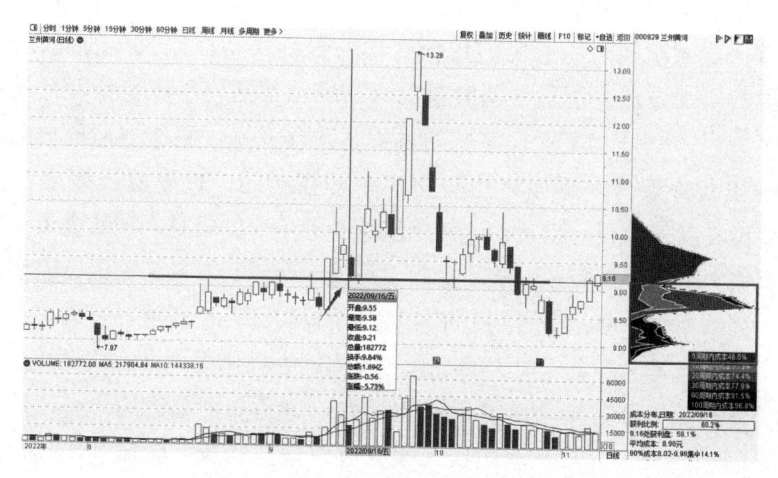

图 4-24　上涨途中大资金筹码并未松动

成本已经达到了 46.3%，说明这几日的资金热度极高，5 个交易日内兰州黄河有近一半的股票筹码买卖易手，说明场外热钱对它非常热捧。而考虑到大资金筹码在下方并没有移动，很显然，这几天频繁交易换手的是散户，既然是散户行为，对大势自然无碍了。综合这几个角度考虑，我们可以判断，接下来还有一波较大行情的可能性，而且可能性很大，此时进场的胜率肯定较高。同时，在关键支撑位也出现了"信号旗"K线，潜在盈亏比也符合要求。因此，9 月 17 日是一个比较好的进场时间点，可以及时买入。当天临近 11:00 涨停，如果你犹犹豫豫反而会在当天错失重要机会。

从兰州黄河的例子我们可以看出，行情处于启动状态时，筹码经常集中在 1～2 个筹码峰，尤其当前价位，积累了大量的筹码，这是一种大资金控盘的表现。同时筹码的时间分布上，5 日内的成本占比一般要达到 15% 以上，也就是最近 5 个交易日筹码总换手要达到 15% 以上，说明资金开始躁动准备拉升了。同时突破的初期，尤其突破前高创出新高的时候，底部的筹码峰没有松动，长度基本维持不变或很小幅度的减少，说明此时的大资金稳如泰山。这种行情才会有较大可能持续拉升，我们参与才会有较高的胜率。

三、大机构吸筹的筹码状态

前面的章节中我给大家介绍过市场上的各类大机构及它们的特点。不管是哪一类大机构，不管它们用什么样的投资周期、什么样的选股风格、什么样的买卖技巧，它们参与股票二级市场，都是为了赚差价，且最终只有一个路径——低买高卖，完整的过程是建仓吸筹→整理→初升→洗盘→拉升→出货→反弹→砸盘。也有更简单和直接的，把过程压缩成建仓吸筹→整理洗盘→拉升→出货，这四个步骤必不可少。只是不同的大资金操作周期有很大不同，游资在一些小盘股上可能一两周甚至几天完成一整套操作过程，公募基金需要几个月到一年完成一个板块或几个板块的操作过程，社保、保险资金等大资金以更大的牛熊转换周期为操作周期来完成操作过程。

建仓是第一步，对大资金的机构而言，这是非常关键的一步，因为大机构不同于散户，散户从确定买入某只股票到完成买入操作最快只需要几秒钟的时间，而大机构因为资金量大、仓位大，不可能像散户一样几分钟完成买入，因为短时间的大单买入冲击既会使股价飙涨，额外拉高建仓成本，也会将自己的买入意图暴露于众。所以，大资金机构往往会选择缓慢建仓，隐秘买入。从决定买入这只股票到完成建仓操作需要较长的时间，有些公募和保险大资金甚至会花几个月的时间对一只股票进行建仓，一般的散户是很难有这种耐心的。

对于机构，建仓最关键的目标在于尽可能地压低成本，像把一个大石头扔到池塘里，怎么才能让它尽可能少地溅起水花，尽可能少地打破水面的平静。所以，机构在建仓时往往会采用很多策略，除了大单拆单、化大为小等这些常规操作外，还会用到很多的小伎俩，比如快速少量杀跌造成恐慌，逼很多散户恐慌割肉，交出自己的筹码，然后在低位大量承接。比如造成很多假突破，消磨很多散户的耐心。比如，在盘口上的卖二到卖五的位置挂很多并不是真正想卖出的卖单，恐吓下方想买入的散户等。这些伎俩虽然很多，但是在筹码分布上机构是耍不了任何小伎俩、做不了任何假的，因为实打实地在这些位置拿了筹码。所以，通过筹码分布我们可以看清大资金的吸筹操作。

大资金吸筹在筹码分布上最大的特征是让原先比较分散的筹码变集中，不管是哪一类型的大机构，不管运用什么样的建仓手法，最终它们都有一个预期的建仓价格区间，把建仓成本尽可能地控制在这个范围内，这在筹码分布上形成了一个或两个筹码峰，一般不会超过两个筹码峰。

如图 4-25 所示，以盾安环境（002011）为例，在 2022 年 4 月 27 日见底的时候（是 A 股全市场的中期底），它的筹码极其分散，从 6～14.5 元的价格区间全部分布有筹码，而且分布非常均匀，有很多个长度差不多的波峰。90% 集中度是 37.1%，非常松散。这时我们可以明确判断，此刻盾安环境里面应该没有能够控场的大机构，因为正常情况下大机构的筹码是不可能这么稀疏分散的，毕竟筹码分布如此分散，大机构根本没有办法拉升赚钱。

当我们继续关注盾安环境的时候，发现它的筹码分布开始出现微妙的变化。一个月过去之后，到 5 月 27 日（十字线所在位置），如图 4-26 所示，盾安环境的筹码分布发生了翻天覆地的变化。在 9.10 元价格附近，出现了一个非常明显的筹码峰，所有筹码的平均成本为 9.36 元，5 月 27 日的前一周，成交量也发生了非常明显的放大。这期间发生了什么？从 4 月

27日的最底部5.96元涨到9.10元的位置，股价的反弹幅度已经有52.7%了。在这个位置有很多之前被高位套牢的筹码纷纷割肉出场，他们觉得反弹到这里应该差不多了，能够减亏出场也算不错了，于是对比上一张图我们看到，高位被套的筹码在这里大幅减少。从4月27日以来底部抄底资金到这个位置，赚得最多的盈利差不多有50个百分点，少的盈利可能也有二三十个百分点，觉得满足了，也可以抛了，于是它们也卖了，对比上一张图，从低位以来抄底的获利筹码在这里也在大量减少。而且比较蹊跷的是：不管是割肉盘抛出的筹码，还是获利盘抛出的筹码，在这个位置有人照单全收。很显然，这一定是大机构所为，只有大机构才有这样的实力。前一周突然放大的成交量也证明大资金正在进行大肆吸筹。

图 4-25　盾安环境的筹码高分散状态

图 4-26　盾安环境开始出现筹码高度集中的状态

结合当时的公司基本面情况分析，2022 年 5 月 11 日盾安环境公告：“公司收到公司控股股东珠海格力电器（000651）股份有限公司（格力电器）的通知，为巩固控制权地位，格力电器正在筹划协议受让盾安控股集团有限公司（盾安控股）持有的公司 9.71% 股份；因格力电器已持有盾安环境 29.48% 股份，如果格力电器协议受让盾安环境 9.71% 股份将会触发全面要约收购义务。由于盾安环境是全球制冷元器件行业龙头企业，也是格力电器重要的供应商之一。格力电器通过控股盾安环境，进一步提高公司空调上游核心零部件的竞争力和供应链的稳定性，发挥业务协同，完善公司新能源汽车核心零部件的产业布局。格力电器的增持也让盾安环境的持有者们信心大增，正是大机构敢于在这个位置大肆吸筹的原因”。

在大机构完成吸筹之后，盾安环境在 8 月 11 日最高涨到了 21.56 元，在 5 月 27 日时筹码集中价位 9.10 元的基础上还上涨了 137%。毫不讳言，大资金在吸筹阶段有多坚决，后市的拉升就有多坚决。

当盾安环境二季报公布之后，除格力电器通过协议转让增持之外，鹏华基金也对盾安环境进行大举买入，如图 4-27 所示，正是这些股东和机构的买入，推动了盾安环境的大幅上涨。所以，当我们发现一些个股的筹码在快速大量地集中到某一个位置时要有所觉察，这很可能是大机构在吸筹，准备筹划一次大的“进攻”。

前十大流通股东累计持有：4.65亿股，累计占流通股比：50.79%，较上期减少1691.26万股

机构或基金名称	持有数量(股)	持股变化(股)	占流通股比例	变动比例	股份类型	持股详情
珠海格力电器股份有限公司	2.70亿	新进	29.55%	新进	流通A股	点击查看
盾安控股集团有限公司	8906.94万	不变	9.73%	不变	流通A股	点击查看
中国工商银行股份有限公司-前海开源新经济灵活配置混合型证券投资基金	2041.48万	⬆60.12万	2.23%	⬆ 3.03%	流通A股	点击查看
中国建设银行股份有限公司-前海开源公用事业行业股票型证券投资基金	1878.66万	不变	2.05%	不变	流通A股	点击查看
诸暨市薪原智勇商业管理合伙企业(有限合伙)	1501.37万	不变	1.64%	不变	流通A股	点击查看
中国农业银行股份有限公司-前海开源中国稀缺资产灵活配置混合型证券投资基金	1316.83万	不变	1.44%	不变	流通A股	点击查看
中国工商银行股份有限公司-前海开源国家比较优势灵活配置混合型证券投资基金	1095.05万	不变	1.20%	不变	流通A股	点击查看
中国银行股份有限公司-鹏华高质量增长混合型证券投资基金	944.93万	新进	1.03%	新进	流通A股	点击查看
中航鑫港担保有限公司	900.00万	⬆16.50万	0.98%	⬆ 1.87%	流通A股	点击查看
招商银行股份有限公司-鹏华新兴产业混合型证券投资基金	860.56万	新进	0.94%	新进	流通A股	点击查看

图 4-27　鹏华基金开始对盾安环境大举买入

不只是在低位起始阶段吸筹，在拉涨的过程中大机构也会进行吸筹操作。有一定炒股经验的朋友都知道，直线形拉涨的行情往往来得快去得也快，因为中间换手不够充分，越往后越积累了大量的获利盘，越到后面筹

码越容易集体松动，越往上压力越大。这些大幅度盈利的获利盘甚至可能会在同一时间兑现"跑路"，造成行情"秒崩"。作为大机构，想在一段时间内大幅度的盈利，最理想的情况是阶段性的一段一段地拉涨。每拉涨一段时间，整理一下，清理掉一些意志不坚定的获利盘，让它们先出局，减少下一波拉涨时所需要的资金成本，这就是"洗盘"。所以，在股票上涨的过程中，常看到筹码由分散变集中的现象，这就是大机构在拉升过程中的吸筹。如图4-28所示，证通电子（002197）在2021年11月23日左右形成了一个非常明显的筹码峰，90%成本集中度7.6%，集中度非常高，有大机构在吸筹的可能。

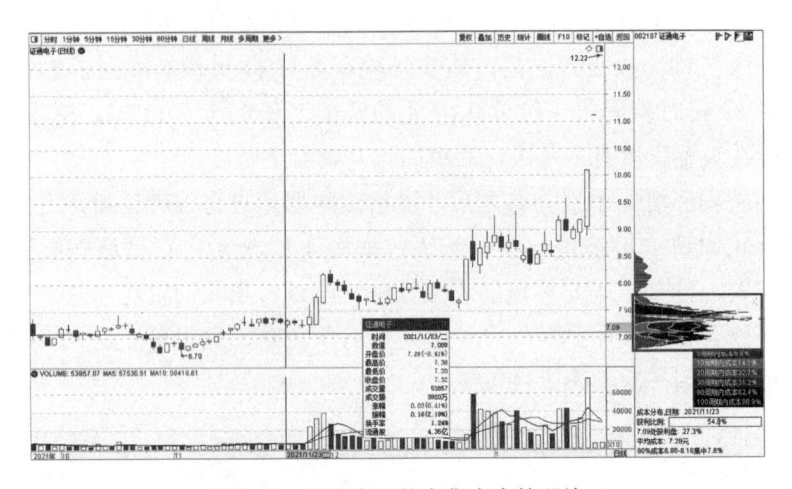

图4-28 证通电子的高集中度筹码峰

如图4-29所示，之后股价在拉升了两三天后，上到了一个新的小平台（图中方框部分），开始连续整固，我们看到，这个小平台形成的过程中，成交量相比上一个月温和放大，上了一个小台阶，即"后量超前量，股价会跟上"的台阶式温和放量上涨。同时，在当前的位置出现了一个非常明显的筹码峰，筹码区域非常集中，说明这一带出现了非常大量的买卖换手。而下方的老筹码（筹码图中的深色部分区域）相比上一张图并没有出现很大的减少。这些现象说明了什么？说明在这半个多月的台阶式盘整过程中，大机构早先拿到的老筹码基本没有动，牢牢拿在手里。与此同时，大资金还在这里又大量吸收了很多散户抛出的筹码，以至于在当前这个小盘整区间内又出现了一个比底部筹码峰更长的筹码峰。老的不卖，新的照收，一高一低、一新一旧两个筹码峰的形成正预示着大资金机构很可能会继续拉升，让股价更上一层楼。

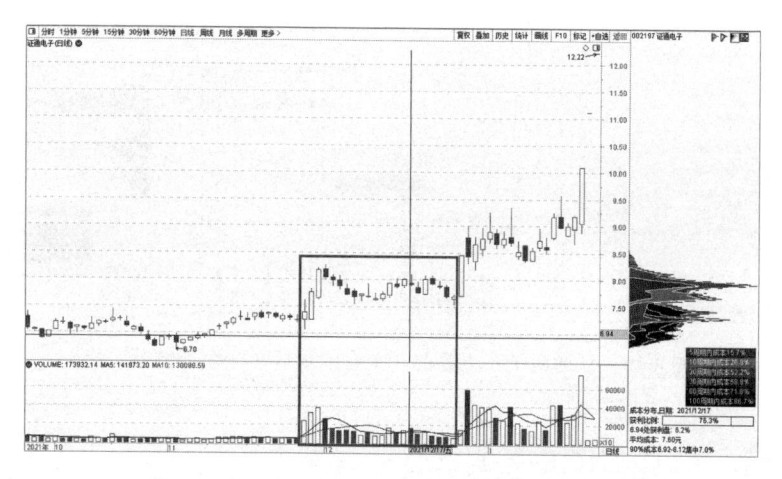

图 4-29　证通电子形成了一个筹码集中的小平台

如图 4-30 所示，随后股价又上到了一个新的台阶，到 2022 年 1 月 14 日，又出现了一个盘整的小区间（方框中的部分），这个小区间的成交量相比上一个台阶又有一定的增大，进一步台阶式温和放量。同时，在这个盘整的小区间，又有很多资金买卖换手，形成了一个更大、更突出的筹码峰。与上一阶段形成的筹码峰不同的是，这一阶段的筹码峰形成时，早先的两个筹码峰的筹码都有所减少，这意味着部分大机构筹码开始上移了，最初建仓的老筹码仍然保留了一半。这种筹码分布并不意味着行情结束，大机构的部分撤离只是说明大机构已经有了一部分兑现的意愿。保守的投资者在这个位置可以减少一小部分仓位，激进的投资者可以继续持有观望。从后市走势来看，大资金进一步拉升的意愿还是很强的，连拉了四个涨停板。

在证通电子的分段式上涨过程中我们可以看到，每个阶段都会形成一个新的筹码峰，但底部的筹码峰会同时存在，只是有一定幅度的减少，这是机构在拉涨过程中吸筹的筹码表现。不过，这在有些地方和大资金出货会有相似之处，需要大家有所区分。

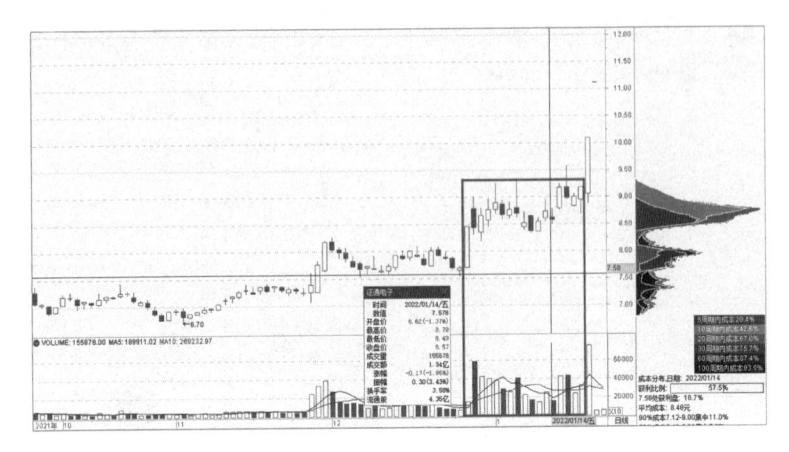

图 4-30　证通电子在更高的一个台阶形成了一个新的筹码峰

四、大机构出货的筹码状态

出货对于大机构而言是整个交易过程中非常重要的一个环节，因为浮盈最终要变成落袋的盈利才行，即使建仓好，如果最后出货时不好，把股价又砸回了起点，可能到头来还是一场空。所以，不管是哪种大资金机构，都会非常关注出货环节，因为它们进场容易出场难，在出货环节它们会格外注意控制股价节奏。

那么，机构出货在筹码分布上有哪些特征呢？我们知道，大机构在建仓的时候需要一个阶段，是为了防止一次性建仓突然拉高了股价，造成额外的冲击成本。机构在出货时同样也需要一个阶段，也是为了防止一次性卖出突然砸伤了股价侵蚀了盈利。

所以，机构出货很多时候也是在一个震荡区间内完成出货，这个出货震荡区间和我们之前讲过的拉升过程中的盘整震荡区间有相似的地方，但也有很多不同，具体如下：

一是出货的震荡区间一定是在高位，因为大机构已经累积了较多的盈利，到了要兑现的时候了。这个高位该如何判断？有时候上涨过程中的盘整在当时看起来也像是高位，和最终的高位很容易混淆。所以，这个高位一般还是要以绝对值判断，一般我们会以这一轮上涨的最低点作为起点，上涨幅度在 30% 以上认为是比较高的位置，30% 以下暂不考虑是高位，因为大机构一般是不会为了这十几、二十个百分点的盈利大动干戈。一般

30%以上的盈利大资金机构才会考虑大量出售。

二是出货区间波幅会非常大，这和盘整区间有较大的区别。在出货区间内大机构需要完成大量的筹码换手，因此，振幅一定会非常大，而上涨过程中的盘整区间很多时候成交量都不大，而且大机构在这个区间并没有真正的卖出意愿，因此波幅小。对于大波幅的高位区间，大家首先要考虑这个区间是不是大机构要出货了。

三是这个区间位置的筹码大量迅速聚集，底部筹码迅速消失，是非常重要的一个特征。底部筹码的快速大量消失意味着机构正在快速大量地卖出原先持有的筹码，而当前位置的筹码大量迅速聚集意味着有大量的买盘在此接盘（其实主要是散户）。尤其是当底部筹码已经几乎出得一干二净的时候，正是大机构筹码出清之时，这时股价基本要下跌了。

四是注意筹码的时间周期分布，如果5日内、10日内成本占到了75%以上，说明大机构的筹码在当前位置已经几乎全卖出去了，出货已经完成了，股价后续自然没戏了。

我们结合一个具体例子，让大家更直观地感受这几个特征。

如图4-31所示，中成股份（000151）从2022年5月18日起连拉了6个涨停板，然而，即使到5月25日第6个涨停板的时候（图中方框位置），底部的很多筹码仍在，说明中成股份中的大机构此时还并没有多少卖出的意思。

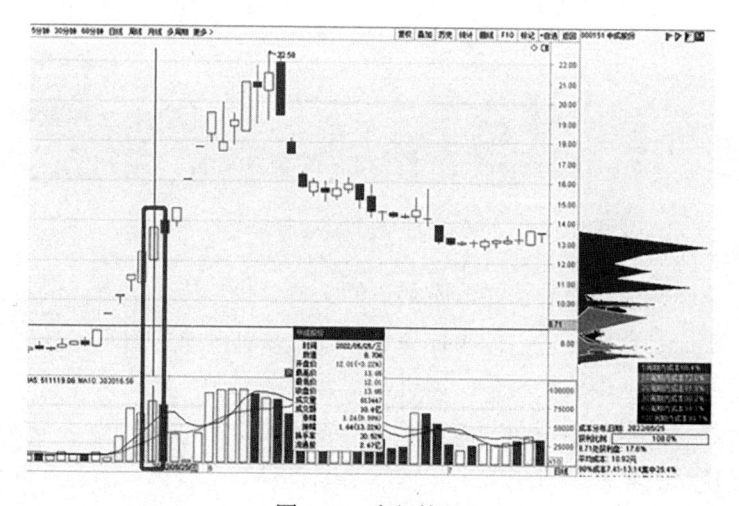

图4-31 底部筹码

然而，到了6月8日的时候，当天出现了一根上下影线很长实体很小的十字星，当天振幅很大。可以发现底部筹码几乎完全没有了，说明大资金已经卖得一干二净了。这时几乎全部的筹码都集中在了方框内的价格区间，如图4-32所示，说明大机构正是在这个区间顺利完成出货。看筹码的时间分布也可以看出，5个交易日内的成本占到了89.1%，10个交易日内的成本占到了96%。这个数值非常夸张，说明之前的筹码已经跑得一点儿都不剩了。此时股价并没有开始下跌，走势上还在不断创出新高，还有点儿欣欣向荣的味道。但如果你够警觉，这时你就应该知道大机构已出货完成，接下来很可能是一顿砸，散户之间相互踩踏。果然，从6月10日开始，股价一溃千里，近乎连续三个跌停的猛砸，接着便是漫长的阴跌，股价再没有起来过。

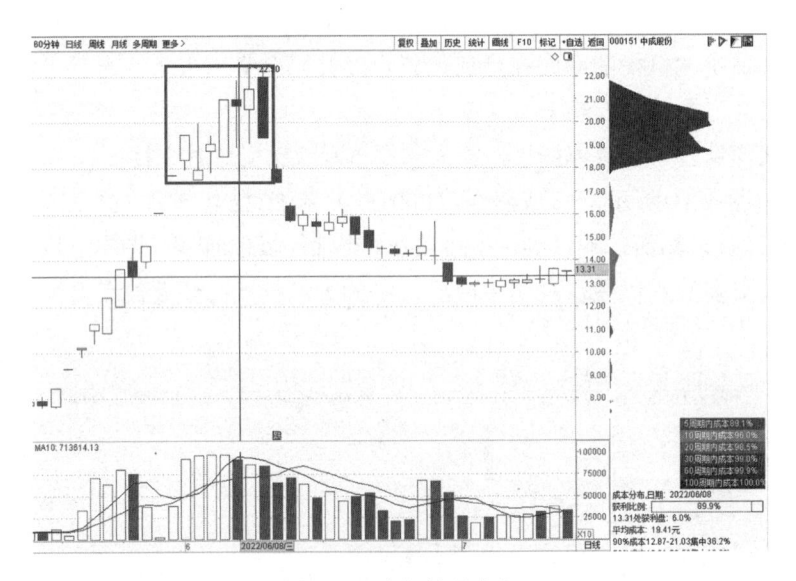

图4-32 底部筹码跑完

中成股份的这段走势是非常典型的大资金机构出货走势，我上面讲到的四条特征它全部具备。如果你清楚这四条特征并且够机警，在股价开始崩溃之前已经准确的卖出了，大机构都已经卖完了，你还待在里面干什么呢？所以，很多时候股价见顶并不是不可预见的，而是有一定特征可循，当大机构已经全部完成出货了，通常是股价见顶的时候，如果你能够熟练识别，就一定能在暴风雨到来前卖出。

对这种高位出货的筹码分布形态大家一定要非常熟悉，因为这些都是非常危险的形态，经常暗藏杀机，像中成股份在盘面走势上具有迷惑性，大资金已经完成全部出货，股价却还在创新高，引诱很多不知情的散户进去追高，然后……所以，一旦持仓个股出现了上述机构出货的四大特征，即使没有到预定的止盈止损位，也要考虑提前卖出清仓。

第三节　资金流入流出监控

股票市场上，不管什么样的机构，最终都要通过资金在市场上运作。有时候我们很难判断一只股票背后到底是公募基金、私募基金、券商、北向资金还是游资在运作，虽然也会有季报、龙虎榜披露，但这些滞后性太强了。既然这些机构的动作最后都要通过资金行为反映出来，那监控资金显然更加及时准确。尤其对做短线交易的朋友，对资金实时的流入流出要更加重视，这些对提高短线胜率有很大的帮助。

接下来我分类别讲解如何看资金流入流出。其中，东方财富的网站是看各类资金流入流出比较好的工具，下面以东方财富举例。

一、全市场资金的流入流出

大盘的资金流向在东方财富网站的【数据中心】的【资金流向】里可以查到，成交单被分为超大单、大单、中单和小单，其中，超大单指的是超过 50 万股或 100 万元的成交单。大单是超过 10 万股小于 50 万股，或是超过 20 万元小于 100 万元的成交单。中单则是超过 2 万股小于 10 万股，或是超过 4 万元小于 20 万元的成交单。小单指的是小于 2 万股或 4 万元的成交单。

超大单和大单一般视为机构下的单，中单和小单一般视为散户下的单。如图 4-33 所示，这一天盘中大资金净流出了 263.693 4 亿元（其中超大单 126.412 7 亿元、大单 137.280 7 亿元），这些数据告诉了我们什么信息呢？

对比之前每天的大资金进出情况，如图 4-34 所示，可以看出，半天净流出了 263.693 4 亿元是一个很大的数值了，说明当天的市场是非常弱势的，这一点从当天午盘的大盘涨跌幅度也可以得到印证。

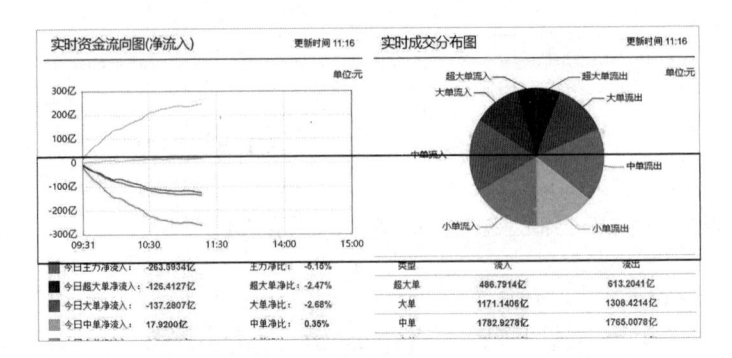

图 4-33　大盘资金流向图

大盘资金流向历史数据(沪深两市)

日期	上证 收盘价	上证 涨跌幅	深证 收盘价	深证 涨跌幅	主力净流入 净额	主力净流入 净占比
2022-11-16	3119.98	-0.45%	11235.56	-1.02%	-399.31亿	-4.24%
2022-11-15	3134.08	1.64%	11351.33	2.14%	164.28亿	1.55%
2022-11-14	3083.40	-0.13%	11113.46	-0.24%	-303.52亿	-2.84%
2022-11-11	3087.29	1.69%	11139.77	2.12%	20.17亿	0.16%
2022-11-10	3036.13	-0.39%	10908.55	-1.33%	-344.51亿	-4.09%
2022-11-09	3048.17	-0.53%	11055.29	-0.79%	-236.53亿	-3.04%
2022-11-08	3064.49	-0.43%	11142.93	-0.58%	-326.60亿	-3.91%
2022-11-07	3077.82	0.23%	11207.73	0.18%	-251.01亿	-2.49%
2022-11-04	3070.80	2.43%	11187.43	3.20%	421.03亿	3.90%
2022-11-03	2997.81	-0.19%	10840.06	-0.34%	-219.01亿	-2.47%
2022-11-02	3003.37	1.15%	10877.51	1.33%	79.98亿	0.76%
2022-11-01	2969.20	2.62%	10734.25	3.24%	157.51亿	1.61%
2022-10-31	2893.48	-0.77%	10397.04	-0.05%	-116.16亿	-1.32%
2022-10-28	2915.93	-2.25%	10401.84	-3.24%	-579.83亿	-6.37%
2022-10-27	2982.90	-0.55%	10750.14	-0.63%	-262.65亿	-2.84%
2022-10-26	2999.50	0.78%	10818.33	1.68%	12.71亿	0.14%

图 4-34　主力资金净流入变化图

　　而大单资金的流入和流出情况更能反映出整个市场的情绪和态度，大盘指数如果下跌，但当天大资金并没有明显流出，那么当天会有盘中探底回升的可能，而如果大盘指数在下跌，大资金也有非常大量的流出，说明当天市场承受着巨大的卖压，很多机构在跑路离场。这种时候如果你进场，很可能是接机构的筹码。虽然我们有着自己的交易系统、选股模式和入场法则，但那只是针对个股，个体很多时候还是会受整体影响，会屈服

第四章 资金面助力——盘面胜率的提升

于整体。所以,即使你找到了很好的个股,找到了很好的入场位,但是如果当时的大盘整体情绪非常差,每天三四千只股票下跌,机构在大量跑路。那么,即使是完全按照交易规则入场,个股很可能也会受大盘拖累,被动下跌,最后打破止损位,这样亏钱很不值。

所以,在交易系统找到个股、找到入场信号后,在入场前,我们有必要观察当天的市场情绪。看大盘大资金的流入流出,结合当天大盘指数的流入流出情况,对当天整个市场的大盘情绪有一个基本判断,再决定当天要不要入场。当然,你不一定要在大涨的时候入场,大盘盘整或者微跌的时候也是可以入场的。但是在三四千只股票下跌的行情下,还是尽可能避免入场,这种行情下,再好的个股,再优质的标的,都可能会被大盘情绪拖下水。

同时,还可以看看最近一个阶段大盘大资金流入和流出的情况,因为一天的大资金流入流出会有一定的偶然性,会受外围市场、政策消息、重大事件的影响,但连续一个阶段的流入流出情况,可以反映出市场大资金对最近市场的态度。比如,自从2022年11月4日大资金净流入421.03亿元,市场大涨之后,接下来一周是出多进少,经常"入不敷出"的状态,如图4-35所示,这种资金流出状态下,说明大资金很多在离场观望,市场整体情绪并不是非常乐观。如果我们想在这样的市场阶段入场,需要抱持谨慎的态度,需要降低交易频率,甚至完全观望,等待市场情绪出现明显转机。

大盘资金流向历史数据(沪深两市)

日期	上证 收盘价	上证 涨跌幅	深证 收盘价	深证 涨跌幅	主力净流入 净额	主力净流入 净占比
2022-11-16	3119.98	-0.45%	11235.56	-1.02%	-399.31亿	-4.24%
2022-11-15	3134.08	1.64%	11351.33	2.14%	164.28亿	1.55%
2022-11-14	3083.40	-0.13%	11113.46	-0.24%	-303.52亿	-2.84%
2022-11-11	3087.29	1.69%	11139.77	2.12%	20.17亿	0.16%
2022-11-10	3036.13	-0.39%	10908.55	-1.33%	-344.51亿	-4.09%
2022-11-09	3048.17	-0.53%	11055.29	-0.79%	-236.53亿	-3.04%
2022-11-08	3064.49	-0.43%	11142.93	-0.58%	-326.60亿	-3.91%
2022-11-07	3077.82	0.23%	11207.73	0.18%	-251.01亿	-2.49%
2022-11-04	3070.80	2.43%	11187.53	3.20%	421.03亿	3.90%

图4-35 大盘主力资金近期净流出较多

比较细心的读者还会发现一个现象：有时候明明指数是上涨，为什么大资金却是净流出？比如，2022年11月7日，大资金净流出了251.01亿元，两大指数却是微涨，这一天全是靠散户买吗？并不全是。这里面有一部分是散户的功劳，也有一部分是机构买。因为现在大机构为了避免被跟踪，为了避免暴露买入意图，它们在市场上下单常会使用拆单系统，把一笔很大金额的买单拆分成很多笔小单买进去，这些买入的小单很多被归于散户单了。所以，中小单不一定都是散户，也有一些机构拆分后的买单，但大单、超大单一般都是机构所为，因为散户的小单是不能拼凑成大单成交，大量大单买入一定是机构在买入，大量大单卖出也一定是机构在卖出。只是由于大资金拆分成小单买入、再大单卖出这种现象的存在，使得大资金净流入为负是市场的常态，但这个差额不会很大。如果负的较多，比如当天大资金净流出300亿元以上，则一定是有很多机构在大量卖出了，你一定要注意了。

通过对当日或者最近一段时间大盘大资金流入流出情况的观察，结合指数本身的表现，我们可以对市场的情绪和资金的态度做一个大致的判断来决定交易频率，决定进场信号出现后到底要不要进场。毕竟在牛市氛围中赚钱比在熊市氛围中赚钱容易太多了，这对提升胜率有很大的帮助。

二、北向资金的流入流出

北向资金是A股市场中一股非常重要的力量，一方面，北向资金一天的成交量在千亿元左右，在A股全市场的成交量占比10%左右，会影响市场的走势，2017—2021年，每年净流入A股规模都超过了千亿元。2023年初更是一个月净流入了1 500亿元，对推动A股的上涨起到了不小的作用；另一方面，因为北向资金"聪明钱"的特点，加之北向资金流入流出可以实时跟踪，所以，北向资金成为盘中重要的方向指引。尤其是在2022年6月之后，证监会对北向资金中的"假外资"进行约束，使得北向资金更加规范，成为市场多方关注的焦点。因此，不管是机构还是散户，学会掌握北向资金的动态都是基本功。

北向资金的流入流出状态在同花顺、东方财富等各大股票软件平台基本都可以看到，在东方财富网站【数据中心】→【资金流向】→【沪深港通资金流向】里也可以看到，如图4-36所示。

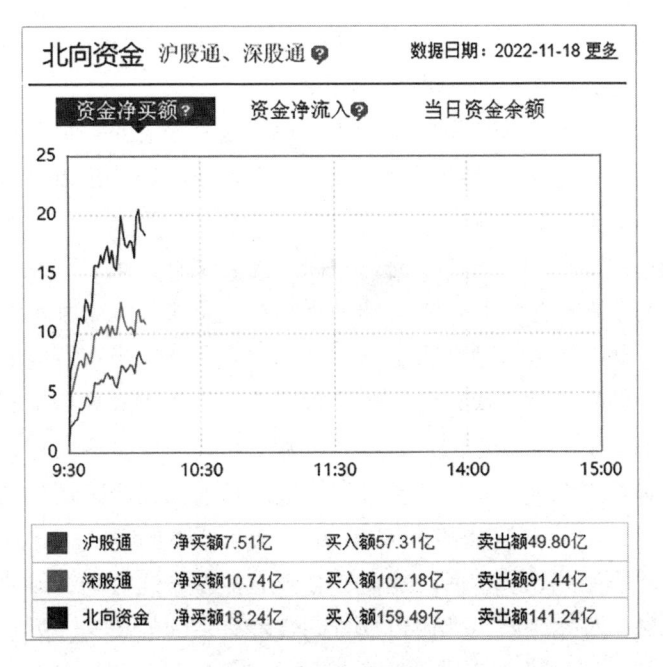

第四章 资金面助力——盘面胜率的提升

图4-36 北向资金盘中资金流向

需要注意的是：北向资金流入流出有两个统计口径，一个叫资金净买额，一个叫资金净流入。

当日资金净买额 = 买入成交额 − 卖出成交额

当日资金净流入 = 当日限额 − 当日余额

其中：当日资金净流入包含两部分，当日成交净买额和当日申报但未成交的买单金额。

在实际操作中，主要观察当日资金净买额，因为它才是实实在在成交了的金额，更为准确。盘中看北向资金，主要是看它的趋向，大多数情况下，北向资金和大盘是同向变动，所以，观察北向资金大体可以判断出当天大盘是上涨、下跌还是震荡。另外，有时候大盘发生盘中异动，比如突然拉涨、探底回升、见顶回落等常会在北向资金的流动上最先产生端倪，在指数突然拉涨或者探底回升前，北向资金流入图上经常会有突然的一段大幅流入；在指数见顶回落前，北向资金流入图上经常会出现拐头和大幅流出。因为关注北向资金的市场参与者比较多，当市场比较纠结没有明显的趋势方向时，北向资金的流入流出态度，有时会影响整个市场的态度。

所以，当我们在盘中看到指数的走势和北向资金的走势出现明显共振时，判断日内的走势往往有较好的效果。

当然，北向资金和大盘指数的走势也不是完全同步，有时也会发生背离：指数明明大涨了，北向资金却没有什么流入流出，抑或是指数明明大跌了，北向资金却是净流入。

这些情况实际中也并不少见，背离产生有多种原因，有可能是因为外资和内资的观点产生分歧；有可能外资是在大量买入卖出某一两个行业板块，而这一两个行业板块和大盘走势相对比较独立；也有可能是北向资金中有大机构的进场或撤离，这些大机构的操作方向刚好与市场短期走势相反。不管是出于哪一种原因，这种大盘涨跌和北向资金流向背离的情况都不是特别有参考意义。有些投资者会比较迷信北向资金，认为北向资金都正确，大盘大跌北向资金却净流入50亿元，是要见底了，北向资金在抄底。实际并非如此。一方面，北向资金中有很多长线资金，即使你知道了它们的操作，对你判断短期内市场方向也没有多大的意义；另一方面，北向资金虽然是"聪明钱"，但很多时候他们一样会买错、会亏损，比如，2022年，北上资金持仓收益-16.49%，仅小幅跑赢沪深300，即使是"聪明钱"，也一样可能犯错误。所以，迷信北向资金和追求这种背离很容易误入歧途，反而我们应该去找共振，找北向资金流入流出和大盘指数涨跌发生明显趋同的情况，这种不管是上涨还是下跌，都能提高判断市场大势的胜率。

除短线追踪盘中的动向外，追踪北向资金对我们中线选择板块和个股也有较大的帮助。北向资金中纯粹做短线的资金占比相对很少，大部分都是长线和中线投资者，持仓股票的整体风格上有以下几个特征：

一是持仓市值偏好大票。

二是持仓股票估值相对于全市场偏高估。

三是持仓股票偏好高成长。

四是持仓股票偏好高流动性。

可以发现，北向资金比很多公募和私募基金更喜欢买一些大票，更注重基本面和行业逻辑，只要有成长性，即使估值高也会往里面扎堆。在2020年"吃药喝酒"的大白马行情中，医药、白酒板块里可以看到很多北向资金在里面"推波助澜"。2021年的新能源行情中，北向资金也是买了大量的光伏股、锂矿锂电股，为赛道行情"添油加柴"。所以，关注北向资金大量涌入的板块很有参考意义，它们很可能就是"正确的赛道"，以北向资金的眼光而言，它们选择的行业板块通常都是景气度比较高的板块，要么是既有的业绩增长较好，要么可预期的业绩增长较好。比如，北向资金在2021年大举买入的光伏行业，2022年上半年新增装机量同比增长了137%；2021年大量购买新能源车行业股票，新能源汽车行业2022年销量500万辆，同比增长47%，北向资金青睐的这些行业都被证实是爆发式增长的行业。同时它们选择的板块往往也是市值容量比较大的板块，这样的板块更容易吸引公募基金、私募基金、券商、保险资金等机构的共同参与，众人拾柴火焰高，共同推高行情。

北向资金增持板块情况在东方财富网站【数据中心】→【沪深港通持股】→【行业板块排行】里可以查看，如图4-37所示。

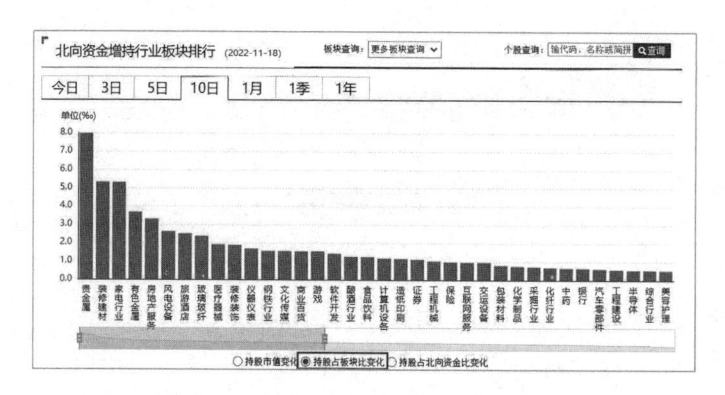

图4-37 北向资金增持占板块比排行

其中，可以看到，不同时间段内北向资金增持的板块有哪些，增持统计维度有以下三种：

第一个维度是增持市值变化，展示增持的绝对值。因为各个板块本身的市值差很远，且基数差别大，家电、银行、酿酒等本是大板块，即使增持了五六十亿元市值，也看不出来增持幅度变化有多少。所以，增持市值变化的维度没有太大实际参考意义，如图4-38所示。

第二个维度是持股占板块比变化（非常有参考价值），排除了板块本身市值大小对持股变化的影响，可以看到，北向资金对各个板块增减持的实际幅度，如图4-39所示。

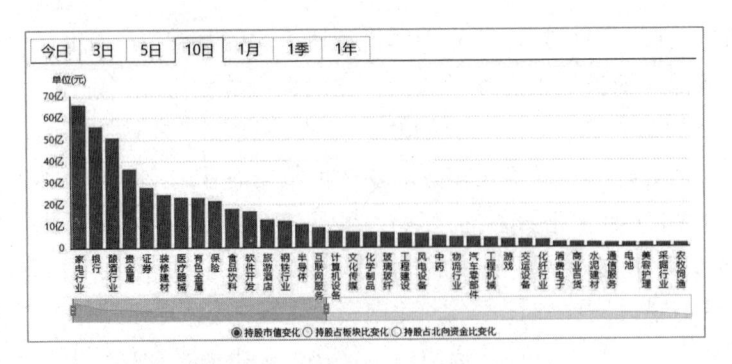

图 4-38　北向资金增持市值变化

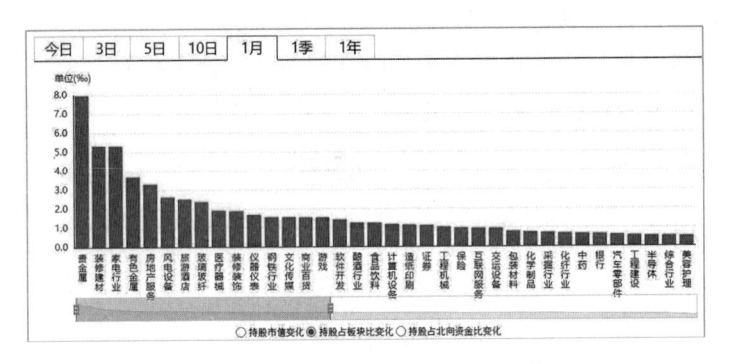

图 4-39　北向资金增持占板块比变化

如图 4-40 所示，北向资金最近 1 月增持幅度最多的是贵金属，但是我们翻一翻贵金属板块就知道，该板块共有 12 只股票，且市值规模都很小，北向资金稍微买一点，都可能引起持股占板块的占比发生很大的变化，需要将其排除。

	代码	名称		涨幅%	涨速	涨停状态	涨停类型	总市值↓	流通市值
1	600547	山东黄金	R	-1.06%	0.00	--	--	878.58亿	709.88亿
2	000975	银泰黄金		-0.61%	0.07	--	--	407.90亿	359.35亿
3	600489	中金黄金	R	-1.39%	0.00	--	--	379.54亿	341.60亿
4	600988	赤峰黄金	R	-0.31%	-0.05	--	--	318.14亿	318.14亿
5	002155	湖南黄金		-0.60%	0.00	--	--	177.90亿	177.88亿
6	002237	恒邦股份		-1.64%	-0.09	--	--	123.64亿	98.05亿
7	601069	西部黄金		-1.56%	0.08	--	--	117.16亿	80.52亿
8	002716	金贵银业	R	-1.47%	0.00	--	--	73.83亿	70.37亿
9	000506	中润资源	R	-3.26%	0.00	--	--	33.07亿	33.06亿
10	600807	济南高新		-1.08%	0.00	--	--	32.29亿	28.73亿
11	300139	晓程科技	R	-1.92%	-0.23	--	--	23.76亿	20.26亿
12	600311	*ST荣华		-2.50%	0.65	--	--	10.38亿	10.38亿

图 4-40　北向资金的买入对小板块影响很大

第四章 资金面助力——盘面胜率的提升

在图 4-39 中，排在第二、第三位的装修建材和家电属于中等市值规模的板块，比较合适。需要列入我们重点跟踪的板块名单，同时，还要重点关注大市值的板块里哪个排名靠前，说明大板块里北向资金增持增幅比较多的是房地产，而装修建材和家电本身也和房地产行业关联性非常强——一个是房地产的上游，一个是房地产的下游，它们发生了很强的联动。由此可以判断，房地产和相关行业最近都成了北向资金大举买入的目标，结合央行和银保监出台的促进房地产市场平稳发展的"金融十六条"措施，北向资金非常看好房地产行业，与之关联的建材、家电等行业迎来困境反转。这时我们应对房地产、建材、家电等板块高度重视，而 2022 年 11 月上旬，房地产和相关行业确实发生了一波上涨，如图 4-41 所示，北向资金如果持续增持，股价可能会发生进一步的惯性上涨。这些行业的个股都可以成为重点关注目标，寻找符合交易系统的个股，一旦出现合适的交易信号，就可以尝试买入。

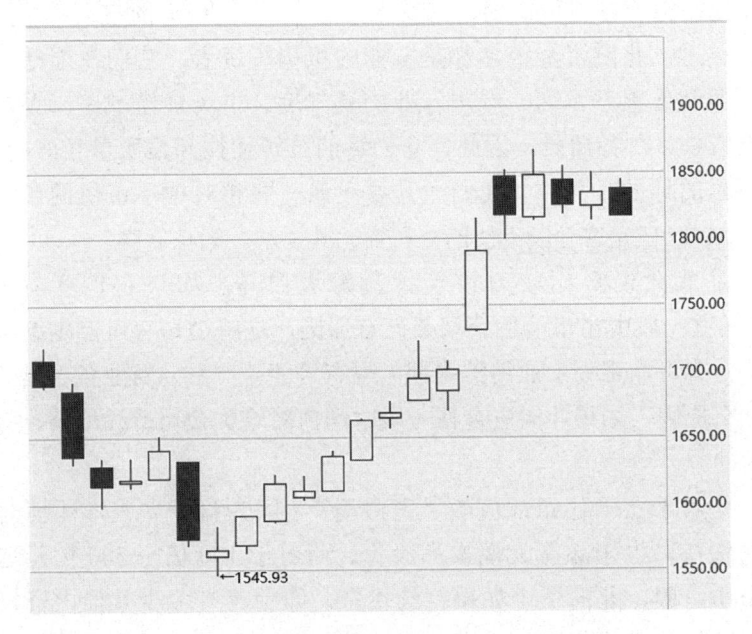

图 4-41 北向资金的增持往往会带来上涨的动量

北向资金增持的第三个维度是持股占北向资金比变化，它反映的是北向资金内部对于各个板块持仓偏好的变化，可以用北向资金最近对一些板块的态度做一个相对的参考，但作用没有持股占板块比变化维度的大，如图 4-42 所示。

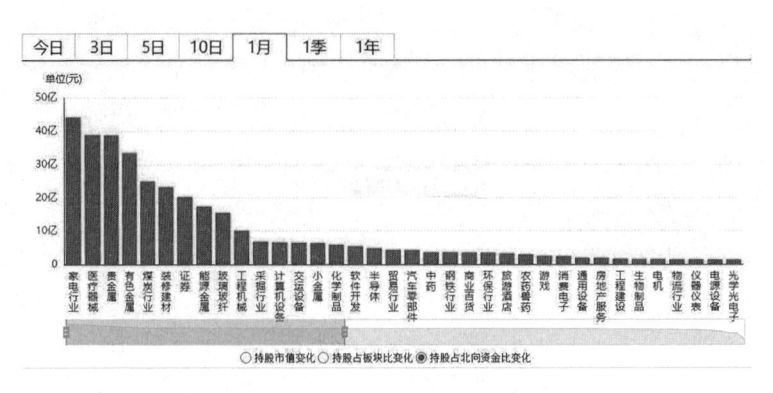

图 4-42 持股占北向资金比变化

除了盘中的实时流入流出、板块持股变化，北向资金对于个股的持股变化也是很有参考价值的，尤其对一些中长线投资者比较有参考意义。前面我讲过，北向资金很多都是专业的机构投资者，它们在选择板块和个股时非常看重基本面，看重行业的景气度、市场规模增速，看重公司的业绩增长、财务质量。因此，它们选的公司往往都是质量较好的公司，都是不错的标的。其中，我们尤其要注意一些相对中小市值的公司，在 100 亿～300 亿元这一段市值的公司要尤其关注。为什么呢？

一是北向资金比较习惯买大蓝筹大白马，如果它们买 100 亿～300 亿元这一段中小市值的公司必然有原因，这些公司有可能是细分领域的龙头，有可能正处于业绩扩张期，也有可能新产品、新业务不错。不管出于什么原因，如果北向资金在一段时间内对这类公司持续增持，必然是有原因的。

二是对于上千亿元市值的"大白马"，因为盘子太大，即使北向资金大量增持，也未必能大幅推高股价。而对于 100 亿～300 亿元这样市值的中小盘股，北向资金如果持续增持，即使没有多少其他内资机构协力，都可能把股价推高一大段，而如果有公募基金、私募基金等其他内资合力，走出一段波澜壮阔的大行情都有可能。所以，当我们发现某个 100 亿～300 亿元的中小盘公司近期在被北向资金持续增持的时候，就要特别留意，如图 4-43 所示。

北向　沪股通　深股通

今日排行　3日排行　5日排行　10日排行　月排行　季排行　年排行

序号	代码	名称	相关	今日收盘价	今日涨跌幅	今日持股				10日增持估计					所属板块
						股数	市值	占流通股比	占总股本比	股数	市值	市值增幅	占流通股比	占总股本比	
1	002918	蒙娜丽莎	详细 数据	16.81	-0.94%	726.73万	1.22亿	3.32%	1.75%	464.07万	7670.30万	208.88%	25.07‰	13.23‰	装修建材
2	688063	派能科技	详细 数据	310.50	3.25%	797.66万	24.77亿	9.67%	5.15%	221.63万	7.02亿	33.64%	23.49‰	12.51‰	电池
3	002271	东方雨虹	详细 数据	30.70	-0.49%	2.51亿	77.10亿	12.64%	9.97%	3882.97万	12.48亿	20.81%	22.23‰	17.53‰	装修建材
4	002458	益生股份	详细 数据	15.44	-3.50%	2584.17万	3.99亿	3.82%	2.60%	1146.76万	1.58亿	96.78%	20.57‰	14.01‰	农牧饲渔
5	601899	紫金矿业	详细 数据	9.64	-1.33%	16.94亿	163.34亿	8.27%	6.44%	3.29亿	32.11亿	28.12%	18.74‰	14.59‰	贵金属
6	000758	中色股份	详细 数据	4.86	-1.82%	5079.58万	2.47亿	2.58%	2.58%	3278.37万	1.65亿	194.82%	17.82‰	17.82‰	有色金属
7	300832	新产业	详细 数据	51.01	0.31%	2325.71万	11.86亿	8.19%	2.96%	534.35万	2.76亿	27.90%	17.61‰	6.36‰	医疗器械
8	000878	云南铜业	详细 数据	12.14	-1.62%	8595.87万	10.44亿	5.06%	5.06%	2687.28万	3.37亿	48.76%	16.95‰	16.95‰	有色金属
9	600422	昆药集团	详细 数据	16.74	-0.71%	2205.86万	3.69亿	2.91%	2.91%	1302.92万	2.12亿	141.69%	16.90‰	16.87‰	中药
10	601038	一拖股份	详细 数据	12.18	-0.49%	2043.16万	2.49亿	3.44%	1.82%	922.65万	1.15亿	85.48%	16.13‰	8.52‰	专用设备
11	002572	索菲亚	详细 数据	16.93	-1.11%	9820.77万	16.63亿	15.37%	10.76%	907.40万	1.48亿	11.13%	15.53‰	10.87‰	装修建材
12	601168	西部矿业	详细 数据	11.08	-0.81%	9108.91万	10.09亿	3.82%	3.82%	3481.84万	3.94亿	65.52%	15.47‰	15.47‰	有色金属
13	000333	美的集团	详细 数据	47.97	0.02%	13.48亿	646.57亿	19.67%	19.27%	9637.47万	44.53亿	8.26%	15.08‰	14.77‰	家电行业
14	000656	金科股份	详细 数据	2.13	-1.39%	3.08亿	6.57亿	5.81%	5.78%	6657.84万	1.40亿	31.91%	14.53‰	14.46‰	房地产开发

图 4-43　北向增持导致占流通股比不断提升

北向资金增持个股的情况，在东方财富网站的【数据中心】→【沪深港通持股】→【个股排行】栏目中查看。在看的时候，我建议大家按照“占流通股比”排序，原因和看板块时一样，用于过滤掉市值的绝对值对排名的影响。这里看近 10 日北向资金增持最多的一些股票，比如，蒙娜丽莎、东方雨虹、索菲亚等都属于装修建材板块，也印证了之前我们在板块资金流动里看到的结果，这些板块和股票要保持关注。

排名里我们也看到，虽然北向资金近 10 日不断在增持，但有些增持排名靠前的股票的股价不仅没有上涨反而还下跌，比如看到增持幅度第二大的派能科技最近 10 个交易日股价反而是跌的，甚至都没有跑过同期的大盘指数，如图 4-44 所示。这又是怎么回事？

这就是我们跟踪北向资金增持的股票时必须要注意的点了。因为北向资金中的很多机构都是注重基本面做中长期投资，所以，即使北向资金在不断买进，也并不意味着这只股票是短线的热点股，并不意味着短期内一定会涨，有时短期内反而会下跌。尤其当北向资金大幅加仓的这只股票并不属于北向资金最近大幅加仓的热门板块时，这种情况更容易出现。派能科技属于储能板块，并不属于房地产、建材装饰、家电等板块。不属于这些板块而又被大幅加仓，说明这只股票被“单独看中”。而且北向资金的建仓通常不是一次完成，股价继续下跌对很多北向资金是继续加仓的好机会。

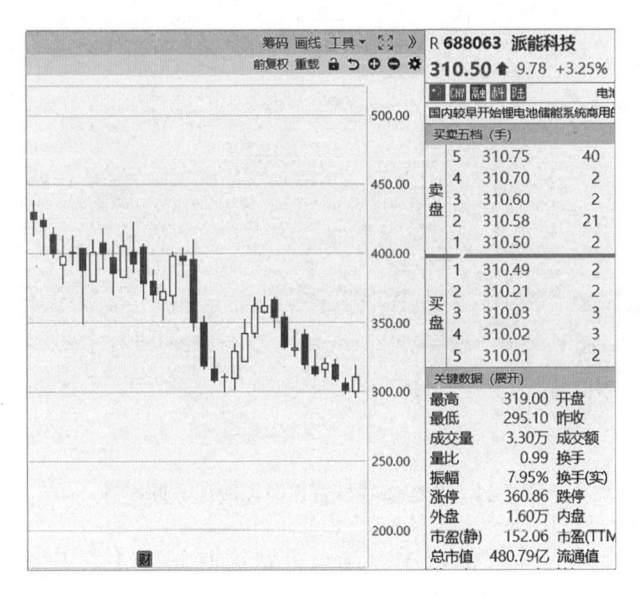

图 4-44　北向增持但股价不断下跌

如果是奔着短线目的，冲进北向资金大幅加仓的股票，搞不好会被套。所以，你在跟踪北向资金大幅加仓的板块时，需要以偏短线的思路；跟踪北向资金大幅加仓的股票股时，有时候需要以中长线的思路，对于有些股票，北向资金的建仓周期可能需要不少时间，短线上起起伏伏很正常。

对于北向资金的流入流出监控，我讲了三种不同维度的使用方法，不管是从其中哪一个角度，都需要灵活运用，结合其他提升胜率的方法共同使用，不能只是盲目相信北向资金，毕竟聪明钱也会有犯错的时候。

三、板块资金的流入流出

对板块大资金流入流出的监控方法，类似于我们查看北向资金对行业板块的增持情况，在东方财富网站【数据中心】→【资金流向】→【行业板块资金流向排行】栏中可以查看，如图 4-45 所示。

时间维度，建议大家使用 5 日排行或者 10 日排行。今日排行只是在盘中有一点参考意义，毕竟单日的流入流出受短线资金的影响，偶然性较大。很多板块常出现"一日游"的行情，参考意义不是很大，因此，我们需要把"一日游"板块过滤掉。而 5 日排行或者 10 日排行比较能看到资金最近在持续流入哪些板块，这些板块自然也是要关注的焦点板块，在选择个股标的时也要尽可能在这些大幅流入的板块中选择，同时，只有计算机设备、医药商业、教育、医疗服务、保险、电子化学品几个行业板块有大资金净流入，其他行业板块全部是大资金净流出，说明存在两种现状：

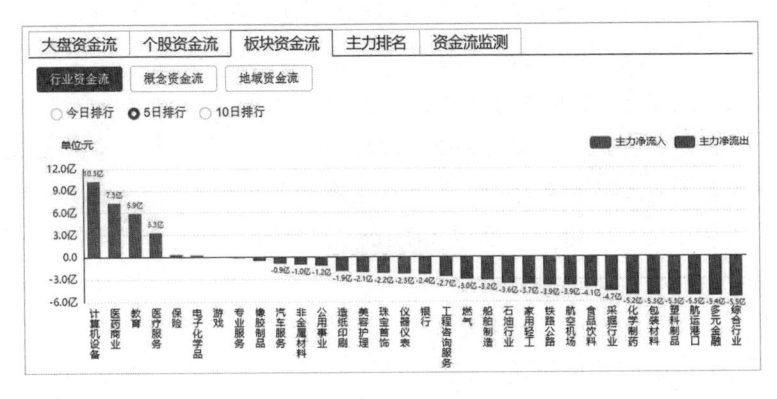

图 4-45　行业板块资金流入流出情况

一是说明最近几天大盘情绪并不好，大部分板块的大资金都在流出。

二是说明医药医疗和信创两个赛道的行情依然在持续，最近依然有很多资金在流入。对于医药医疗和信创两个板块的行情，我们不能轻易看顶，短期内很可能还会持续，如果近期选择个股标的一定是在这两个行业中进行优先选择。

我们不仅看大资金流入最多的板块，大资金流出最多的板块也必须要看，如图 4-46 所示，近期大资金流出最多的板块是半导体、光伏设备、汽车整车、能源金属等，这些都是 2021 年和 2022 年比较传统的赛道股，最近的资金大幅流出需要大家提防。

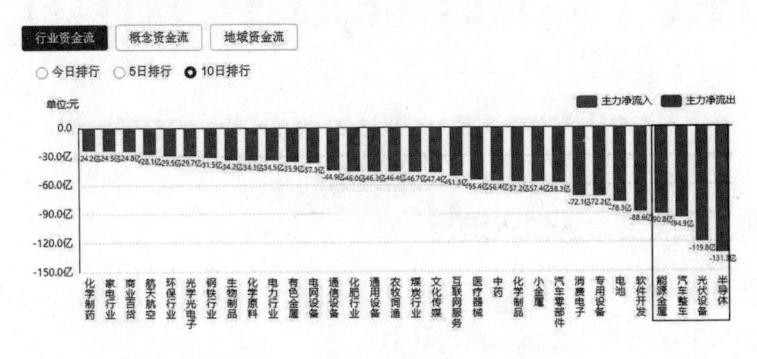

图 4-46　资金大量流出的行业板块

除了行业资金流，在概念资金流里，我们也可以看到最近哪些概念是被大资金看好。

如图4-47所示，可以看到，因为医药医疗板块最近有资金持续流入，医药医疗里面的很多新老概念，比如肝素概念、CAR-T细胞疗法、CRO、免疫治疗、青蒿素、幽门螺杆菌等概念也被大资金热捧，行业板块资金持续流入，行业板块内的新老概念被资金热炒追捧，这是一种持续性较好的上涨状态。当然，并不是炒概念都是好的，A股中有些概念股纯粹是概念，也都是在讲故事，离真正变成业绩释放完全是八字还没一撇。而有一些概念未来却可以真正变成相关市场的增长，变成公司实打实的业绩增长，所以，对于市场热炒的概念，我们要擦亮眼睛加以辨别，去挑选相关个股，此时，如果还有行业板块资金的持续流入，出现共振效应，胜率会更高。无论是行业板块还是概念板块资金的流入流出，都需要阶段性的跟踪，里面一些资金流入持续性好的、有基本面支撑的、有好概念供短线热钱炒作的板块，往往是市场人气聚集的板块，继而走成市场的主线板块，拉出一波主升浪上涨行情，甚至还可以拉动大盘指数上涨。一旦选对了板块，不仅胜率很高，容错率也会很高，对于提升交易盈利作用很大。

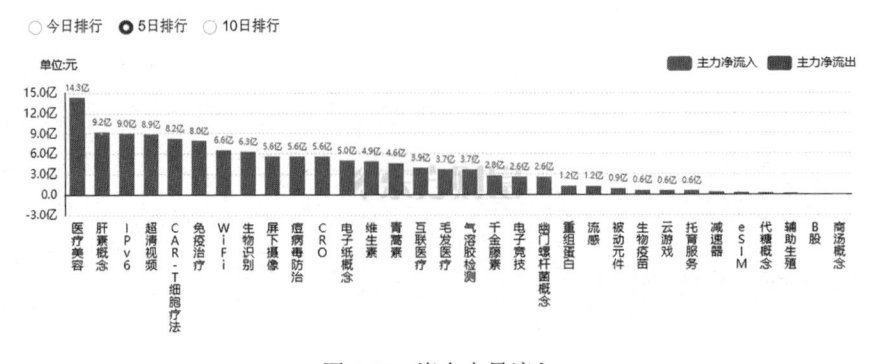

图4-47 资金大量流入

四、个股资金的流入流出

个股盘中的资金流入流出在同花顺等看盘软件上可以实时查看，图4-48为宁德时代资金流入流出页面。

第四章 资金面助力——盘面胜率的提升

图 4-48 宁德时代盘中资金流入情况

个股过往的资金流入流出情况在东方财富网站【数据中心】→【资金流向】中输入个股名称即可查询，如图 4-49 所示。

图 4-49 宁德时代近期资金流向情况

相比于大盘和板块的资金流入流出，个股的资金流入流出反而不那么重要。因为个股无论是盘中实时的流入流出还是近一段时间内的流入流出，都具有较大的波动性和偶然性，尤其在一些小盘股上表现更为明显。

181

另外，个股的涨跌和资金流向也经常会出现背离，有时明明股价涨了不少，大资金却大幅流出，有时明明股价跌了不少，大资金却大幅流入，这里面的原因在大盘资金流跟踪的内容部分已经给大家讲过。所以，你紧盯着某一只股票的资金流入流出情况来做买卖决策是很容易掉坑里的，并不建议大家这样做。

跟踪个股资金流向还有一个用法是跟踪全市场大资金净流入靠前的个股，在看盘软件上可以实现。以同花顺远航版为例。在【选股】功能下选择【资金流向】，然后以“资金流入净额”项排序，由高到低排列当日、最近5日、最近10日、最近20日大资金净流入最多的股票。如图4-50所示。

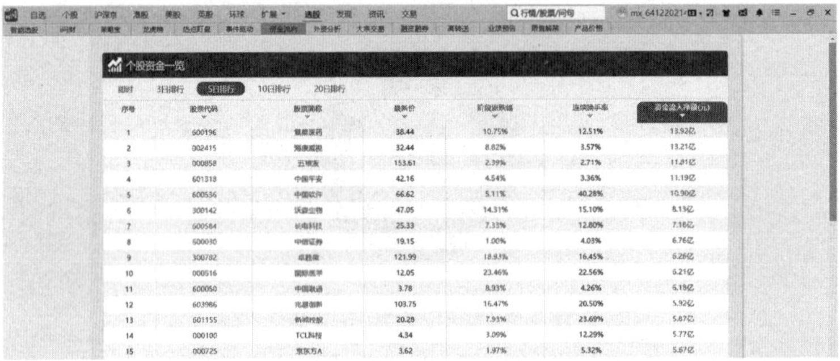

个股资金一览

即时 3日排行 5日排行 10日排行 20日排行

序号	股票代码	股票简称	最新价	阶段涨跌幅	连续换手率	资金流入净额(元)
1	600196	复星医药	38.44	10.75%	12.51%	13.92亿
2	002415	海康威视	32.44	8.82%	3.57%	13.21亿
3	000858	五粮液	153.61	2.39%	2.71%	11.81亿
4	601318	中国平安	42.16	4.54%	3.36%	11.19亿
5	600536	中国软件	66.62	5.11%	40.28%	10.90亿
6	300142	沃森生物	47.05	14.31%	15.10%	8.13亿
7	600584	长电科技	25.33	7.33%	12.80%	7.18亿
8	600030	中信证券	19.15	1.00%	4.03%	6.76亿
9	300782	卓胜微	121.99	18.93%	16.45%	6.26亿
10	000516	国际医学	12.05	23.46%	22.56%	6.21亿
11	600050	中国联通	3.78	8.93%	4.26%	6.18亿
12	603986	兆易创新	103.75	16.47%	20.50%	5.92亿
13	601155	新城控股	20.28	7.93%	23.69%	5.87亿
14	000100	TCL科技	4.34	3.09%	12.29%	5.77亿
15	000725	京东方A	3.62	1.97%	5.32%	5.67亿

图4-50　当日大资金净流入最多的股票排行

查看大资金流入排名靠前的个股分别属于哪些板块，以从侧面印证自己对大资金大幅流入板块的判断，提高准确性。同时，可以查看个股的连续换手率（统计周期内的累计换手率），5日连续换手率在20%以上的都属于交投非常活跃的个股，说明大资金的焦点都集中在这些股票上，这些股票即使不买，也要把它们当作板块内的风向标股票，来判断板块走势的持续性和板块内资金情绪的情况，有时甚至比用板块的高标龙头股判断板块情绪效果更好，因为板块的高标龙头股很多都是游资在炒作，游资可能今天进明天出，波动很大，极端情况下天地板都有可能，而且有时常会出现板块更换龙头股的情况，所以并非那么可靠。而板块内资金流入最大的股一定是被大机构盯上的股，大机构一般不会像游资一样快进快出，行情走势相对更稳健，所以，这些股票的走势持续性情况更能体现板块的走势情况。这一点大家可以很好地参考，利用焦点股票的走势情况去反推板块的走势情况，为我们选择板块和进出场提供很好的依据，这是跟踪个股资金流入流出更有效的用法。

第四节　典型的底部反转形态应用

　　下面我把成交量、筹码、资金流向监控综合起来运用，去识别和寻找有短线潜在交易机会的股票。

　　哪些股票会存在短线的交易机会呢？持续的下跌行情、无效的震荡行情、快速的追涨行情，这些行情都不是我们想要的行情，这些行情中也会有阶段性的上涨，但总体都属于风险大于收益的行情。持续的下跌行情、无效的震荡行情中你的胜率通常会出现问题，快速追涨行情，盈亏比通常会出现问题。对我们最有利的，应该是底部反转形态和上涨回调形态，这两种形态下，胜率和盈亏比都可以相当不错，符合交易系统的核心目标。接下来我分别讲解一下这两种形态。

　　底部反转形态根据形态的不同分为很多种，有V形底、W形底（双重底）、三重底、头肩底、弧形底等。在我个人看来，这些不同形态的底形状长什么样并不重要，也不必去死记硬背。结合成交量和筹码分布的情况来看，底部实际只有两种：剧烈底和平稳底。

　　剧烈底的重要特征是底部成型非常快，成交量剧烈放大，筹码在底部区域快速聚集，底部区域大量频繁换手，底部维持时间短。剧烈底可以是V形底，也可以是W形底（双重底）、头肩底。图4-51为阳光电源（300274）的底部反转形态。2022年4月19日晚其公布了一季报，2022年1月1日—3月31日，公司实现营业收入45.68亿元，同比增长36.48%，净利润4.11亿元，同比增长6.26%，每股基本收益为0.28元，经营活动产生的现金流量净额为-16.83亿元。一季报大幅不及预期，成长性备受市场质疑，仅仅5个交易日股价暴跌了34%，最低跌到了55.9元，相比2021年的最高点180.05元，股价已经跌掉了69%。在60元附近的位置，我们看到成交量在剧烈放大，相比于三四月份的连续缩量阴跌，4月底这一阶段的成交量一下子放大了两三倍，而且筹码在这个区域快速聚集，发生了大量的筹码换手。如此大的成交量和筹码换手，再加上阳光电源又是光伏逆变器龙头的赛道核心股票，本身又是机构喜爱的股票，说明这个区域有大量机构资金在接盘吸筹。

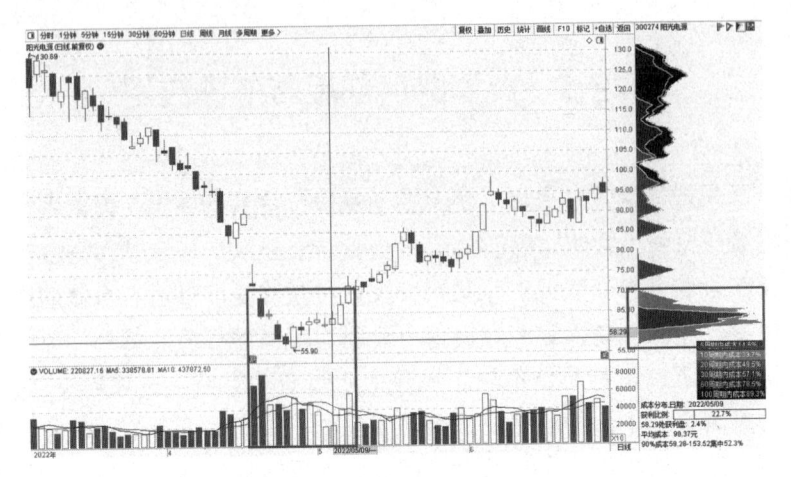

图 4-51　阳光电源的底部反转形态

巨量下跌易反弹，在量价十法则时讲过，这一区间的成交量符合这一特征。筹码分布上，当前位置快速形成了一个非常突出的筹码峰，同时10周期内成本达到了37.3%，即10个交易日内，三分之一的筹码换了手，这对一只1000多亿元市值的大股票而言已经是很大的数字了，这也符合底部企稳筹码形态的两大特征。

如图4-52所示，可以看到，当时的资金流向是：4月27日大资金净流入5.04亿元，大涨了7.31%，4月27日时整个A股市场都迎来了报复性反弹，阳光电源作为光伏逆变器的绝对龙头，自然被资金疯抢，这是很合理的。

日期	收盘价	涨跌幅	主力净流入	主力净占比	游资净流入	游资净占比	散户净流入	散户净占比
2022-04-29	63.20	3.67%	4451.79万	1.52%	3.79亿	6.10%	-1.10亿	-3.76%
2022-04-28	60.96	-1.38%	-2.39亿	-9.50%	-1.95亿	-7.77%	1.14亿	4.52%
2022-04-27	61.81	7.31%	5.04亿	15.62%	4.35亿	13.50%	-2.39亿	-7.40%
2022-04-26	57.60	-2.21%	-8578.86万	-3.63%	-272.71万	-0.12%	1.18亿	5.00%
2022-04-25	58.90	-9.59%	-1.78亿	-6.12%	-4127.63万	-1.42%	2.54亿	8.75%

图 4-52　阳光电源近5日资金流向

同时，我们还要注意到，4月28日，阳光电源大资金净流出2.39亿元（大多数是之前被套的大资金），游资净流出1.95亿元，然而股价只微跌了1.38%，这是一个很不寻常的信号，与4月25日大资金仅流出1.78亿元造成了9.59%的暴跌形成了鲜明对比。说明在这个位置不仅大机构吸筹承接量大，而且承接力度非常强，如果大量的资金流出都砸不动盘，可以表明这个位置筑成的底非常牢固。

在这样的位置尝试进场显然是非常明智的，无论是胜率还是潜在的盈亏比都非常可观，虽然当时我们并不能预料阳光电源后市竟然从底部一路翻倍最高上涨到了149元，但在当时的进场位置，如果进场，止损位设在之前的最低价下方一点点，从最近的阻力位来看，做到3:1以上的盈亏比完全没有问题。而且因为当时阳光电源的股价和估值已经跌到了很低位，报以更高的盈亏比期望都是完全合理的。

阳光电源的这种底部企稳形态是典型的剧烈底，特征非常明显，我们不管是从成交量、筹码分布形态还是从资金流入流出情况分析，都符合底部的特征，这样的底显然非常牢固，加上当时整个市场的情绪开始转暖，市场和个股形成了共振，后面股价扶摇直上，直至翻倍。需要注意的是，剧烈底经常出现在个股出现重大利空时，比如业绩不及预期、订单受到大幅影响、公司产品出现负面新闻等，这时市场会出现巨大的分歧，有的人认为要赶紧"割肉"，有的人认为是抄底的好时机，此时成交量会放大很多。但并不适合入场，这是多空双方在掰手腕的时候，成交量刚放大并不意味着多方一定能赢，我们还需要多观察几天，等到成交量、筹码分布、资金流向都呈现出底部特征的时候，这个底部才是相对比较牢固的底部，才适合入场。

与剧烈底相对的是平稳底，它的特征是成交量缩得非常小，K线也以小阴线、小阳线、十字星为主，其间股价可能多次尝试探底，但始终没有跌破最开始的最低点，而且在这段缩量的震荡行情中，筹码开始从高位向底部逐渐转移，逐渐在底部震荡区域形成明显的筹码峰，同时，大资金在这段时间内也在平稳流入。这样的底部就是平稳底，平稳底持续的时间比较长，一般需要几周甚至几个月的时间，因为它的筹码换手相对剧烈底要慢很多。当然，平稳底既可以是弧形底，也可以是W形底（双重底）、三重底、头肩底等。

2022年4月27日市场阶段性见底后，新能源汽车板块迎来了一波为期几个月的大幅上涨，如图4-53所示，有很多人觉得很意外。实际上在反弹之前已经有了一定的预兆，在4月整个市场还没见底的时候，新能源汽车板块很多核心个股已经提前见底企稳了。

图 4-53　新能源汽车板块走势

2022年4月是市场情绪非常差的一个月，大盘指数不断在下探新低，然而我们发现，作为新能源汽车行业龙头的比亚迪（002594）整个4月并没有创出新低，只是在一个小区间内缩量震荡，表现出非常强的抗跌性和韧性。在大盘恐慌下杀的时候，比亚迪甚至没有跌破这个小区间。

这一表现很符合我们在量价十法则里提到的"量小成底""缩量不跌，筑底成功"的特点，即使在大盘下杀的时候，比亚迪的持有者也不愿意卖了，即使卖，也马上有买盘愿意承接，形成了缩量、不跌的局面。

再看筹码分布，如图4-54所示，我们看到4月在这个震荡区间大量筹码开始悄悄集中，形成了一个非常明显的筹码峰，高位的很多筹码转移到了这个区间，表明这个区间有大资金在大量吸筹。但是由于当时整个市场环境非常差，市场情绪一片悲观，机构即使非常看好比亚迪也不敢一下子大举买进，也是抱有一种谨慎的态度，以一种缓慢的进度在一点一点吸筹，在整个市场见底之前，机构已经在这个小幅震荡区间内基本完成了吸筹建仓操作。

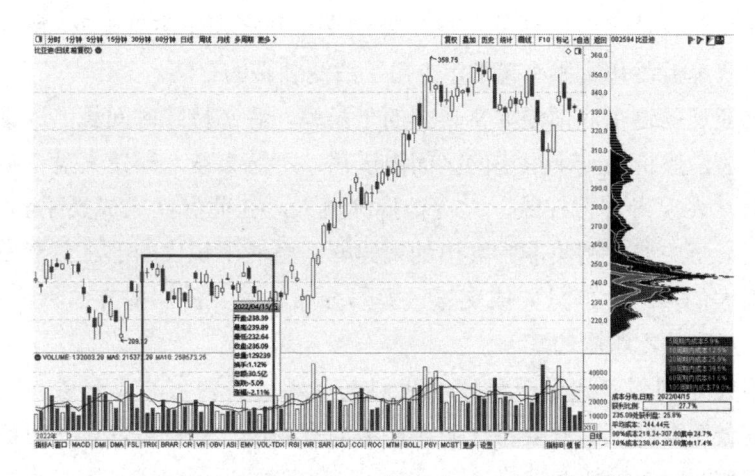

图 4-54　比亚迪在底部震荡区间有大量资金吸筹

从资金流向上也可以辅助印证我们的判断，4 月初开始不断有大资金和游资涌入比亚迪，而散户资金都是净流出，如图 4-55 所示，这是很明显的筹码换手了，机构从 4 月初开始收集散户手中的筹码。尽管这个速度并不快，相比阳光电源的底部吸筹速度要慢很多，但到了 4 月中旬，我们还是看到底部已经形成了非常突出的筹码峰。

日期	收盘价	涨跌幅	主力净流入	主力净占比	游资净流入	游资净占比	散户净流入	散户净占比
2022-04-06	241.90	2.52%	3.89亿	7.82%	2.96亿	5.95%	-2.69亿	-5.41%
2022-04-07	240.00	-0.79%	4073.71万	1.37%	5612.37万	1.89%	5950.07万	2.01%
2022-04-08	243.98	1.66%	7.84亿	18.74%	4.49亿	10.73%	-3.55亿	-8.49%

图 4-55　筹码换手的资金流入流出

不论是从成交量、筹码分布，还是资金流向，比亚迪在 4 月都已经具备了底部特征，而且这个底部非常稳固。而比亚迪作为新能源汽车板块的绝对龙头，如果底部企稳反弹，整个新能源汽车赛道必然大概率起飞。在 4 月底整个 A 股市场迎来报复性反弹，情绪开始回暖后，5 月 4 日，比亚迪公告，4 月新能源汽车销售 10.60 万辆，去年同期为 2.57 万辆；1—4 月新能源汽车累计销量 39.24 万辆，同比增长 387.94%，业绩非常亮眼，震动了市场。这说明之前的大资金提前进场吸筹是有原因的，机构对这一业绩早有预测。有了基本面的支撑，资金开始大量挤进新能源汽车板块，再加上5月起各地出台的新能源汽车补贴支持和汽车下乡补贴支持等政策，新能源汽车板块开始加速起飞，走出了波澜壮阔的行情。

比亚迪的这个底部是非常典型的平稳底，底部持续时间长，成交缩量非常明显，股价在一个很小的区间内震荡，不怎么跌，即使大盘指数在大幅杀跌，表现得非常扛跌。大资金持续流入，在此区间完成换手和吸筹，底部逐渐形成非常密集非常突出的筹码峰。虽然平稳底的形态节奏和剧烈底有很大的不同，但只要成交量、筹码分布、资金流向多方面特征明显，同样会形成非常牢固的底部。

不管是剧烈底还是平稳底，我们重点还是要看它的成交量、筹码分布、资金流向特征，只要特征明显，考虑进场，止损位可以设在前期最低点或者小区间的最低点。

就比亚迪而言，5月10日这天在接近震荡区间底部的位置出现了符合我们进场规则的"信号旗"K线变形体（箭头所指位置），如图4-56所示，是非常好的进场位置，止损线设在震荡区间的最低点（下方支撑线位置）。止损幅度很小，潜在盈亏比在2∶1以上（因为是在大行情的底部进场，这里的盈亏比期望可以放得更大），同时也是具备非常重要底部特征的位置，胜率较高，是一个胜率和盈亏比都极佳的交易入场位。这是对非常典型的底部反转形态的有效运用，希望大家可以熟练掌握。

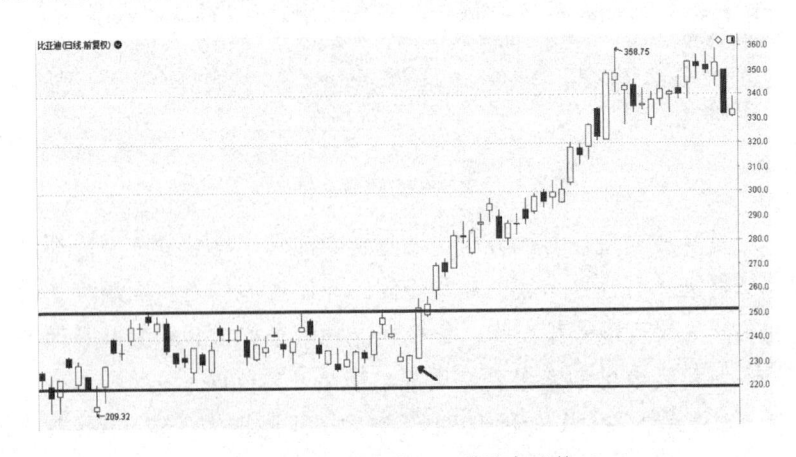

图4-56 "信号旗"K线的变形体

第四章 资金面助力——盘面胜率的提升

第五节　典型的回调上车形态应用

除底部企稳反转形态外，上涨回调形态也是需要重点关注和寻找的形态，即"倒车接人"的形态，这种形态往往是较好的"上车"机会。但并不是所有的回调都是"倒车接人"，有一些是"倒车碾人"，如果你一看见回调就不加辨别地"杀"进去，很可能成为接盘的人。那么，哪些回调可以"上车"呢？可以上车的回调有以下一些重要的条件或特征：

- 条件1：一定是在上升趋势中，回调前的最近这一波上涨的最高点一定要超越前一波段的高点（在第二章如何定义和判断趋势时给大家讲过）。只有在上升趋势中的"回调"才是真的回调，下降趋势中的"回调"很可能是新一波下跌的开始。
- 条件2：个股所处的板块指数正处于上升趋势中，个股和板块的上涨是共振的，而不是个股个体的行为，个体的行为往往难以持续，来接力的资金也相对比较缺乏。
- 条件3：回调一定是要缩量的，且越小越好，一定不能是放量回调。放量回调意味着杀跌的动能非常大，大资金甚至可能正在大量出货，你所看到的"回调"很可能是见顶（这一点我在量价十法则中给大家讲过，"量大成头""放量顶下跌，后市调整漫长"）。
- 条件4：回调前最近的一波上涨最好是缩量的或者温和放量的，巨量的上涨一旦回调，有时回调幅度也会很深，如果我们过早介入，很可能要承受较大的回撤，会非常被动，这是我在量价十法则的"巨量上涨易回落"里给大家所讲解的。
- 条件5：在回调的区间内会形成了一个新的筹码峰，但一定不能长过底部的筹码峰，底部的筹码峰必须还在，没有大幅度减少。
- 条件6：最好能回调到重要的支撑位获得支撑，K线出现反转形态，"信号旗"K线出现，这是最理想的回调"上车"位置。

可见，真正好的回调"上车"形态要满足的条件是比较多的，也正因为如此，才更需要大家睁大眼睛仔细辨别。接下来举几个正确的和错误的例子，方便大家比较。

如图 4-57 所示，北大医药（000788）在 2022 年 11 月 3—8 日（图中方框位置）出现了一波非常标准的"上车"回调形态：前一波上涨的高点高过前面的高点，是上涨趋势，条件 1 符合；所处的医药板块一直处于上涨趋势中，条件 2 符合；回调的几天相比前面上涨都是缩量的，条件 3 符合；回调前的三天上涨是温和放量的，条件 4 符合；在回调区域形成了一个新的筹码峰，但没有长过下方的筹码峰，下方的筹码峰没有明显减少，条件 5 符合；11 月 8 日在重要的支撑位出现长下影反转，"信号旗"K 线出现，条件 6 符合。回调"上车"的 6 个条件全部符合，且非常标准，后市也如我们所预期的那样，开始了新的一波快速拉升。这样的标准形态大家要熟悉，是胜率比较高的入场形态。

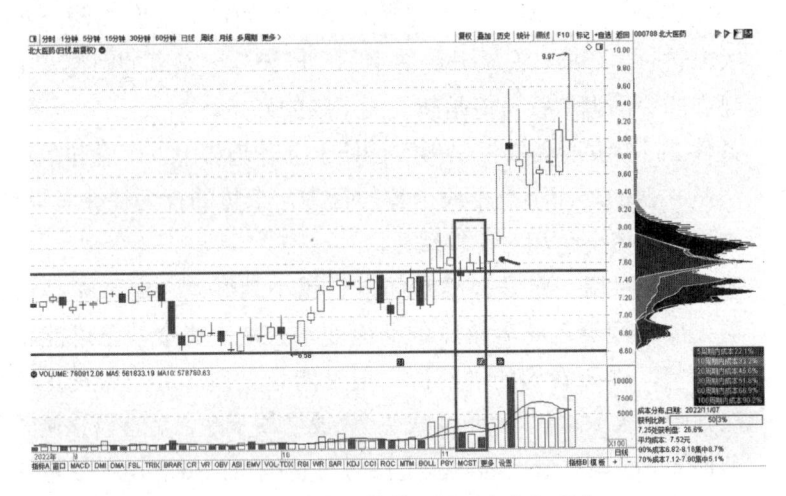

图 4-57　北大医药的回调"上车"形态

如图 4-58 所示，证通电子（002197）在 2022 年 8 月上半月经历了一个波段的上涨之后，进入了一个比较漫长的回调期，前后回调了整整一个月的时间，虽然回调时间长，但是这波回调却是符合我们回调"上车"形态的六大特征的：回调前的一波上涨的高点高过之前的高点，回调的最低点没有跌破前一个波段的最低点，处于上升趋势中，条件 1 符合；证通电子所在的数字货币和信创板块指数当时处于波段式的上涨通道中，条件 2 符合；回调是明显缩量的，条件 3 符合；回调前的一波上涨有一点小幅温和放量，条件 4 符合；最大的筹码峰仍然在底部，底部筹码稳固，筹码分布状态健康，条件 5 符合；箭头所指的位置出现了一根启明之星组合的"信号旗"K 线的变形体，是一个比较标准的入场信号，条件 6 符合。

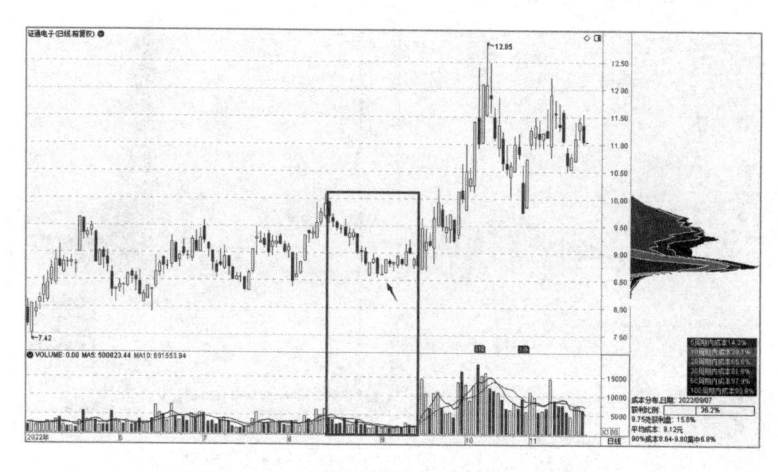

图 4-58　证通电子的回调"上车"形态

　　同样是六大条件（特征）都符合的回调"上车"形态，证通电子的行情走势比北大医药的行情走势纠结很多，回调周期也长，幅度也较深，如果在交易信号出现时你急于"上车"，虽然后期也可以一直持有回本并开始盈利，但持仓体验是非常差的，对持仓的耐心是个考验，而且如果止损阈值设置较小，很可能会被打破止损出场，得不偿失。所以，即使是非常标准的回调"上车"形态，也建议大家等待交易信号、等待"信号旗"K 线的出现再决定入场。有时宁可错过也好过胡乱踏入。

　　作为对比，我们分析一些假的回调"上车"形态。如图 4-59 所示，京新药业（002020）在 2022 年 3 月 28—30 日出现了一波回调，虽然这波回调符合条件 1 和条件 5，但是当时医药板块整个板块正处于下跌趋势中的盘整区间，不符合条件 2；回调的过程放了很大的量，尤其 3 月 28 日不仅放出了天量，还拉出了巨大的阴线，不符合条件 3；前一波上涨相比之前盘整区间的成交量属于异常放巨量，并不是缩量或者温和放量上涨，不符合条件 4；且回调没有到关键支撑位，不符合条件 6。可见这是一个假的"倒车接人"形态，而是一个"倒车碾人"形态，如果你看到回调急切地冲了进去，恰恰是去接盘。实际上，这种突然放巨量上涨然后放巨量回调的上涨是很容易走出 A 字形行情，这种行情来得快去得也快，从哪里来又

191

会回到哪里去，如果你不会辨别，很容易高位被套被迫止损。

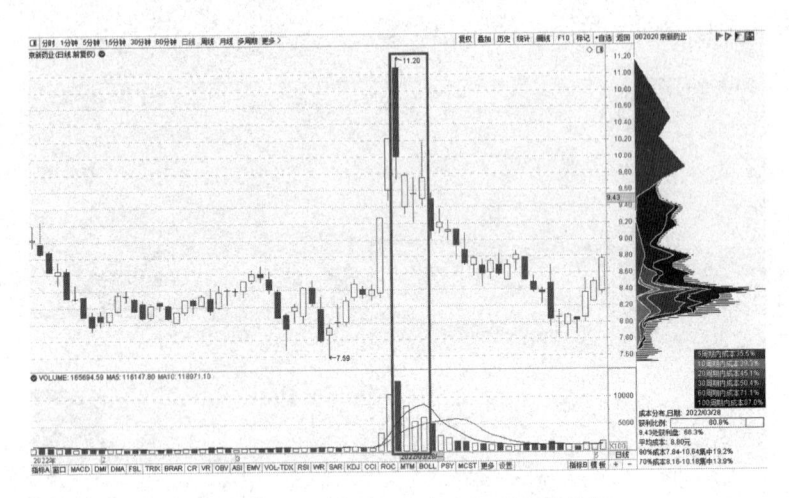

图 4-59　不符合回调"上车"形态的条件

如图 4-60 所示，莱茵生物（002166）在 2022 年 7 月中旬的时候也形成了一个上涨波段后的回调区间，是在放量上涨后的一段缩量回调，所处的板块当时也正处于上涨趋势中，符合条件 1～4。

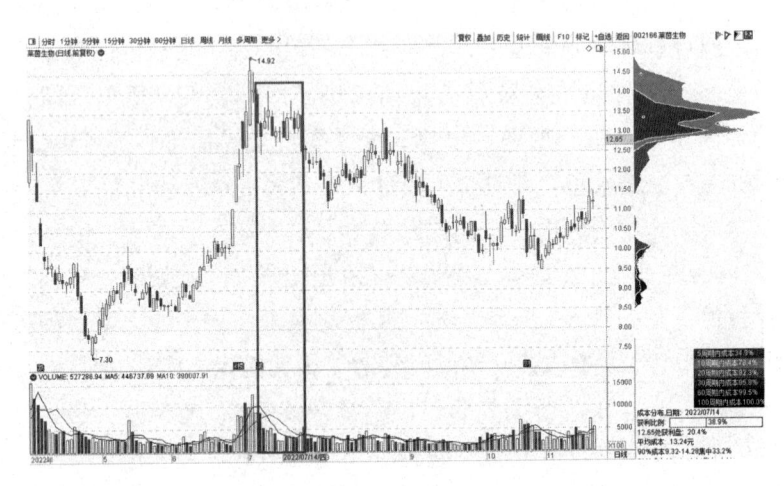

图 4-60　符合回调"上车"形态的条件

然而我们看条件 5 时却发现完全不符合，这个回调震荡区间内形成了一个异常突出的筹码峰，远大于下方的筹码峰，而且底部的筹码几乎已经出逃殆尽,这正是大资金出货的筹码形态,不仅不应该是进场的筹码形态,反而是我们要卖出的筹码形态。这种"回调"在量价关系上比较正常,看似是不错的机会,但你仔细看筹码分布却发现暗藏玄机。这是非常容易套人的形态,大家对这种假回调一定要多加小心。

对回调"上车"形态的条件要求设置较多,使得真正符合条件的机会并不是很多,但这也帮助大家滤掉了很多虚假的机会和潜在的亏损。宁可不做,不要做错,这是股票交易中很重要的道理。

短线行情的核心驱动力是资金,想提高短线交易的胜率一定围绕资金这个核心来进行。通过对典型的底部反转形态和回调上车形态的应用,我们可以看到成交量、筹码形态、资金流向的综合运用的魅力,综合运用可以多角度印证你的判断是否准确,这个底是不是真的底,这个回调是不是真的回调。这对于提高短线的胜率帮助是非常大的,再配合好的进场位,好的盈亏比,就是非常好的交易机会。

第五章

交易系统

再强的武功都要从一招一式学起，而学完每招每式之后，你还需要把它们集合成一套完整的武功，再踏实地打出去，才能实现最大的威力。

第一节　交易系统的核心逻辑

投资生涯这些年，结识了不少做股票的朋友。他们的投资方法各式各样。有在机构的，用的是行业景气度研究+个股财报分析+估值评价的传统的机构投资方法。有专门用资金面分析的，跟随机构资金流向进出场的。有用龙头战法的，专门做板块的龙头股和高标股，经常需要去打板。有用情绪周期战法的，喜欢在板块资金回流和分歧转一致的时候入场。还有用缠论的，以缠论的体系框架来解读市场的。流派众多，可谓五花八门，让人大开眼界。

不管你是什么样的交易世界观，不管你用的什么流派的方法，能在股票市场长期盈利就是好方法。要想长期稳定的盈利，不像坐过山车一样一路起起伏伏最终又回到原点，我们必须再次回到最本质的问题——胜率和盈亏比的问题。你的投资交易生涯可能是由很多单交易构成的，如何才能保证它们长期累积的结果是正值？要做到尽可能让你每一笔交易的期望值是正值。你不可能每一笔交易都会盈利，但如果你能每一笔交易期望值都是正值，长期下来你一定能够盈利，计算公式如下：

每笔交易的期望值 = 胜率 × 潜在盈利幅度 -（1 - 胜率）× 止损幅度

要想它是正值，你既要提高胜率，也要提高潜在盈利幅度÷止损幅度的比值，即盈亏比。无论是哪一种交易流派，无论是哪一种交易方法，最后都要解决胜率和盈亏比这两个问题。

所以，在一开始设计自己的交易系统的时候就是以终为始，从最终要解决的核心问题反推该用什么样的具体方法，最终形成了自己的交易方法，并且在实际操作中也取得了较好的效果。前面几个章节零零散散地教给了大家一些方法，这里再做一个汇总，让大家对整个交易系统更为清晰。

交易系统的核心如下：提升胜率，提升盈亏比，保证单笔交易的正期望值，长期累积盈利。

其中，提升胜率有两种方法：

一是通过选股提高胜率（行业的选择、财务指标分析、资金流向判断、跟随机构选股），建立备选的股票池。

二是通过找到高胜率的位置形态提高胜率（底部反转形态、回调上车形态），使用的方法包括成交量分析、筹码分布分析、资金流向分析，选定具体投资标的。

提升盈亏比有两种方法：

一是进场，选定股票标的后，画好支撑位和阻力位，根据入场三原则找标志性的"信号旗"K线，一旦出现，即可入场。

二是出场，跌破支撑线止损出场，最近阻力位一次性止盈出场或分批止盈出场。

提升仓位管理效率有两种方法：

一是总体仓位，量化管理法。

二是个股仓位，均仓法或止损额反推法（下文中会讲解）。

综上，便形成了一套非常完整的交易系统，交易时按照交易系统一步一步地去执行，有章有法，不会有很多临时起意的交易，你的长期投资结果才有可能稳定，你的形态才有可能稳定。接下来将对每一部分进行详细讲解。

第二节　个股标的的选择

它对于提升胜率至关重要，虽然目前A股市场有5 000余只股票，但不同股票的胜率显然是不一样的，优质的公司胜率一定高于垃圾公司，虽然有些垃圾公司也可能因为资金的短期炒作成为妖股连翻几倍，但这只是少数，个例不具有代表性。当你放大样本量、放大时间一定是优质的公司更容易上涨，而且上涨更持久。道理很简单，只有有基本面支撑、有业绩支撑的股票，大资金才可能长期持续地流入。所以，第一步我们要从A股5 000余只股票中筛选出这些潜在胜率更高的股票，建立备选的股票池。

同时，即使是同一只股票，你在不同的时候进场，胜率也是不一样。在它处于上升趋势中进场时的胜率一定是高于在下跌趋势中进场的胜率。

所以，第二步我们需要在初步筛选出来的备选股票池中挑选符合高胜率位置形态要求，这些就是具体的个股标的。

在筛选个股标的时一般采用两步筛选法：

从具体操作来讲，在第一步股票池的筛选中，首先要挑选重点关注的行业板块或者概念板块，重点关注的行业可以从几个维度结合，当前的大市行情下，适合投资哪些行业大类，消费类、成长类、周期类、金融类还是稳定类？然后翻看最近的行业板块资金流向，哪些板块有资金在持续流入？另外跟踪机构最近的板块选择，公募资金和北向资金最近在增持哪些板块？这三个问题解决了，你基本可以划定重点关注的板块了。这些板块可以是行业板块，也可以是概念板块，板块总数最好不要超过5个，如果超过了5个，说明你并没有真正搞清资金最终重点的方向在哪些板块。

划定好板块后，我们需要在每个板块内找10只左右的优质股票（如果是股票数量较少的小概念板块可以选3～5只）。板块内挑选优质股票的思路，我的建议是：机构思路和资金思路可以同时用。机构思路是把这个板块内公募基金和北向资金持仓及增持较多的股票挑出来（这些是机构所青睐）。资金思路是把这个板块内最近换手率较高，以及量比较高的股票挑出来（这些是最近市场资金所青睐）。把这两个思路挑选出来的股票合成一个初步的股票池。

然后，简略地计算分析初步股票池里个股的财务情况（主要看净利润和同比增速、净资产收益率ROE、毛利率净利率这几个指标），再简单地排一下雷（经营现金流是不是为正、商誉有没有过高、存货和应收账款有没有过高、大股东质押比例有没有过高、近期有没有大减持）。这些股票你不可能一个一个去深入地做财务分析，但是这些基本的财务数据和排雷数据你一定要查看，而且现在很多看盘软件和股票平台都已经可以帮你把数据总结得很好，并不需要花费你多少时间。

看完财务数据和排完雷后，从这个初步股票池中挑选出5只左右的股票，构成这个板块的关注股票池。每个关注板块都这样做一个关注股票池，合起来后，形成一个大的股票池，即我们的备投股票池，筛选股票标的的第一步就完成了。这个备投股票池里一般会有二三十只股票，一次劳动，长期受益，其中大部分的股票都是可以长期持有的，少部分股票要根据机构和资金的喜好变化做一些动态的调整。

接下来进行关键的第二步，从备投股票池里面挑选符合高胜率位置形态的标的。最常用的高胜率位置是底部反转形态和回调上车形态，我们找到这两种形态需要常翻看备投股票池里的股票，同时，对底部反转形态的两种形式和回调上车形态的六大条件要非常熟悉，这样才能在翻看备投个股的时候第一时间识别出哪些形态比较确定适合买入的个股标的。具体的识别方法你可以回看第四章。如果一时之间你没有找到符合位置形态要求的股票也没有关系，可以继续等待。不要急于入场，更不能为了入场而入场。如果长时间没有找到符合条件的股票，可以扩大搜索范围，增加几个关注的板块或者增加每个板块内关注的股票数量。一定是可以看到比较合适的个股标的。

第三节　进出场的规则

一旦找到这些合适的个股标的，需要时刻关注，最好保持盯盘。同时，要第一时间把它当前价位附近的支撑位和阻力位全部画清楚，画线的方法在第二章中给大家讲过，这里不再赘述。

接下来便是耐心等待了，等待关键支撑位附近出现"信号旗"K线或者"信号旗"K线的变形体，我们需要根据入场三要素判断，具体如下：

第一："信号旗"K线信号一定要有效。

第二：一定要在关键的支撑阻力位附近。

第三：潜在盈亏比一定要大于 1.5∶1。

这三点都满足后便开始迅速建仓，行情经常在盘中已经走出了符合条件的"信号旗"K线，这时我们可以考虑入场了，不必等到收盘，有时当日阳线或者探底回升拉升幅度会很大，等到收盘前再进场已经失去了很好的入场点位，这一点大家要注意。

另外，在入场时还要注意：在最终下单买入前，你需要看一下当天大盘的走势和情绪。如果当天大盘是上涨或者震荡微涨微跌的情况，你都可以正常入场买入，而如果当天大盘是大跌的状态，三四千只股票下跌，大资金和北向资金大幅流出，跌停板数量很多，你就需要暂缓入场了。在整体市场非常弱势的情况下，你选中的个股，虽然当天还是涨的，但是很可能会被弱势的大盘拉下水，甚至还有可能第二天会补跌，这样你的止损很容易被打掉。看对了个股，进对了点位，但是被大盘给拉下水，很不划算。所以，在大盘非常弱势的情况下，建议大家也不要轻举妄动。只有在大盘偏好或者正常震荡的时候，再做出最终的买入行动。

顺利买入后，设置好条件止损单，止损位设在最近的支撑线下方的一点点，或者"信号旗"K线最低点下方的一点点位置，打破即止损。同时需要对买入的个股持续观察，根据情况，做出卖出出场的准备。

在止盈方法上，一次性止盈和分批止盈都可以考虑，一次性卖出止盈中最保守的是当股价走到最近的阻力位时就全部止盈，不再管后面股价会怎么走。一次性卖出止盈也可以固定比例止盈，当赚到一定的百分比后全部止盈，当然，该盈利比例跟你的止损幅度也有很大的关系。如果你的止损幅度是5%，那你的止盈比例可以设置为止损的两倍，有10%盈利就主动止盈，以保证你的交易盈亏比在2∶1。一次性止盈属于比较主动的止盈方法，自己只拿确定的交易盈亏比，不管行情后面会怎么走，弱水三千，只取一瓢。当然这样的缺点是，有时会错过后面波澜壮阔的大行情，导致整个上涨行情只吃到了一个鱼头就草草退出。

分批止盈法属于比较折中的止盈方法，当股价上涨到最近的阻力位或者股价上涨幅度已经是止损幅度的两倍时，卖掉一半的仓位。剩下一半的仓位跟随趋势，只要股价不跌破前一个波段的最低点，则认为上涨趋势没有破坏，始终继续持有，直到某个时刻，前一阶段的最低点被跌破，趋势被破坏，把剩下的一半仓位卖出。这种分批止盈方法的好处是先卖掉的一半仓位让你已经有一部分盈利落袋，落袋的这部分盈利刚好和你预计最大止损金额相当。意味着你这笔交易的盈亏比至少是1∶1，这笔交易是划算的，至于最后的收益盈亏比能比1∶1高出多少，要看剩下的一半仓位跟随行情能走多远。如果剩下的一半仓位是在被动跟随行情，则需要看行情给你多少，跟随趋势走得越远，你这笔交易的潜在盈亏比越高。分批止盈的好处是把主动止盈和被动止盈结合起来，既保证了你的交易盈亏比在1∶1之上，同时又能充分跟随趋势行情，当出现非常大的上涨趋势行情时往往能赚得比较丰厚。

在出场环节也有一个地方要特别强调：正常情况下，进场持仓后，在未达到止损位和止盈位之前，只需要一直持仓等待，不要有过多的操作。

但在一些特殊情况下，比如当盘面出现非常典型的见顶征兆时，出现高位巨量大阴线，同时下方筹码全部转移到顶部形成突出的筹码峰，非常典型的大资金在顶部出货的形态，这种情况非常危险，我们不能被动地持仓等待，一定要提前卖出清仓，不管此时是盈是亏，都要离场观望。不然很容易因为隔日跳空或者连续跌停而造成超额的损失。另外，当所持仓的个股出现重大利空消息或者黑天鹅事件时也一定要第一时间跑路，不能犹豫，此时，死板地持仓只会加重损失。这两种情况下都要及时终止交易。进场要敏锐，持仓要稳健，出场要灵活，是进出场操作的核心。

第四节　仓位的控制

提到仓位控制，相信大家都不陌生，它是我们交易中比较重要，但是又容易被忽视的操作。因为实际投资中大家的焦点容易聚集在如何选股、何时买、何时卖，在选股和股票的买卖点上绞尽脑汁。然而真正投资结果出来，却经常出现一种很奇怪的现象——赚钱的时候总是轻仓，亏钱的时候总是重仓，连续赚的前几笔还不够填补最后一笔亏的钱，明明交易胜率很高，盈亏比也合适。最后的结果却是仅仅微赚，甚至还亏损。相信有一定交易经验的朋友一定经历过这种情况。甚至有朋友心里还产生了魔咒，一重仓，感觉要亏损。为什么会出现这种奇怪的感觉呢？

背后的根本原因是对仓位管理的随意，甚至是仓位和行情的背离。我们知道，在行情初期，局面不明朗的情况下，往往都会用轻仓位去试仓，结果赚钱了。于是又接着试仓，又赚了一波。这时你往往会自我感觉良好，感觉自己选股方法、买卖点掌握得很好，再继续下一笔交易时，往往自信心爆棚，下重仓，想赚票大的。殊不知经过前面几波的上涨，此时的行情正处于上涨的尾声，这时候重仓杀进去，很容易遭遇大幅回撤。

在交易中，仓位控制是一个比较大的学问，从我接触过的很多投资者朋友来看，很多人还习惯于用"对没多少把握的股下轻仓，对很有把握的股下重仓"这种思路进行仓位管理。这种仓位管理从原则上看似乎很有道理，但实际效果都很差。为什么会这样呢？这种思路有两个问题：

第一，一只股票的股价受很多因素影响，除了它自身的基本面、技术面、资金情绪影响外，大盘的涨跌和情绪、板块的涨跌和情绪也会对它产生非常大的影响，优质的个股被大盘或者板块带崩这种事情，我们在A股市场每天都可以见到。所以，只考虑对个股有没有把握来决定要不要重仓是很片面的，忽略了大盘和板块的影响。

第二，对于个股，很多时候你所认为的"有把握"和它的实际胜率高不高往往是两码事，生活中，我们所认为的有把握往往是带有很多的主观色彩，是事前的。而胜率往往是客观的，是事后的。凭"把握"来决定仓位实际上是一种拍脑袋做决策的行为，正是大家在交易系统中需要去克服的。

使用交易系统的一个重要目的就是要克服自己交易行为中的不一致性，在仓位管理上也是一样的，我们需要尽可能地使用量化的方法来进行仓位管理来做到科学性和一致性。

我把仓位管理分成两部分内容：总仓位管理和个股仓位管理。其中，总仓位管理决定了当前你最高能使用的仓位最高是几成；个股仓位管理决定你的每只股票所能投入的最大资金百分比，总仓位和个股仓位一结合，同时也决定了当前你所能持有的股票数量上限。

一、总仓位

总仓位能买多少，一定是和大盘的走势情况息息相关的，牛市中多赚，熊市中少亏，是我们的终极目标，所以，总仓位控制一定要和大盘指数挂钩，根据大盘指数的趋势决定具体的仓位。

这里还要用到判断趋势的方法——根据高点和低点的走势来判断当前大盘指数的趋势。波段的高点越来越高，低点也越来越高，大盘是上涨趋势；波段的高点越来越低，低点也越来越低，大盘是下降趋势；高点越来越高、低点越来越低或者高点越来越低、低点越来越高，是震荡趋势。

具体到与量化结合上，个人会把上证指数、深证成指、创业板指全部用上，同时考察日线和周线级别，并且赋予不同的权重，具体分配见表5-1。

表 5-1 指数趋势仓位权重表

指　　数	权　　重	上升趋势	震荡区间	下跌趋势
上证指数日线图	20%	20% 仓位	10% 仓位	0% 仓位
深证成指日线图	20%	20% 仓位	10% 仓位	0% 仓位
创业板指日线图	10%	10% 仓位	5% 仓位	0% 仓位
上证指数周线图	20%	20% 仓位	10% 仓位	0% 仓位
深证成指周线图	20%	20% 仓位	10% 仓位	0% 仓位
创业板指周线图	10%	10% 仓位	5% 仓位	0% 仓位
总计	100%			

举例，2022 年 1 月 13 日，当时的三大指数走势，先看日线图，上证指数 1 月 13 日之前，日线图正在走一个高点和低点，都是在下移的下降趋势，如图 5-1 所示。

图 5-1 上证指数日线图

深证成指 1 月 13 日之前，日线图正在走一个高点和低点，都是在下移的下降趋势，如图 5-2 所示。

图 5-2 深证成指日线图

创业板指 1 月 13 日之前，日线图正在走一个高点和低点，都是在下移的下降趋势，如图 5-3 所示。

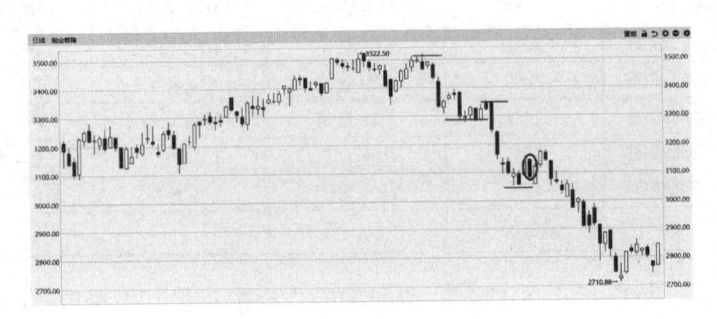

图 5-3　创业板指日线图

我们再来看周线图级别，上证指数 1 月 13 日之前，周线图正在走一个高点下移，低点上移的震荡区间，如图 5-4 所示。

图 5-4　上证指数周线图

深证成指 1 月 13 日之前，周线图正在走一个高点下移，低点上移的震荡区间，如图 5-5 所示。

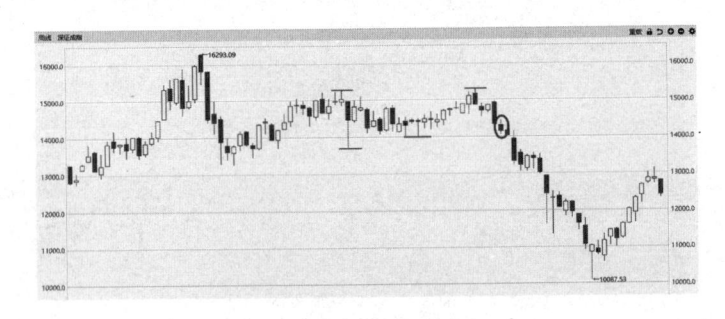

图 5-5　深证成指周线图

创业板指 1 月 13 日之前，周线图正在走一个高点和低点都下移的下降趋势，如图 5-6 所示。

图 5-6　创业板指周线图

所以，对应我们仓位权重表中的结果，见表 5-2。

表 5-2　指数趋势仓位权重表计算示意

指　　数	权　　重	上升趋势	震荡区间	下跌趋势
上证指数日线图	20%	20% 仓位	10% 仓位	0% 仓位
深证成指日线图	20%	20% 仓位	10% 仓位	0% 仓位
创业板指日线图	10%	10% 仓位	5% 仓位	0% 仓位
上证指数周线图	20%	20% 仓位	10% 仓位	0% 仓位
深证成指周线图	20%	20% 仓位	10% 仓位	0% 仓位
创业板指周线图	10%	10% 仓位	5% 仓位	0% 仓位
总计	100%	20%		

累加起来总仓位是 20%，所以，在当时保留的总仓位不超过 20%，虽然我们并不知道 2022 年 1 月仅仅是连续几个月下跌的开始，后市一直跌到 4 月 27 日才见底。但当时的三大指数无论短中期都已经处于很不利的局面，除了上证指数和深证成指周线图上还处于震荡区间外，其他的已经全部处于下跌趋势中。这种情况下，说明市场整体风险较大，所谓"君子不立于危墙之下"，在这种情况下，我们必须要注意减轻仓位。事后来看，较早地减轻仓位避开了大部分的损失。这样一个量化的仓位计算体系的好处是当大盘整体处于下跌趋势的时候，你的仓位一定是轻的。当大盘整体

处于上涨趋势的时候，你的仓位一定是重的。当大盘整体处于震荡区间的时候，你的仓位一定是适中的。可以真正做到行情好的时候多赚，行情差的时候少亏。

从总仓位计算表中得出：总仓位一定是动态变化的，需要根据大盘三大指数的趋势变化调整不同的仓位得分。实际投资中，总仓位上限可以不用加满，因为我们并不是时刻都能找到符合交易条件和进场条件的个股的，当没有合适的个股可以买入时，总仓位可以不用满，但是，当可以买入的股票很多时，不要买超额，不要超过总仓位的限制，否则容易将自己暴露在大市的风险之中。

二、个股仓位

除了总仓位，个股仓位也非常重要。对于个股仓位的控制，比较推荐以下两种仓位管理方法：

一是均仓，每只股票买一样的仓位，比如你有100万元的总资金，则每只股票买20%的仓位，买20万元左右，满仓时最多持有5只股票。不太建议大家每只股票10%仓位，满仓时10只股票的分配方法。因为在我们的交易系统中，交易机会本身出现不是很多，有时候甚至还要去等待。如果单只股票10%仓位，在总仓位允许的范围内，由于交易机会出现得不够多，经常会出现仓位空闲的情况，资金利用率较低。所以，单只股票20%仓位是比较合理的选择，持仓集中也有利于收益集中。均仓的好处在于可以忽略不同股票的盈亏对于整个交易系统收益的影响，纯粹比拼的是每笔交易的期望值，盈亏也相对稳定。

二是用最大止损金额来反推仓位。比如，你有100万元的总资金，你对单只股票能容忍的最大亏损额度为1万元。按照我们的交易系统，你在选择好具体的股票后，根据重要支撑位的位置，进场前你的止损位实际上已经提前确定了，止损幅度也确定了。如果你这只股票的止损幅度是5%，最多可以亏损1万元，那么，你这只股票最多可以买20万元，也就是20%的仓位。如果你这只股票的止损幅度是10%，最多可以亏损1万元，那你这只股票最多只可以买10万元，也就是10%的仓位。最大止损反推仓位是一种比较灵活的仓位管理方法。好处在于当你单笔交易止损幅度小的时候，在总止损定额一定的情况下，你可以去博更大的仓位和更大的收益。

这两种仓位管理方法都比较实用，大家可以根据自己的偏好进行选择，但更关键的是要严格执行，而不是觉得这只股票有把握，就立马下重仓，拍脑袋交易。

三、加仓和减仓

对于加仓和减仓，也有不少朋友关心，在我的交易系统中，首先肯定是不加仓，不管浮盈还是浮亏，都不会加仓，都是一次性进场。因为在考察入场点的时候，本身是从盈亏比的角度去考虑，选择了好的盈亏比点位入场。如果后面继续加仓，反而会打乱整个交易的盈亏比，虽然中途加仓可能让你赚得更多，但打乱了交易系统却是得不偿失，长期下来会让你的交易系统很混乱。

至于减仓，一般会在两种情况下减仓：

一是在出场规则里提到的，当股价涨到你的第一目标位，即最近的阻力线的时候，可以选择减一部分仓（一般是减一半），这部分的落袋为安可以保证你这笔交易的盈亏比一定在1∶1以上，至于剩下的仓位能赚多少，全凭行情怎么走。

二是出现了非常明显的风险信号，比如出现一些非常明显的见顶信号或者行情反转信号，或是这只股票出现了突发的重大利空消息，这时你需要随机应变了。情况不对立即果断减仓，不能死守交易系统，这些情况下死守交易系统很可能让你变成砧板上的肉。

在追求好的交易胜率和盈亏比的基础上，做好仓位管理就是做好资金管理，是帮助你账户实现稳步盈利增长的重要一环，这部分也教给了大家一些偏量化的仓位管理办法。

总之，仓位管理的核心还是在于执行，而且是要严格执行，随意地控制总仓位，随意地下调个股仓位，会让你的仓位管理很混乱。仓位管理很混乱就是资金管理很混乱，再好的胜率，再好的盈亏比都可能会被浪费掉，甚至最后还可能得到个亏损的后果，这是大家一定要避免的。

第五节　风险管理和特殊情况处理

在股票市场中，风险是无处不在的，有些根本猝不及防。比如，万科（000002）在重组对象都没找到的情况下直接停牌大半年，新城控股（601155）董事长突然被抓等，有些看似没有风险的股票也会暗藏杀机。

这些突发的风险危机，对于信息上本就处于劣势的散户，根本无法提前预料。从 K 线图上或者公司的财务报表里根本看不到这些风险，然而这些风险实实在在发生了。这些潜在的危险如果你不小心碰到，杀伤性会非常强，可能连续几个跌停就吃掉了你几个月甚至一年的盈利。所以，风险管理尤为重要。

那么，风险主要包括哪些呢？我把风险主要归纳为：大市风险（系统性风险）、板块风险、个股风险、操作风险。

一、应对大市风险

它是一种系统性风险，是全市场投资者共同面临的风险。很多人会把它等同于熊市风险，实际上它并不仅仅是熊市下跌的风险，还可以进一步细分为趋势风险、流动性风险和意外风险。

1. 趋势风险

它是我们常说的熊市风险，整个市场都处在下跌趋势中，这时参与其中必然凶多吉少。2008 年次贷危机后 A 股共经历过 5 轮熊市：

第一轮熊市：2007 年 10 月 16 日到 2008 年 10 月 23 日，上证指数从 6124 点下跌到 1664.93 点，下跌幅度 73%，持续一整年。

第二轮熊市：从 2009 年 11 月份到 2013 年 6 月份，上证指数从 3461 点下跌到 1849 点，跌幅 50%。这轮熊市是过去 14 年最难熬的一次，因为时间最漫长。

第三轮熊市：2015 年 6 月到 2016 年 2 月，上证指数从 5178 点下跌至 2850 点，跌幅 45%。

第四轮熊市：上证指数从 2018 年 1 月底的 3587 点下跌到 2019 年初

的 2440 点，跌幅 32％。

第五轮熊市：从 2022 年 1 月起正在经历第五轮熊市，不到 5 个月的时间，上证指数从 3708 点跌到最低 2863 点，跌幅 23%。

不管你在这几轮熊市中的哪一轮入场，都将很难熬，在熊市氛围中，虽然也常会有反弹上涨。但总体而言，下跌的时间多于上涨的时间，市场上下跌的股数多于上涨的股数。这对你的胜率是一个很大的挑战，如果胜率得不到很好的保证。即使是熊市中的反弹，反弹的高度往往也有限，这对你的盈亏比也会造成比较大的挑战。在胜率和盈亏比都遭到很大冲击的情况下，你的交易是很难获得正收益的。

所以，在熊市中，在面临趋势风险时，最好的方法是尽可能地减少仓位，即使交易出现了亏损，也要通过仓位的控制将亏损控制在小范围。

这里有一个很大的难点是熊市如何去识别？

我们从事后看，熊市往往是很清晰的，但是当很多人身处其中的时候往往"不识庐山真面目"，尤其在熊市中出现一些反弹的时候，很容易让人产生一种熊市已经结束了的错觉。解决这个问题的最好方法是：量化仓位管理方法。如果能够严格按照这个仓位管理办法执行，你会发现自己在熊市中的仓位一定是很轻的，而在牛市中的仓位一定是很重的，而且不用你去主观判断牛熊市，你只是在客观地遵从市场趋势在调整仓位，这显然要比主观判断牛市熊市要可靠很多，可以帮我们在熊市中避免大量的损失，是规避大市风险的一种很好的手段。

2. 流动性风险

它的最经典例子莫过于 2015 年 6 月 A 股的四次暴跌和 2016 年 1 月的两次熔断：

2015 年 6 月 19 日周五，第一次暴跌，跌 307 点，跌幅 6.42%，指数报收 4478 点，各大媒体舆论开始聚焦股市关注的巨幅波动。

2015 年 6 月 25 日周四，第二次暴跌，跌 162 点，跌幅 3.46%，大面积股票暴跌。

2015 年 6 月 26 日周五，第三次暴跌，跌 334 点，跌幅 7.4%，报收 4192 点，创业板暴跌 9%，2 000 多只股票跌停，短期调整近 1000 点。

2015 年 6 月 30 日周二，第四次暴跌，在密集利好的推动下，沪指当日上演惊天逆袭。早盘沪指小幅反弹后，再次暴跌，一度跌破 3900 点。

2016 年 1 月 4 日，A 股出现了第一次熔断，距离推出熔断机制的时间才仅仅过了三天时间，早盘开盘一路下跌，到 13:13 触发 5% 熔断阈值，暂停交易 15 分钟，到 13:34，只用了 8 分钟，沪深 300 指数即触发 7% 阈值，暂停交易至收市。股票全面下跌，股民损失惨重。

2016 年 1 月 4 日，第二次熔断。经过第一次熔断之后，A 股在 1 月 5 日、1 月 6 日出现了小幅度的反弹行情，但反弹毕竟只是反弹。并不能阻挡大盘的下跌趋势，到了 1 月 7 日，大盘低开低走，在 9:43 的时候触发了 5% 的阈值，再次熔断，停止交易 15 分钟，9:59 再次触发 7% 的熔断机制，全天的交易不足 30 分钟，股民大幅亏损。

这些都是 A 股历史上有名的流动性危机节点，现在回头看，依然会让人觉得惊心动魄。这些流动性危机导致的暴跌也让很多人损失惨重。2015—2016 年的 A 股流动性危机，主要是因为"杠杆"的投机氛围造成了严重的泡沫，在高位获利盘大量抛售，上市公司股东也大量高位套现，加上政策上严打场外配资去杠杆，导致市场上一时间全是卖盘，没有了买盘，流动性丧失。缩量暴跌、熔断，这一切给一直持有的股民尤其是配资加杠杆的股民带来了致命的打击，完全逃不出去。

不只是在 A 股市场，流动性缺失是所有金融交易产品的杀手，只要是做金融投资，必须考虑防范流动性危机的风险。当流动性风险真正来临的时候，比如大盘熔断、个股连续跌停的时候，我们唯一能做的只有"逃命"，尽可能地逃。这时不要抱有抄底的幻想，不要有扛一扛就能涨回去的幻想。

相比于事后的亡羊补牢，对流动性缺失风险的预判则更加重要。A 股市场流动性危机出现之前并不是毫无征兆，出现前市场上的资金流动性一定会比较紧张，整体货币政策会明显偏紧，央行在市场投放的资金量会大量减少，提准、加息、资金净回笼。如果同时还有政策出台，比如不断出台金融去杠杆政策，市场整体的流动性一定会比较紧张。从盘面上看，指数不断地缩量阴跌创新低，这个特征在第四章的量价十法则里给大家讲过"缩量阴跌还会跌"，这一点在指数上一样适用。缩量阴跌的背后是市场流动性缺乏，资金冷淡，无人接盘。这时如果出现突发刺激事件引发市场暴跌，极易产生短时间的流动性危机，对市场杀伤性很大。所以，当基本面的流动性和盘面的流动性都出现问题的时候，我们必须要考虑及时减仓位，以预防可能出现的流动性危机风险，更不能贸然加仓。

3. 意外风险

大市风险中还有一些意外风险，这些属于难以预料的突发事件，比如，2020年初开始爆发的疫情，这些都是难以事先预知的系统性风险。对于这些意外风险，我们所要做的是第一时间评估这些事件的破坏性，如果这些事件只是偶然性的，对经济运行造成不了长期影响或者深度影响，可以先退出部分仓位进行观望。如果事件的影响性和破坏性较大，可能需要撤出全部仓位。尤其当市场出现大资金离场信号时一定也要及时撤出，大资金整体风险偏好较低，对于风险的规避意识也比较强。如果大资金批量撤出，仅是对市场的短时冲击都是巨大的，会有大量的卖盘压出来，这种短时冲击你不一定能扛得住。

总之，在系统性的大市风险面前，任何优质的股票都可能被暴砸，在泥沙俱下的行情面前，基本面分析、技术面分析、资金面分析通通都会失去作用。所以，我们对系统性的大市风险一定要足够警惕。

二、板块风险

它可以具体分为慢性板块风险和突发性板块风险。慢性板块风险是我们常说的板块不景气，行业举步维艰。典型的例子有很多，比如2018—2022年这轮"超级猪周期"持续时间久、波动剧烈、价格跌幅大、低迷周期长，导致了很多猪企近两年连连亏损，猪企龙头之一的正邦科技更是亏到破产。还有国家七批八轮的集采对医药和医疗器械行业也产生了巨大的影响。这对国家来说是利国利民的大事，但对医药和医疗器械的厂商来说则很强杀伤力。2021—2022年间医药医疗板块整整跌了一年半的时间，板块指数跌了整整56%，股价打三四折的医药股随处可见，如图5-7所示。

这种慢性的板块风险属于"灰犀牛"型的风险，已经摆在明面上了，大家都可以看见，而且它持续的周期通常较长，行业受影响的时间也会较长，要想真正困境反转也不是一时之间可以做到的。对于这种慢性的板块风险，最好的应对方法是不去碰，不到行业真正开始反转，不到行业龙头公司的业绩出现明显改善的时候，这些行业我们都是观望，可以帮你避开很多风险。

图 5-7　生物医药指数 2021—2022 年走势

相较于慢性板块风险，真正的危险是突发性板块风险，属于"黑天鹅"风险。这种行业风险有时候甚至可能颠覆一个行业。

比如，2021 年 7 月，国家印发了《关于进一步减轻义务教育阶段学生作业负担和校外培训负担的意见》，强调学科类培训机构一律不得上市融资，严禁资本化运作，直接影响了整个教培行业。7 月 23 日晚上，一夜之间好未来、高途、新东方股价纷纷暴跌 60% 上下，半年的强监管，让教培市场的 9 000 多亿元市值灰飞烟灭，如图 5-8 所示。

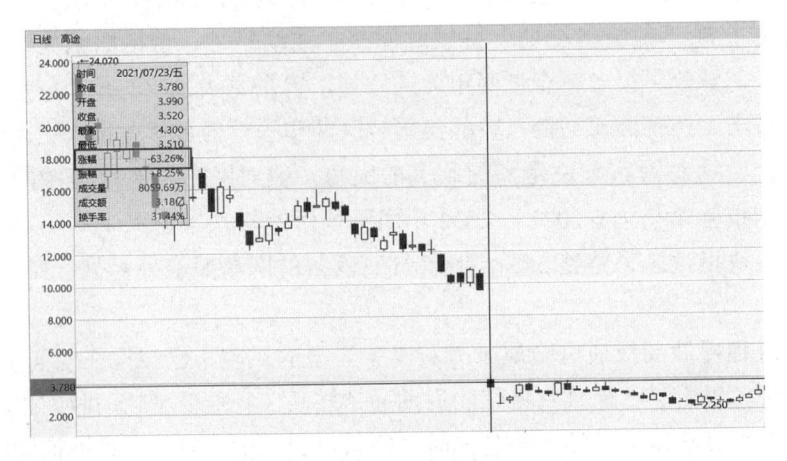

图 5-8　高途一夜暴跌 63.26%

这种政策带来的突发性板块风险具有巨大杀伤力，而且我们在事前难以预知，更不要说提前预防，但同时也要注意到，在这次教培行业"7.23"黑天鹅出来之前，仅仅半年时间教培行业的几大龙头，高途已经从最高点跌去了 88%，好未来从最高点已经跌去了 70.76%，如图 5-9 所示，新东方从最高点已经跌去了 66%。

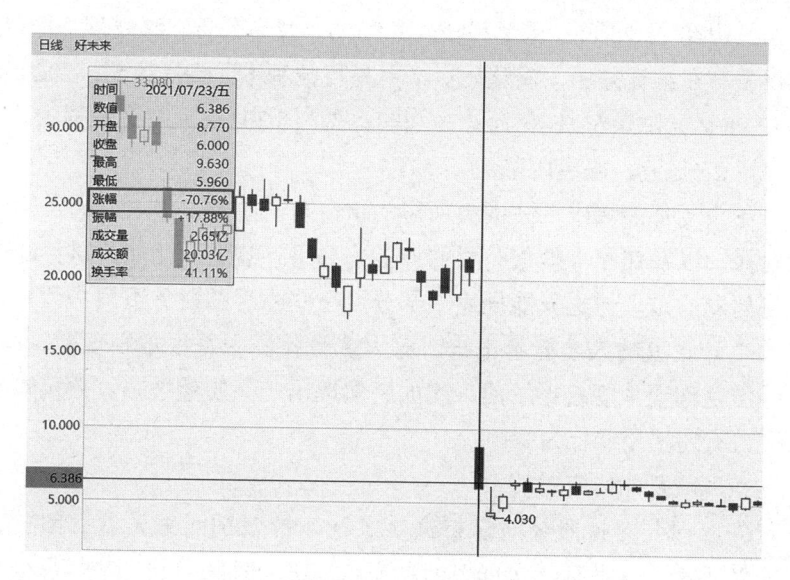

图 5-9　好未来一夜暴跌 70.76%

尽管我们不能提前获得政策消息，但事出反常必有妖，整个行业半年时间跌没了七八成的市值，其背后一定有问题。

所以，对于一些看似美好有前途，但走势却在反常下跌的板块大家往往要多留一些心眼，这背后一定是有一些普通投资者所不知道的消息和秘密，可能有黑天鹅，宁可信其有，不可信其无。这些行业基本面和走势相背离的板块尽可能不要去碰，以帮助我们从一定概率上降低遭遇这些突发性板块风险的概率。

三、个股风险

具体到个股的风险，那真是五花八门了，历史上各种各样的爆雷。财务造假、产品质量出问题、公司订单被砍、股东大减持、公司实控人和管理层违法犯罪被抓等屡见不鲜。下面随便举几个例子：

2019年7月，新城控股（601155）原董事长王振华涉嫌猥亵九岁女童被捕，后被以猥亵儿童罪判处有期徒刑5年。

2020年9月27日，广州浪奇（000523）公告称，公司总价值5.72亿元的存货"不翼而飞"，找不到了。

2021年8月20日，星星科技（300256）发布公告，称发现2020年度财务报表存在会计差错，调整之后，星星科技基本面彻底改变，2020年营收由82.98亿元降至51.31亿元，净利润由盈利5 203万元变为亏损25亿元。财务算错25亿元，匪夷所思。

每年市场都能爆出一些匪夷所思的雷，有一些雷，你可以通过研究公司的财报，以及在网上搜集公司的业务信息进行规避，比如，财务造假或者财务问题的雷，但也只能规避一部分，有些隐秘的财务造假必须是有很深厚的会计底蕴的人才能看出来，对大多数投资者是很难发现的。同时，有一些雷是你根本规避不了的，比如突然爆出产品质量缺陷、公司管理层和实控人有违法犯罪行为等。

这些风险要如何应对？

首先，你要对持股公司保持高度关注，持股期间每天盘后都要查看相关的新闻栏，有没有什么重大消息公布，第一时间看到这些信息会让你在第二天开盘之前有充分的时间研究。假如有爆雷，你可以有一个初步判断，比如，爆雷对公司的影响有多大？是短暂影响还是深远影响？是仅仅影响业绩还是连公司正常经营都会受影响？都是你需要在盘后消息公布出来之后第一时间弄明白的问题。另外，你还要去各大股票信息平台，包括雪球、东方财富、同花顺等，去调研其他投资者对爆雷事件的看法，从而综合得出自己的结论。在第二天开盘前，你心中应该有数，该继续留仓、减半抑或是全部清仓，并且提前挂好单。而不是等到竞价阶段才发现有异常才去回看昨天的消息，这时已经晚了。对于这种不可预见的爆雷，尽最大可能降低你的损失是首要任务，信息滞后、决策滞后，甚至麻木躺平是最不能被允许的，因为这样一次的突发风险可能让你之前长时间的盈利损失殆尽。

也有很多人相信危中有机，喜欢在这类个股爆雷大幅低开甚至跌停之后进场抄底。个人并不喜欢在消息刚出来的时候就急着去抄底，明显不符合交易系统的原则。

首先,爆雷消息刚出来的时候一定是股价波动性非常大的时候,当日跌停甚至连续跌停都很常见。进场一旦做错,很容易出现远超你预期止损额度的额外损失,损失不可控。

其次,你认为这次爆雷事件影响没有这么大,是抄底的好时候,但是市场也是这么认为的吗?很多时候我们要尊重市场的态度,而不是自己拍脑袋去猜。而且即使你的观点是对的,市场的观点错了,市场上蜂拥而来的卖盘仍然可能把你砸得泪流满面。即使你真的要抄底,那也一定是多等几天,等底部在成交量、筹码分布、资金流向上都出现了明显的企稳信号后,才考虑去进场抄底,这里面的判断方法在第四章里已为大家讲过,大家可以回顾一下。

个股风险相对大市风险和板块风险往往会更难判断,因为很多风险是暗处的风险。当然,从选股层面也有一些方法能够帮助我们减少一些爆雷股的可能性,比如,不买短中期趋势都在下跌的个股(原理同我在板块风险部分讲过)、不买没有机构持仓的个股(让机构排一部分雷)、不买财务报表有蹊跷的个股等。但有时还是防不胜防,甚至很多大机构和专业投资者也会踩雷,非常无奈。所以,对我们而言更重要的还是在于如何去应对,当个股出现爆雷问题时如何把损失降到最小。

四、应对操作风险

操作风险在一些新手或是经验不足的投资者身上会比较常见,比如,挂错单、下错单、买错票等,属于比较低级的错误,只需细心就能克服。股票投资不是在玩游戏,你需要非常严肃认真地对待,你需要对你的钱、对你的账户负责。只有你认真了,才可能在这个市场赚到钱。所以,挂单、下单之前核对检查一遍绝对是一个好习惯,如果因为挂错单、下错单、买错票而造成账户亏钱,那真的很不应该。

还有一种操作风险是情绪化交易,在很多新手投资者身上非常常见。本来按照交易系统做,得还不错,赚了一些钱,然后突然连亏了三四笔,不仅把赚的钱吐回去了,还倒亏了钱,心态一下子崩了。本来按仓位管理方法规规矩矩地买票,一只股票20%仓位,现在一下急了,直接满仓一只股票,想把刚刚亏的那三四笔钱一下子赚回来。如果你是这样的心态,那你和赌场输红了眼的赌徒已经没有区别了，总想大赌一把，翻本，结果越陷越深，坠入深渊。股票交易不是赌博，股市也不是很多人眼中所谓的赌场。在赌场你每一次下注的期望值一定是负的，这是概率和赔付比所决定的，所以，长期赌，你永远不可能战胜赌场。

而股票投资是可以找到期望值为正的投资方法，交易系统正是基于这样的核心理念建立起来的，所以，我们会从胜率和盈亏比两个方面去寻找优势机会，配合上科学的仓位管理，在股票市场中找到期望值为正的投资机会。在这个过程中，连续亏损的情况必然也是存在的，就像你去掷硬币，虽然正反面的概率各是50%，但也会连续掷出五六次正面或者连续掷出五六次反面。但如果你情绪上头，破坏了选股原则，破坏了买卖点原则，破坏了仓位管理原则，开始情绪化交易和赌徒化交易，那么，交易系统只是摆设。

在连续亏损的时候，我们反而要第一时间停止交易，然后冷静下来分析：到底是哪里出了问题。是因为最近整个大市有问题？还是板块有问题？抑或是选股方式和进场策略有问题？这些问题正是你需要去解决并且完善的，你一定要明白，这个时候你最重要的任务是发现问题并且解决问题，而不是赢回你输掉的钱。这是理性投资者和赌徒最大的区别。亏钱固然是件非常难受的事情。人都会有挫败、沮丧、失落、痛苦的感觉，但不要让这些情绪左右你，你可以关掉交易软件，下楼去跑跑步，也可以和家人朋友做一些愉快的事情，帮助你驱散这些负面情绪。只有抛却了这些情绪，你才能更好地执行你的交易系统，避免操作风险带来更大的资金损失，向一个成熟的交易者迈进。

第六章

经典案例

交易系统最大的难点不在于创造，而在于执行。没有任何一套交易系统是完美的，无论是什么样的股票交易系统，都会有失败的时候，但只要这套交易系统是正期望值的，投资者不断地坚持下去，最后终将获得回报。

第一节　华海药业（600521）

图 6-1 为 2020 年初华海药业的日线图。

图 6-1　2020 年初华海药业的日线图

2020 年初时，由于疫情，春节假期结束后的第一个交易日，2 月 3 日，A 股整个市场大幅低开，上证指数低开 8.73%，报 2716.7 点；深证成指低开 9.13%，报 9706.58 点；创业板指低开 8.23%，报 1769.16 点。两市开盘超 3 000 只股票跌停，逾 3 200 只股票跌幅超 9%，非常惨烈。然而，当时市场上医药板块非常强势，我们看到，在千股跌停的 2 月 3 日，化学制药板块只跌了 3.53%，非常扛跌，而且第二天就收复了"失地"，第三天整个化学制药板块甚至创出近 4 年的新高，可谓强得离谱，如图 6-2 所示，新冠药的研发必然要进行，制药就具有非常硬核的逻辑，资金自然有炒作的热情，当日大资金大量流入医药板块，很多其他板块的资金也转移到医药板块。但是，当时去追涨是有风险的，也不符合交易系统的理念，加之，当时的位置也没有好的进场位和止损位。根据当时的情况预判，医药的行情不可能一两周就结束，这是一个可以炒很长时间的板块，后面一定还有"上车"的机会，我们可以等到回调时再"上车"（当时，医药板块一定是要纳入重点关注的板块，尤其化学制药可以重点关注）。

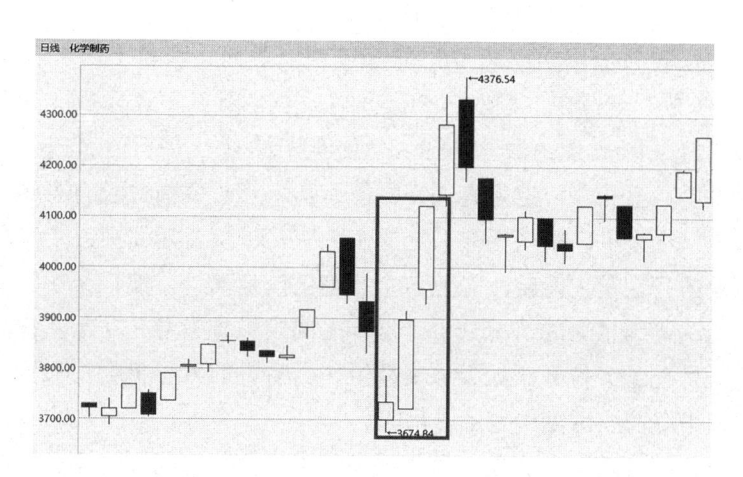

图 6-2　药物研发题材刺激了资金的炒作热情

经过一波猛烈的反弹后，化学制药板块进入了一个较长的窄幅震荡期，其间一直没有明显的大资金流出板块，说明大机构都还在、大资金也都还在。对我们而言是寻找机会的好时候了，在化学制药板块内，从行业龙头股、细分龙头股、资金流入明显的股票等几个选择维度出发，初步筛选了一些股票作为观察对象。其中，找成交量、筹码分布、资金流入三个维度符合底部企稳形态的或者回调"上车"形态的股票。

在 2 月下旬的时候我们发现，华海药业（600521）非常值得注意，在春节后的一波快速拉升之后，华海药业的股价在一个区间内震荡，如图 6-3 所示。

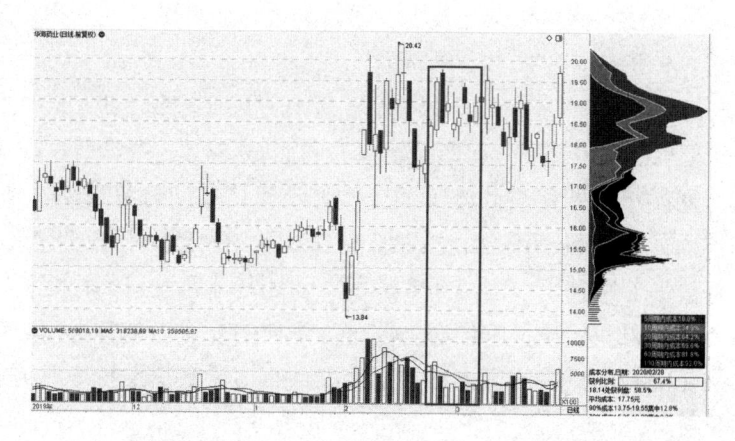

图 6-3　震荡区间符合回调"上车"形态的条件

219

它是在春节放量上涨后发生的缩量回调震荡，量价上比较符合回调"上车"形态，而且在方框的这个区间内，我们看到正在形成一个非常大块的筹码峰，10周期内成本34.9%，意味着10个交易日内有三分之一的筹码换了手，意味着一定是有人在吸筹，加上当时疫情并没有得到完全控制，从题材上来讲，制药板块乃至整个大医药板块肯定还会有下半场。这时在吸筹的肯定是大资金，虽然这个震荡区间量又少，波幅又小，好像很平淡。但从筹码聚集的情况分析，这个区间内机构吸筹是非常坚决的，后面有较大可能还会拉升。如果该震荡区间内有好的入场机会，我们完全可以考虑，华海药业可以作为备选标的。

当然，在真正买入之前，还需要简单地研究华海药业这家公司，比如它的质量怎么样，千万别踩坑垃圾公司。

通过研究发现，华海药业是国内原料药细分领域的龙头公司（原料药是指药物中的活性成分，不能直接使用，还需加工成制剂，但它的质量直接影响药物效果），主要经营原料药、医药中间体、制剂的生产和销售，公司的龙头产品有普利类、沙坦类等高血压原料药，在这些领域有很高的市场份额。公司的原料药和制剂业务均已具备了明确的全球竞争力，国内制剂业务也在集采推行后进入高增长阶段。业绩上华海药业也是捷报频传，公司发布业绩预增公告，2019年度净利润同比增长376%～465%。公司多个品种获批、过评，也拿下两大重磅品种阿立哌唑片、恩替卡韦片，过评品种已达18个。随着原料药向制剂的成功升级，公司研发重点开始着力于高技术壁垒仿制药及自主研发新药，新业务也在如火如荼地进行，如图6-4所示。

从华海药业2019年的四季报来看，净利润同比增长429.78%，扣非净利润同比增长292.81%。公司产品销售毛利润60.54%，净资产收益率ROE 12.18%。回顾第三章所讲的基本面分析方法，这样的财务数据非常好看。公司基本面好，原料药细分领域龙头，在行业很有话语权。业绩增长好，基本经营数据非常健康。华海药业的基本面还是非常硬核的，这样的公司可以进一步增强我们投资的信心。同时，这样的公司也具备更高的潜在胜率，如果化学制药板块的后市如预期上涨，相信一定少不了华海药业这样优质的公司。

科目\年度	2020-12-31	2020-09-30	2020-06-30	2020-03-31	2019-12-31
成长能力指标					
净利润(元)	9.30亿	8.41亿	5.78亿	2.21亿	5.70亿
净利润同比增长率	63.24%	64.23%	72.77%	62.74%	429.78%
扣非净利润(元)	8.16亿	7.81亿	5.37亿	1.97亿	4.50亿
扣非净利润同比增长率	81.38%	109.55%	102.89%	94.37%	292.81%
营业总收入(元)	64.85亿	48.71亿	33.06亿	15.71亿	53.88亿
营业总收入同比增长率	20.36%	21.41%	24.60%	30.98%	5.76%
每股指标					
基本每股收益(元)	0.6400	0.5800	0.4000	0.1500	0.4100
每股净资产(元)	4.31	4.25	4.07	4.41	4.24
每股资本公积金(元)	0.72	0.71	0.71	0.88	0.88
每股未分配利润(元)	2.18	2.18	2.00	2.13	1.96
每股经营现金流(元)	1.07	0.80	0.43	0.27	1.33
盈利能力指标					
销售净利率	15.34%	18.21%	18.35%	14.79%	11.26%
销售毛利率	63.73%	63.80%	62.48%	60.12%	60.54%
净资产收益率	15.61%	14.15%	9.80%	3.86%	12.18%
净资产收益率-摊薄	14.28%	13.60%	9.76%	3.78%	10.15%

图 6-4　华海药业 2019 年四季报净利润大幅增长

接下来我们要寻找进场的机会了。

先把附近的支撑线、阻力线在 K 线图上画出来，如图 6-5 所示，上方的阻力线和下方的支撑线都有经过三个以上的拐点，说明这条阻力线和这条支撑线是非常有效的，我们以它们为基准来计算不同位置的盈亏比。支撑阻力画法和盈亏比算法可以回顾第二章中所讲的知识。

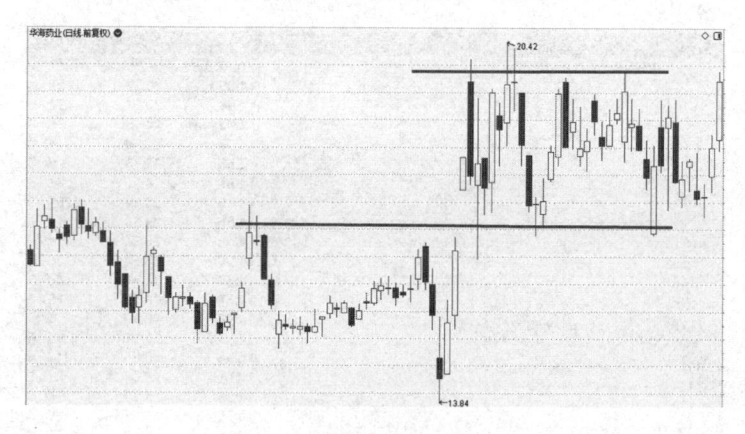

图 6-5　画出支撑线和阻力线

同时，我们在这个区间内等待，等待一根靠近下方支撑线的"信号旗" K 线出现，一旦有这样的"信号旗" K 线出现，就是入场之时。

3月13日，我们等待的这根"信号旗"K线到来了（图中箭头位置），如图6-6所示。

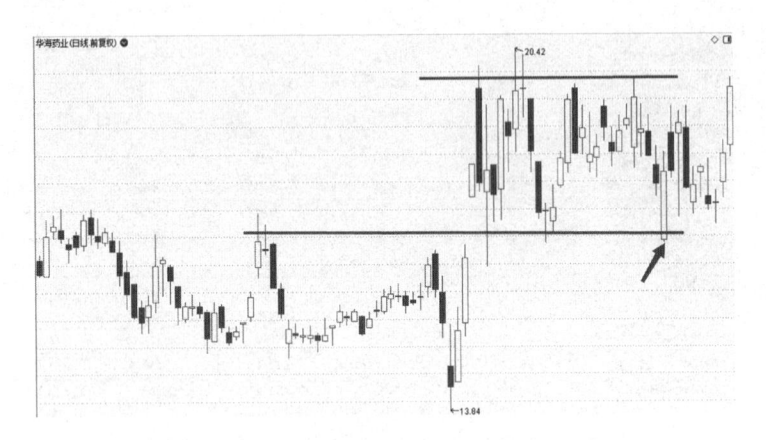

图6-6 "信号旗"K线出现

3月13日整个大盘大幅低开，华海药业早盘低开了4个多点，然后一直在低位震荡，如图6-7所示，这时股价更便宜了，但我们不能进场，因为当时正处于重要支撑线的位置，趋势未明，有可能会跌破重要支撑位，如果跌破重要支撑位，短期内趋势会改变（因为低点越来越低了），则不符合入场规则，不仅不能进场，反而要放弃华海药业。

图6-7 华海药业3月13日盘中分时走势

突然，行情来了，下午一开盘，华海药业直线拉升，并且在盘中就形成了"信号旗"K线（"信号旗"K线的第三种变形），此时，我们大致测算当前价位与支撑线、阻力线的距离估算一下盈亏比，应该是完全大于 1.5∶1，也符合要求。入场条件都已经符合，于是盘中进场，进场价位是 20 元。止损位放在当前这根"信号旗"K线下方一点点的位置，放在 19.08 元，初步止盈位放在最近的阻力位置，放在 22.43 元。此时的盈亏比为 2.64，非常理想，即使我们到最近有效阻力线全部卖出清仓，都可以圆满地完成此次交易的目标，如图 6-8 所示。

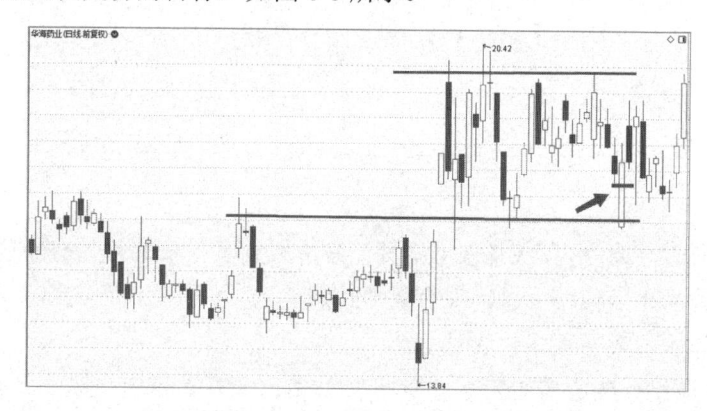

图 6-8 "信号旗"K线

虽然当天买入的入场点并不是日内的低点，但是放大格局来看，从整个震荡区间来看，这个入场位置还是比较有优势，接下来要做的就是等待。

后面几天的走势虽然不尽如人意，第二天冲高之后又继续回落，在低位趴了几天，持仓一度出现浮亏。但这也是很正常，行情总会有些波动，只要不跌破支撑位和止损位，则坚定地继续持有，如图 6-9 所示。

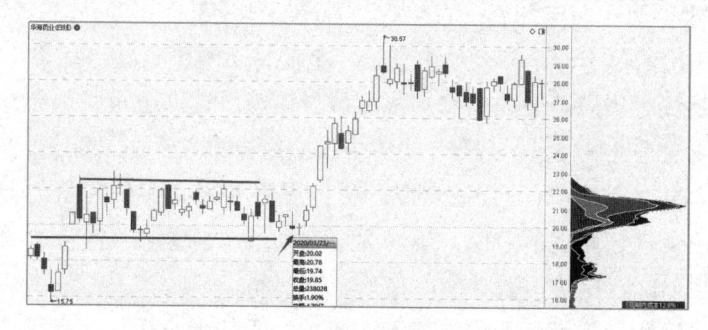

图 6-9 没跌破止损位

到了 3 月 23 日，区间内的筹码峰越来越集中，这是一个很好的信号，如果有机会突破上方阻力线，则有可能走出大行情。在走出一个再次微微探底的十字星后，行情突然开始启动了，开启了连续上涨，如图 6-10 所示。

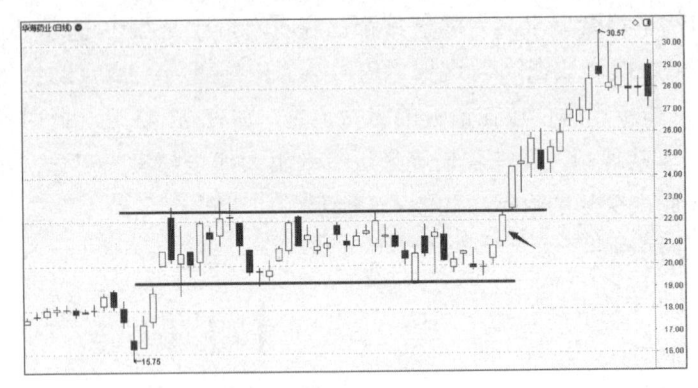

图 6-10　初步止盈位

尤其在 3 月 26 日大涨了 6.37%，股价来到了一个非常关键的位置，也就是预计的止盈位——这根强力阻力线附近。

在这个位置有以下三种选择：

- 最保守的投资者可以在这里全部卖出清仓，这笔交易是正期望的，2.64 倍的盈亏比已经达到了初步预期。
- 折中一点儿的投资者可以先卖出一半的仓位，保留一半的仓位。半仓 2.64 倍的盈亏比相当于全仓 1.32 倍的盈亏比，已经保证这笔交易的期望值至少为正了，比较理想，剩下一半仓位采用跟随止损法继续跟随趋势，也可能会有很好的收益。
- 激进一点的投资者可以保留全部仓位，全部采用跟随止损法，只要趋势不被破坏就一直持仓，看趋势能走到哪里。

我采用的是保留全部仓位的策略，主要基于两个原因：

一是我对华海药业的公司基本面做过研究，这家公司质地还是很不错的，业绩增速也很突出，是存在走出中长期趋势的可能的，可以继续观望。

二是从 3 月 26 日的收盘情况分析，尾盘并没有出现回落的现象，走势没有出现任何转弱的迹象，说明大资金在这个位置并没有多少兑现的意愿。既然如此，更值得去继续持有。

事实证明，华海药业的走势确实很强，第二天直接高开，然后一路上攻，其间没有明显的调整，一路最高涨到了30.57元，但因为没有触发跟随止损法的出场条件（跌破前一个波段的最低点），所以，我们继续持有。

最终，在4月27日触发了跟随止损的出场条件，跌破了前一波段的低点。按规则出场，出场价位是27.05元，结束这笔交易。该笔交易盈利35.25%，而止损只有4.6%，交易最终的盈亏比是7.66倍，是非常划算的一笔交易，如图6-11所示。

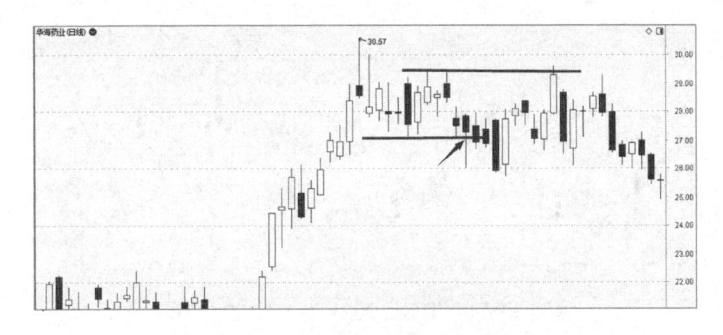

图6-11 跌破最近的波段低点

当我在27.05元出场后，华海药业经历了一段时间的回调，而后又开始大幅上攻，最后最高上涨到了43.38元，如图6-12所示。虽然错失了不少的盈利，但这也没有遗憾，这些属于交易系统不能赚的钱了，我们只赚交易系统内可以赚到的钱，严格按照交易系统买入、卖出信号进行交易，成功完成任务了，弱水三千，只取一瓢。况且7.66倍的盈亏比已经是一个非常理想的盈亏比了，这笔交易已经是一笔成功的交易了，要把更多的精力放在后面的交易。

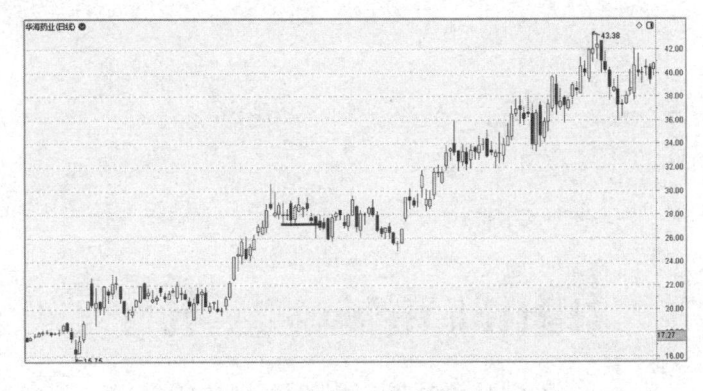

图6-12 华海药业的行情继续上涨

第二节　厦门钨业（600549）

图 6-13 为厦门钨业 2021 年 5 月的日线图。

图 6-13　厦门钨业 2021 年 5 月的日线图

从 2021 年 5 月起，随着新能源汽车行业产量的快速提升和军工行业订单的大量增加，这些行业对上游各种小金属如钴、镍、稀土、钛、钽的需求都在快速提升，需求往上游传导是一种必然，具有很强的逻辑支撑，如图 6-14 所示。

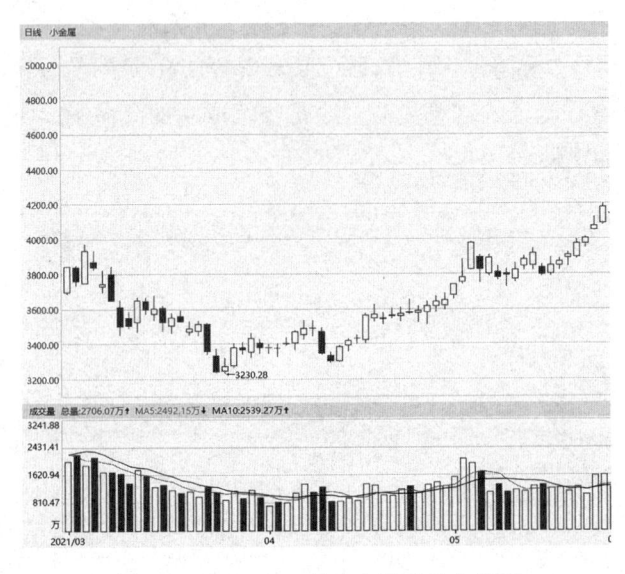

图 6-14　2021 年 5 月小金属板块走势图

第六章 经典案例

2021年4月和5月小金属板块开始启动了一波上涨行情，虽然板块不大，但可以明显看到大资金在净流入，北向资金在增持。小金属板块的这些股票中，我们注意到北向资金对厦门钨业（600549）增持非常明显。从4月9日到6月8日短短两个月的时间里面北向资金对厦门钨业的持股比例由2.68%提高到了4.32%，两个月增持了1.64%，买入迹象十分明显。

如图6-15所示，盘面上厦门钨业在6月上旬的时候出现了一波回调的走势，回调是前一段温和放量上涨之后的缩量回调，并且在这个区间内形成了一个底部非常密集的筹码峰。10周期内交易成本达到了34.3%，意味着近10个交易日内有三分之一的筹码换了手，虽然看似走势在回调，但很显然是有大机构在吸筹，而且还会有北向资金参与，因为我们看到了近两个月北向资金明显的增持数据。从成交量、筹码分布、资金流入，它全部满足回调上车形态的六大条件，很显然，厦门钨业可以作为备选标的之一。

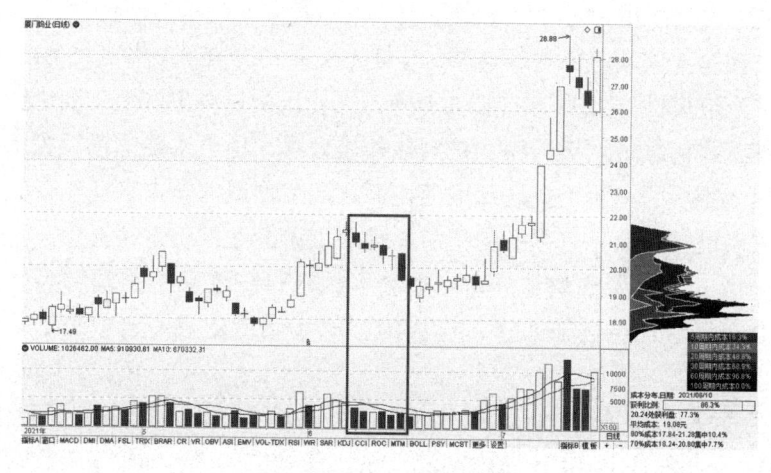

图6-15 一波回调行情

这时我们要研究这家公司以下两个方面：

一是研究这家公司本身的质量怎么样，会不会踩雷；

二是研究这家公司业务上涨的逻辑硬不硬，有没有可能走出中长期行情。

通过研报资料我们可以看到，厦门钨业是国内最大的仲钨酸铵、氧化钨、钨粉、碳化钨粉生产商和出口商，同时，在钨钼、正极材料、稀土产品多赛道都占据龙头优势。钨钼是公司的传统产品，钨钼全产业链布局加速扩产。下游主要用在高毛利率的硬质合金（27.8%）和高端刀具（约45%），硬质合金数控刀具国产化率仅约30%，且进口刀具多为高端产品，未来国产刀具厂商将会充分发挥国内钨矿优势。

公司产品在光伏领域有光伏细钨丝替代逻辑，机构预测，2023年厦门钨业的光伏用钨丝产能可达845亿米，到2025年光伏用的钨丝金刚线渗透率可达100%。

在稀土永磁材料领域，公司的钕铁硼永磁材料预计到2021年末可以扩产到8 000吨，而且这个规模在未来几年还会持续高增长，因为钕铁硼下游主要应用于风电、新能源汽车、变频空调、工业永磁电机，都是未来几年高速增长的行业，到2025年钕铁硼永磁材料总需求量可达20.47万吨，蛋糕还是非常大。该公司在稀土产业链上公司做得很全，从矿山的采选、冶炼分离、稀土金属，还有磁性材料，甚至是发光材料都有涉及。整个行业中的六大集团里，它并不是做得最大，但是产业链做得最全。

在锂电池领域，公司是老牌钴酸锂龙头，2021年市占率近50%。另外公司三元正极材料2021年产能8万吨，三元正极材料市占率可以达到7%。

综上我们发现，厦门钨业是高端数控刀具、稀土永磁电机、光伏、锂电池四个领域的上游小金属供应商，而这四个领域都是未来几年景气度非常高的高增长行业。有强劲的下游驱动，上游的业绩一定不会差，不仅相关小金属的出货量会增加，还可能会大幅涨价。这就不难理解为什么北向资金会一直在持续流入了，这样的公司显然也是有走出中长期行情的潜力。

图6-16为厦门钨业的财务情况。一季报中，净利润同比增长326.91%，扣非净利润同比增长386.93%，非常惊人，也印证了我们对公司基本面的判断——下游几个高景气行业的高增长必然驱动上游供应商的业绩高增长。

而且我们看到，净利润增速是在公司营收同比增长78.11%的情况下实现，说明公司的净利率在不断改善。虽然销售毛利率只有17.92%，净资产收益率ROE也只有3.96%，这两项数据比较差，但未来依然是有较大的改善预期。整体而言，公司的财报情况还算是比较理想，不会有什么大问题。

科目\年度	《 2021-12-31	2021-09-30	2021-06-30	2021-03-31	2020-12-31	2020-09-30 》
成长能力指标						
净利润(元)	11.81亿	9.95亿	6.88亿	3.08亿	6.14亿	3.69亿
净利润同比增长率	92.24%	169.72%	194.63%	326.91%	135.58%	238.99%
扣非净利润(元)	10.30亿	8.70亿	5.88亿	2.82亿	4.59亿	2.97亿
扣非净利润同比增长率	124.56%	193.39%	208.43%	386.93%	336.78%	2029.70%
营业总收入(元)	318.52亿	221.72亿	142.23亿	62.97亿	189.64亿	128.20亿
营业总收入同比增长率	67.96%	72.95%	79.48%	78.11%	9.02%	0.76%
每股指标						
基本每股收益(元)	0.8396	0.7077	0.4891	0.2187	0.4368	0.2624
每股净资产(元)	6.32	6.19	5.71	5.59	5.42	5.25
每股资本公积金(元)	2.38	2.37	2.11	2.10	2.12	2.05
每股未分配利润(元)	2.61	2.49	2.28	2.16	1.96	1.81
每股经营现金流(元)	0.70	1.03	0.61	-0.10	1.17	1.25
盈利能力指标						
销售净利率	5.32%	6.46%	6.71%	7.22%	5.04%	4.86%
销售毛利率	16.24%	16.84%	16.87%	17.92%	18.33%	18.97%
净资产收益率	14.41%	12.38%	8.71%	3.96%	8.20%	4.97%
净资产收益率-摊薄	13.17%	11.34%	8.48%	3.89%	8.06%	4.99%

图 6-16　厦门钨业的财务情况

综合分析之后，厦门钨业是小金属板块较好的备选投资标的，当然，我们在不同的板块有不同的备选投资标的，多个关注板块多个备选标的，静等投资标的在盘面上走出入场机会。方法为：在盘面上把重要的支撑阻力线画出来，如图 6-17 所示。

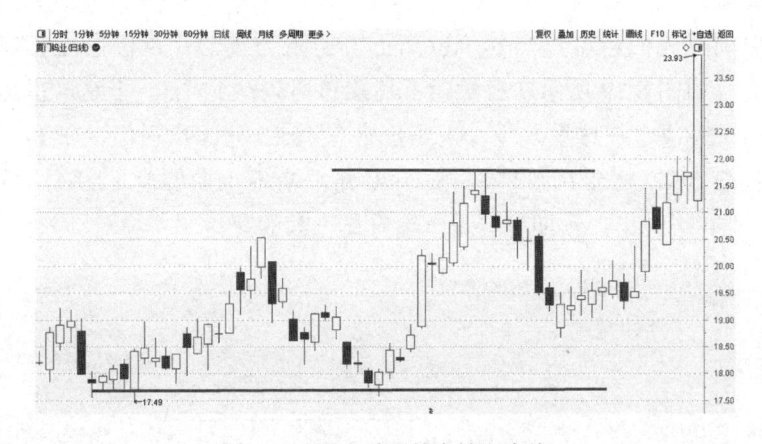

图 6-17　画出重要的支撑阻力线

已经大致圈定了观察区间了，接下来是在区间内等待好的交易盈亏比的位置和"信号旗" K 线的入场信号。如图 6-18 所示，机会出现得很快，在 6 月 18 日，就出现了一根"信号旗" K 线，6 月 18 日早盘低开并且探底，而后盘中一路收复失地，临近尾盘时，形成了一根"信号旗" K 线（"信号旗"的第三种变形，低开高走阳线"信号旗"）。

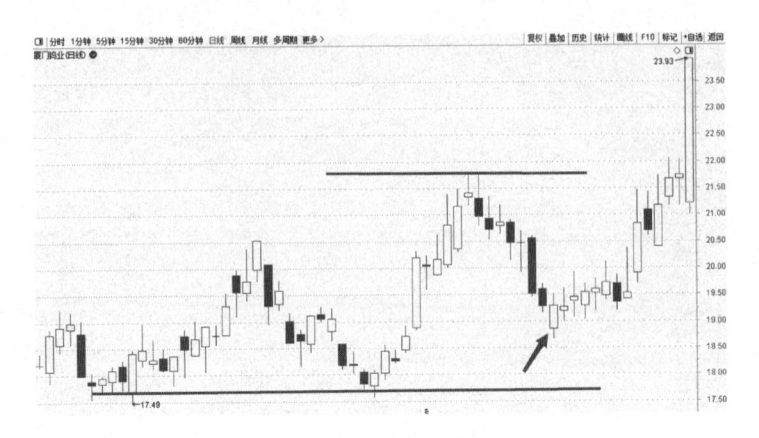

图 6-18 出现"信号旗"K 线的机会

此时，我们要计算这个位置潜在的盈亏比，看看是否合适。要注意，如果是在这根 K 线入场，止损位时要设在下方支撑线的位置，而不是设在这个 K 线的最低点。因为这根"信号旗"K 线不是在支撑位附近出现的，它离支撑位还有较大的距离，所以，这一单如果入场，止损设置的也需要相对较大。

但同时我们也看到当前价位离上方的阻力线的止盈位也是有较充足的距离，如图 6-19 所示，目测盈亏比应该可以达到 1.5。于是这里是很好的入场位，决定在这里入场，入场价格在 19.23 元。止损位设在 17.70 元，止损幅度 8%，初步止盈位放在 21.70 元，初步止盈幅度 12.9%，盈亏比 1.61，不算很突出，预期可能是一笔质量一般的交易。

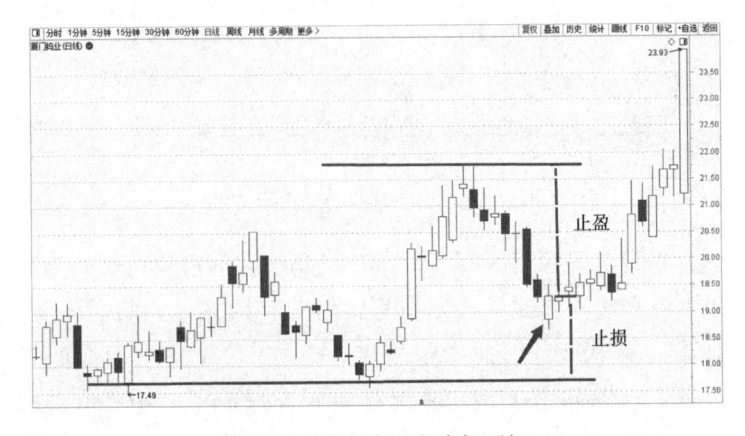

图 6-19 确定止盈和止损区间

第六章　经典案例

入场后行情走势比较顺利，连续几天小阳线拉升，如图 6-20 所示，这种呈现某一斜率角度的连续小阳线拉升，有可能是大机构在建仓，俗称"小阳建仓"。

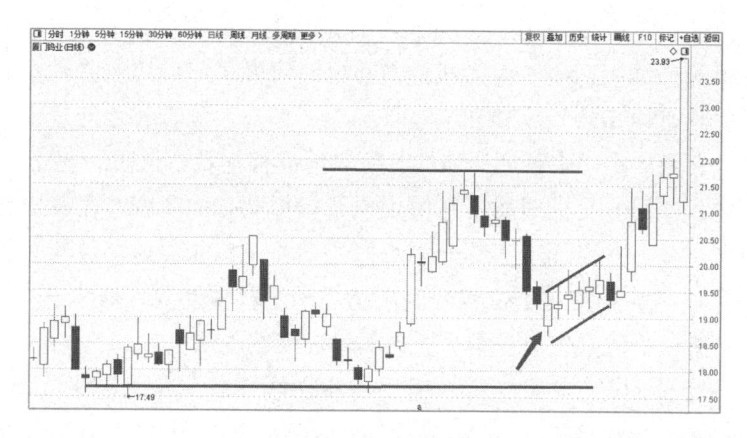

图 6-20　"小阳建仓"

从 6 月 29 日开始，厦门钨业开始出现逐步放量上涨了，逐渐开始累积浮盈了。到 7 月 5 日的时候（箭头所指位置），到达我们预设的初步止盈位了，如图 6-21 所示。

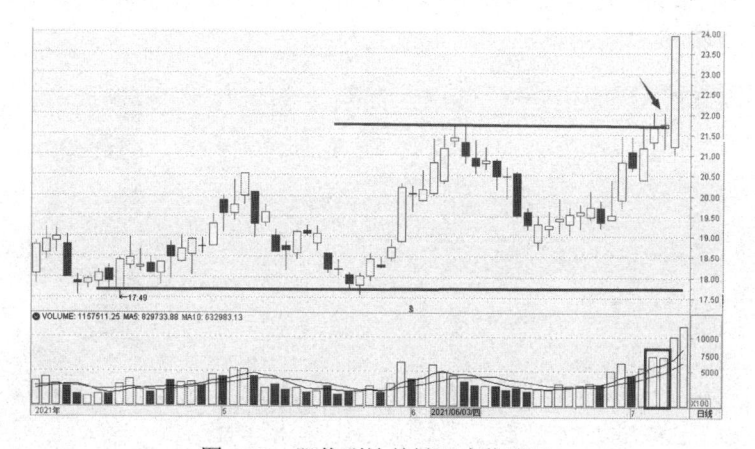

图 6-21　股价到达关键阻力位附近

这时我们依然有以下三种选择：
- 最保守的投资者可以在这里全部卖出清仓，虽然 1.61 倍的盈亏比不算高，但也可以勉强"及格"。

231

- 折中一点的投资者可以先卖出一半的仓位，保留一半的仓位。剩下一半仓位采用跟随止损法继续跟随趋势，期待走出中长期趋势。
- 激进一点的投资者可以保留全部仓位，全部采用跟随止损法，只要趋势不被破坏就一直持仓，看趋势能走到哪里。

这里选择继续观望，因为我们之前已经研究了厦门钨业的基本面，它的基本面具有很高景气度和业绩增长实力，加上大资金和北向资金的持续流入，是有希望走出中长期行情的，可以继续持仓看看盘面的变化。

不过到 7 月 6 日的时候，行情走出了一根放量的（相对之前成交量放量）的十字星，在盘面上不是一个很好的信号，意味着这个位置有较大的分歧，有一些资金在这个位置开始离场。出于稳妥起见，我们在 21.66 元位置卖出了一半的仓位，保留另一半的仓位继续观察。

比较意外的是，7 月 7 日，厦门钨业在低开之后一路冲上了涨停板。虽然卖掉了一半很可惜，但我们还有另一半继续跟随趋势，只要趋势没有破坏，股价不跌破前一波段的低点，则一直持有。

随后是一波非常干净利落的上涨，几乎没怎么回调，一直持续到 7 月下旬。按照跟随止损法的规则，我们也把止损点相应地移到了 26 元附近，如图 6-22 所示（图中横线的位置）。

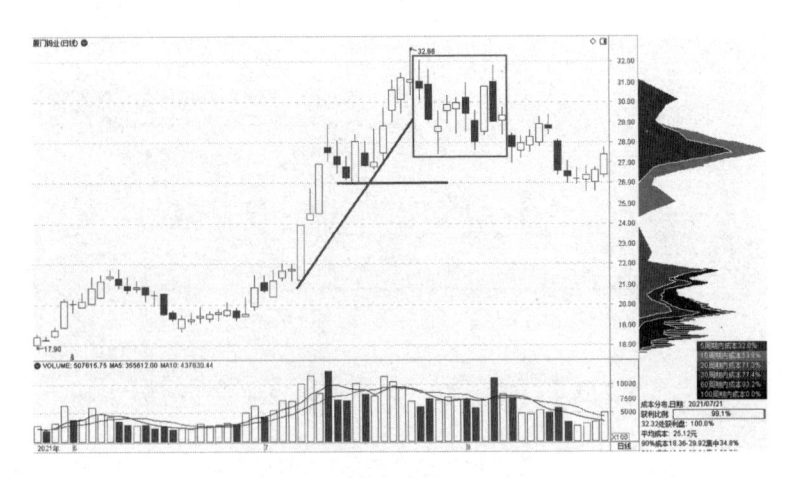

图 6-22　止损位跟随行情上移

到 8 月 5 日，盘面出现了非常危险的信号，当天出现了放大量的阴线，而且经过十来天的宽幅震荡，原来的底部筹码已经出逃殆尽，筹码已经全部转移到了高位，10周期内交易成本43.6%，20周期内成本73.3%，这几大特征都符合典型的大资金出货的形态，说明机构在这个区间已经把筹码全部卖出去了，接下来的行情会很危险。在这种危险信号下，我们启动紧急出场机制了，而不是继续被动地持有。于是在29.7元的位置把剩下的仓位全部清仓，如图6-23所示。

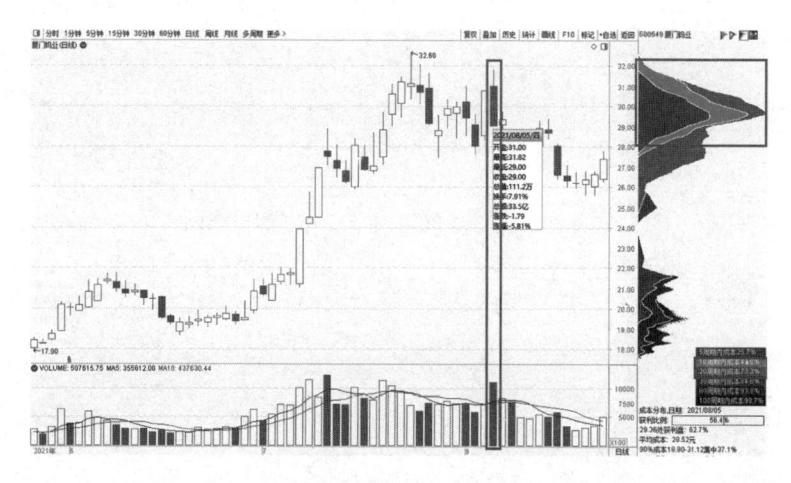

图6-23　大资金出逃的信号

最终两部分仓位合计的总收益在33.5%，当然，其中主要的功劳是在剩下的那一半仓位，走出了比较大的趋势。最终这笔交易总的盈亏比在4.2倍，比较理想，比我们在入场前评估的结果还要好一些，超出预期了。

第三节　士兰微（600460）

图6-24为士兰微2021年5—6月的日线图。

2021年5—6月，半导体板块走出一波比较大的行情，但是对半导体板块一直没有找到特别合适的入场机会，如图6-25所示。

进入7月以后，士兰微（600460）在盘面上似乎出现了一定的交易机会。7月时士兰微进入了一个震荡区间，并且在这个震荡区间内形成了一个密集的筹码峰，看起来是一个不错的回调上车的机会，如图6-26所示。

图 6-24　士兰微 2021 年 5—6 月的日线图

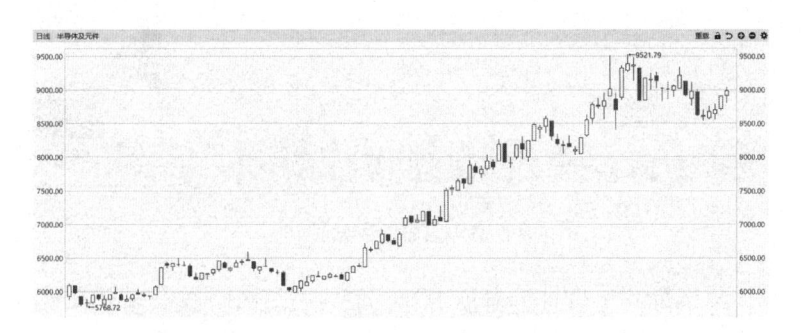

图 6-25　2021 年 5—6 月年半导体板块走势

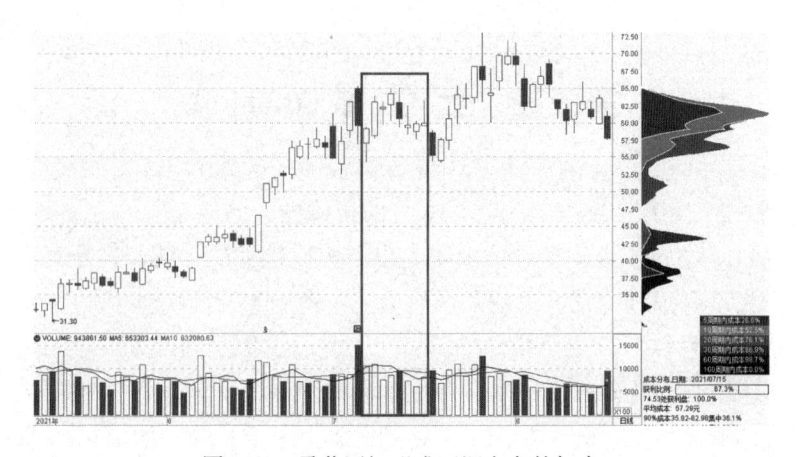

图 6-26　震荡区间形成回调上车的机会

士兰微是国内为数不多的IDM半导体企业，其产品包括各类电源产品、变频控制系统和芯片、MEMS传感器产品，以及以IGBT、超结MOSFET和高密度沟槽栅MOSFET为代表的功率半导体产品、智能功率模块产品（IPM）、工业级和车规级功率模块产品（PIM）、高压集成电路等。公司产能规模国内领先。从短期看，行业景气度持续高企，缺货涨价持续，公司作为功率IDM显著受益涨价及产能利用率双升。从长期看，不断壮大的产能规模和制造能力将增强公司市场竞争优势，为高速成长奠定基础。另外公司产品不断在向高端化发展，IGBT方面，IPM模块获国内主流白电厂商使用，工控用IGBT模块进入汇川、通用、沪通等供应，新能源汽车IGBT模块开始进入批量供应，国内主要整车厂加大评测中。受“缺芯”的影响，公司产品未来一段时间仍然会处于供不应求的状态，且有涨价预期。而且IGBT是新能源汽车必不可少的部件之一，随着新能源车销量的快速增长，士兰微作为供应厂商肯定会持续受益。公司质量和基本面有比较好的基础。

再查看士兰微近期的业绩增长情况和经营情况，如图6-27所示。

按报告期　按年度　按单季度　显示同比

科目\年度	2021-09-30	2021-06-30	2021-03-31	2020-12-31	2020-09-30	2020-06-30
成长能力指标						
净利润(元)	**7.28亿**	**4.31亿**	**1.74亿**	**6759.72万**	**4427.33万**	**3063.06万**
净利润同比增长率	1543.39%	1306.52%	7726.86%	365.16%	-12.31%	-47.02%
扣非净利润(元)	6.87亿	4.02亿	1.63亿	-2351.24万	458.68万	222.05万
扣非净利润同比增长率	14883.51%	17998.07%	1189.04%	80.48%	110.10%	120.48%
营业总收入(元)	52.22亿	33.08亿	14.75亿	42.81亿	29.64亿	17.05亿
营业总收入同比增长率	76.18%	94.05%	113.47%	37.61%	33.29%	18.37%
每股指标						
基本每股收益(元)	0.5500	0.3300	0.1300	0.0500	0.0340	0.0230
每股净资产(元)	4.03	2.94	2.76	2.63	2.61	2.61
每股资本公积金(元)	1.58	0.60	0.60	0.60	0.60	0.60
每股未分配利润(元)	1.31	1.19	1.01	0.88	0.87	0.87
每股经营现金流(元)	0.33	0.12	-0.03	0.11	-0.05	-0.06
盈利能力指标						
销售净利率	13.85%	12.73%	10.79%	-0.53%	-0.87%	-1.28%
销售毛利率	32.84%	31.60%	29.33%	22.50%	21.13%	20.32%
净资产收益率	18.83%	11.76%	4.91%	1.98%	1.30%	0.90%
净资产收益率-摊薄	12.74%	11.17%	4.80%	1.96%	1.29%	0.90%

图6-27　士兰微的业绩增长情况和经营情况

公司2021年一季报和二季报净利润增长分别为7 726.86%和1 306.52%，扣非净利润分别同比增长1 189.04%和17 998.07%，数字非常夸张。当然，这也和前一年盈利差、基数低有很大的关系。二季度的销售毛利率是31.6%，净资产收益率ROE是11.76%。相比一季度有所提升，说明"缺芯"导致的涨价情况确实存在，而且按照行业态势，新能源汽车"缺芯"的情况还会持续不少的时间，后续还可能有涨价的空间。

综合评价，士兰微是一家不错的公司，行业景气度和公司的业绩增长都很有希望继续延续，如果继续延续，应该是可以走出中长线行情的。我们把士兰微作为备选标的随时观察，画出最近的关键支撑线和阻力线，如图 6-28 所示，接下来就是等待有没有好的进场机会了。

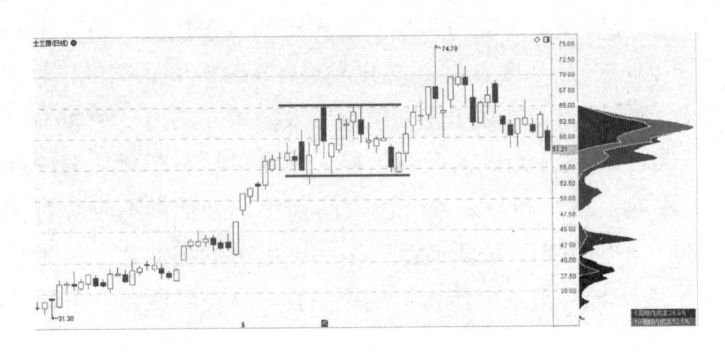

图 6-28　画出最近的关键支撑线和阻力线

在 7 月 19 日和 7 月 20 日，出现了一个刺穿线 K 线组合，实际上它是"信号旗"K 线（"信号旗"K 线的变形一，刺穿线"信号旗"）。7 月 20 日，这根阳线临近收盘时，我们便可以考虑进场，大致测算当前价位到下方支撑线和上方阻力线的距离，盈亏比应该在 1.5 倍以上。进场价位在 57.36 元。止损位设在 54.19 元，位于下方支撑线的位置，同时，也是这根阳线的最低点，止损幅度 5.5%。初步止盈位设在上方阻力线的位置，在 65 元，初步止盈幅度 13.3%。潜在盈亏比 2.42，是一个还比较不错的进场位置，如图 6-29 所示。

图 6-29　"信号旗"K 线的变形出现

进场后随后几天股价一直在上涨，比较顺利，保持持仓观望。7月22日（图中箭头处），股价触及了我们初步止盈位，随后第二天出现了一个十字星，如图6-30所示，表明市场有分歧。

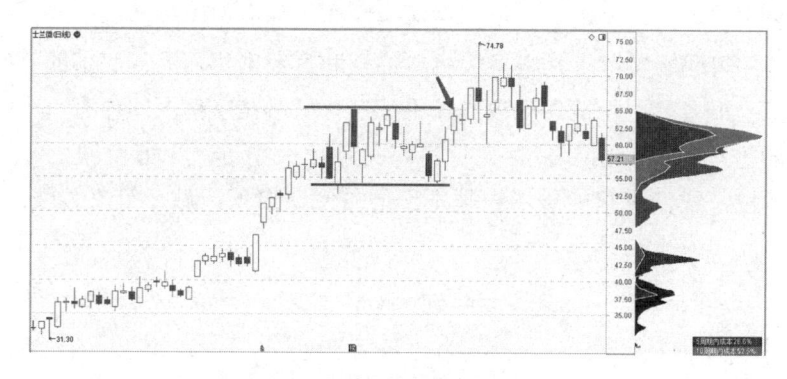

图6-30　在关键阻力位出现了十字星K线

我们采用和在厦门钨业上一样的策略，在十字星的位置卖出一半的仓位，卖在64.13元，剩下一半仓位采用跟随止损法。但接下来的走势却较弱，虽然突破了震荡区间，但是很快又冲高回落，股价重回原先的震荡区间，最终在8月9日（图中箭头位置）跌破前一个波段的最低价，趋势被破坏，卖出另一半仓位离场，价格在61.80元，该出场价位还不及初步止盈位的价位，如图6-31所示。

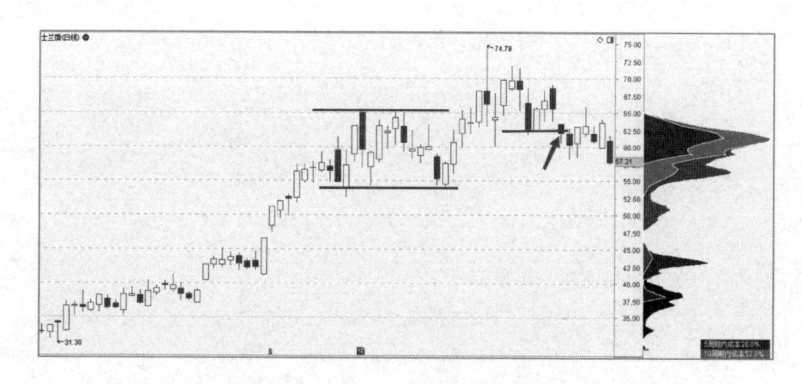

图6-31　在股价跌破前一波段低点

两部分仓位合计起来，最后盈利9.8%，最终的交易盈亏比是1.78∶1。虽然是盈利出场，但这笔交易只能算"勉强及格"。主要还是后一半的仓位走势远不如预期,突破震荡区间后很快冲高回落,并且一路震荡下行,整个大行情也有见顶的预兆。

复盘时我们发现,在进场前,士兰微已经有了两个多月的涨幅了,已经积累了很多的获利盘了。虽然在震荡区间内形成了密集的筹码峰,但这个高位的筹码峰实际上是很多大机构的获利盘在出货,因为底部的筹码已经跑掉了很多了,行情离见顶已经不远了。虽然在震荡区间内有一个很有优势的进场位,但由于整体大行情离见顶已经不远,上方空间已经不大了。所以,我们也只能赚"最基本"的盈亏比出场,做一笔"勉强及格"的交易,如图 6-32 所示。

图 6-32　股价上涨的空间不大